Ursula Imhof

Der Mann im Spiegel

Roman

Ursula Imhof

Der Mann im SPIEGEL

Roman

Schulte & Gerth

Best.-Nr. 815 568
ISBN 3-89437-568-X
1. Auflage 1999
Umschlaggestaltung: Hanni Plato
Satz: Die Feder GmbH, Wetzlar
Druck und Verarbeitung: Ebner, Ulm
Printed in Germany

1

Vergnügt summte ich vor mich hin. Ich malte, und das bedeutete für mich Freude und Erholung vom Alltag. Sicherlich war ich keine bedeutende Künstlerin und würde es wohl auch nie werden, aber Malen war nun mal mein liebstes Hobby, das – natürlich mit gebührendem Abstand – gleich nach meinen Kindern kam. Und da Chiara und Marco im Moment mit ihrem Vater verreist waren, konnte ich meine Zeit ausnahmsweise mal so richtig verschwenden.

Diese Atempause hatte ich aber auch bitter nötig gehabt, denn nach der Trennung von Silvio war es mir nicht besonders gut gegangen! Aber jetzt, wo ich mich entschlossen hatte, endlich bezüglich unserer Ehe eine Entscheidung herbeizuführen, fühlte ich mich besser. Und da ich nun mal eine hoffnungslose Optimistin bin, überwog die Hoffnung und damit ließ es sich ganz gut leben, wenigstens im Moment!

Zehn Tage war ich nun allein gewesen, eine ungeheuer lange Zeit, wenn ich bedenke, dass ich es sonst kaum ein paar Minuten ohne Marco und Chiara aushielt. Aber ich hatte Silvio diese Reise mit den Kindern als letzte „Bedenkzeit" zugestanden, damit er sich endlich über seine Rolle als Ehemann und Vater klar werden konnte.

Natürlich hatte ich große Sehnsucht nach den Kindern, nach Chiara, meiner schönen, altklugen Prinzessin, und nach Marco, meinem goldigen Pummelchen. Zugegeben, die beiden waren ganz schön anstrengend, manchmal sogar richtig nervtötend, aber dennoch aus meinem Leben nicht mehr wegzudenken. Es war schon seltsam: Wenn die Kinder zu Hause waren und herumquengelten und mich ständig mit ihren Wünschen bombardierten, hätte ich sie manchmal am liebsten auf den Mond geschossen oder wenigstens in seine nähere Umgebung. Aber kaum waren sie mal länger als eine halbe Stunde außer Sichtweite, wäre ich am liebsten gleich weinend losgerannt, um sie zurückzuholen.

Aber nun hatte ich die „kinderlose Zeit" ja bald hinter mir, denn schon heute Abend würde es mit meiner himmlischen Ruhe vorbei sein. Ich würde wieder über Spielsachen stolpern und mich über das Chaos in allen Zimmern aufregen, durfte Kakaoflecke vom Boden wischen und Marco wohl zum zehnten Mal erklären, dass grüne Gummibärchen allein wegen ihrer Farbe nicht unbedingt mit Spinat gleichzusetzen waren, auch wenn sie ihm besser schmeckten. Mir würde bestimmt kaum Zeit zum Luftholen bleiben, weil ich Wünsche erfüllen musste, die eigentlich in den Bereich eines Zauberkünstlers fielen. Aber egal – ich freute mich auf meine Kinder!

Also, jetzt noch schnell die letzten Pinselstriche! In den nächsten Tagen würde ich sicher kaum Gelegenheit finden, auch nur in die Nähe meiner Malutensilien zu kommen.

Ich trat von meiner Staffelei zurück, kniff die Augen zusammen und prüfte mein Werk. „Okay, Sabrina", machte ich mir selbst Mut. „Nicht gerade ein Picasso, aber für den Hausgebrauch ganz gut!"

Belustigt malte ich mir Wolfgangs Gesicht aus, das er beim Anblick meiner Bilder machen würde. Ich sah meinen alten Jugendfreund geradezu vor mir, wie er die Stirn in Falten legte und mit Kennermiene behaupten würde: „Ganz erstaunlich, deine vitale Ausdrucksform, so abstrakt und dennoch gegenständlich! Ich kann diese Art von Symbiose hervorragend nachempfinden." Dann würde er langsam vor dem Bild auf- und abgehen, es einmal aus der Nähe und dann aus der Ferne begutachten und mir etwas von „deiner wunderbaren Gottesgabe, die dir von deinem Schöpfer geschenkt wurde" vorschwärmen. Meinen warnenden Blick würde er dann mit einem Lächeln quittieren und so etwas wie: „Einfach herrlich, diese unvoreingenommene Darstellungsfreude und dein ungebrochenes Verhältnis zur Schöpfung!" murmeln.

Der gute Wolfgang! Wie oft hatte ich ihm schon klargemacht, dass ich nur aus meinem Gefühl heraus malte, ohne über mein derzeitig enges oder weites Verhältnis zur Schöpfung nachzudenken. Aber trotz meiner Worte hatte sich Wolfgang nie entmutigen lassen, in meinen Bildern mehr zu sehen als ich selbst es tat.

„In deiner Arbeit bricht die Ursehnsucht des Menschen durch!", hatte er kürzlich sogar behauptet. „Mit spielerischen Elementen drückst du die Sehnsucht nach deinem Schöpfer aus und verbindest mit atmosphärischen Effekten gleichermaßen Geistiges und Seelisches, Heiteres und Tragisches. Das zeigt mir deutlich, dass du auf der

Suche nach Gott bist, dabei aber nicht bemerkst, wie nahe er dir schon ist!"

Natürlich hatte ich mal wieder nicht begriffen, was Wolfgang damit meinte. „Quatsch!", hatte ich burschikos gesagt und dabei das deftige Wort unterdrückt, das mir eigentlich auf der Zunge lag. „Meine Kleckserei ist ganz einfach Spaß an der Freud – nicht mehr und nicht weniger!"

Daraufhin hatte Wolfgang mich mit diesem Lächeln angesehen, das mich jedes Mal wieder auf die Palme brachte, „typisch Sabrina!", gemurmelt und unbeholfen meinen Arm getätschelt. Und mir hatte es gut getan, einen Bewunderer zu haben, auch wenn ich seine Worte nicht für bare Münze nahm.

Aber Wolfgang hatte schon immer etwas an sich gehabt, das ihn von anderen Menschen unterschied, ja ihn sogar auf eine geheimnisvolle Weise von ihnen wegrückte. Eigentlich hatte ich ihn noch nie verstanden, früher genauso wenig wie heute, aber ich hatte es auch noch nie wirklich versucht. Wolfgang, ein frommes Kind aus einer noch frommeren Familie, war immer ganz anders gewesen als ich. Er tat, was seine Eltern sagten – wenigstens meistens –, fluchte nie und bemühte sich, immer die Wahrheit zu sagen, sogar dann, wenn es zu seinem Nachteil war. Wie oft hatte ich mit den abenteuerlichsten Mitteln versucht, Wolfgang auf Abwege zu bringen, ihn mal bei einer Lüge zu ertappen oder wenigstens hin und wieder von ihm all die schönen Schimpfworte zu hören, die mir wie Zucker auf der Zunge zergingen. Aber es war mir nie gelungen. Im Gegenteil, Wolfgang hatte seinerseits versucht, aus mir einen besseren Menschen zu machen, mich „zu bekehren", wie er es nannte. Und das hatte mir gar nicht gefallen und letztendlich unsere Freundschaft zerstört. Doch heute waren wir beide klug genug, diese nicht erneut aufs Spiel zu setzen. Wolfgang akzeptierte, dass ich nach meinem eigenen Kopf lebte, und ich regte mich nicht mehr darüber auf, dass Wolfgang an Dinge glaubte, von denen ich nichts wusste und nichts wissen wollte.

Ich schrak aus meinen Gedanken hoch und sah auf die Uhr. In spätestens einer Stunde musste ich losfahren, um die Kinder an der Autobahnraststätte abzuholen, wo Silvio sie mir wieder übergeben wollte. Diesen Treffpunkt hatten wir vereinbart, weil wir seit unserer Trennung etliche Kilometer voneinander entfernt wohnten.

Ich wusch meine Pinsel aus und ließ meinen farbverschmierten Overall einfach auf den Boden fallen. Wenn Silvio jetzt hier wäre, würde er sich wieder über meine Unordnung aufregen, dachte ich ein bisschen schadenfroh, ärgerte mich aber gleichzeitig, dass ich schon wieder mit meinen Gedanken bei ihm war.

Auch während des Duschens beschäftigte ich mich mit ihm und überlegte, was ich anziehen sollte. Es war doch immer dasselbe, kaum war ich mit Silvio verabredet, zerbrach ich mir schon den Kopf über diese elementare weibliche Frage. Dabei war ich sonst gar nicht so eitel. Aber in meiner jetzigen Situation wurden meine Entscheidungen von dem Hintergedanken genährt, etwaige Konkurrentinnen aus dem Feld schlagen zu müssen. Ja, ich wollte gut aussehen, um Silvio zu beeindrucken und vielleicht doch noch zurückzugewinnen. Und wenn er sich doch gegen mich entschied – was in meinen Berechnungen nicht ernsthaft vorkam –, dann sollte er wenigstens bemerken, was ihm da entging!

Inzwischen kannte ich Silvios Geschmack gut genug, um ihn zufrieden zu stellen, schließlich hatte er sich in all den Jahren redlich Mühe gegeben, mir seinen Stempel aufzudrücken – wenn auch nur mit mäßigem Erfolg! Im Gegensatz zu mir liebte er die „stilvolle Eleganz“, wie er es nannte, wobei ich nie so ganz begriffen hatte, was er damit meinte. Aber immerhin wusste ich, dass mein Outfit nicht zu auffallend sein durfte und schon gar nicht salopp oder flippig.

„Also, mein Bester, auf in den Kampf!“, rief ich gut gelaunt, ließ meine geliebten Jeans und die legeren Pullis links liegen und griff nach einer eleganten schmal geschnittenen Hose aus weich fließendem Material. Dazu wählte ich eine hochgeschlossene Seidenbluse, die ich noch nie hatte leiden können und mit der ich schon allein aus diesem Grunde Silvios Geschmack traf.

Ich verbrachte ungewöhnlich lange Zeit vor dem Spiegel, bürstete mein Haar, bis es glänzend und in weichen Wellen über meine Schultern fiel, tuschte meine Wimpern und trug etwas Lidschatten auf. Nun noch einen Hauch Lippenstift und der Eitelkeit war Genüge getan!

Aufmerksam betrachtete ich mich. Mein Gesicht mit der hellen Haut, die zu meinem Ärger ein wenig zu Sommersprossen neigte, ließ mich jünger erscheinen, als ich war. Zufrieden registrierte ich, dass ich noch immer mädchenhaft zart wirkte, denn das waren genau die

Pfunde, mit denen ich wucherte, um Silvio vielleicht doch noch zurückzubekommen!

Ich schnitt meinem Spiegelbild eine Grimasse und meinte zu mir selbst: „Du benimmst dich wie ein verliebter Teenager!“ Aber genauso fühlte ich mich auch, obwohl ich bereits mehr als sieben Jahre mit Silvio verheiratet war. Ja, ich hatte diesen Mann von der ersten Sekunde an geliebt und liebte ihn trotz aller Probleme noch immer! Aber warum konnte Silvio nicht ebenso empfinden? Warum zog es ihn zu anderen Frauen hin, wo ich mich doch wirklich so bemüht hatte, ihm alles recht zu machen?

Aber scheinbar hatte das nicht ausgereicht! Oder war ich einfach nicht die Frau, die Silvio sich erträumt hatte? Seiner Meinung nach war ich anspruchsvoll und launisch und besaß keinerlei Taktgefühl, weil ich immer im falschen Moment das sagte, was andere kaum zu denken wagten. Dazu war ich so unverschämt, nicht nur eigene Bedürfnisse zu haben, sondern sie auch noch auszusprechen.

Silvio dagegen bevorzugte den Typ des fürsorglichen, immer zufriedenen Weibchens mit allen fraulichen und hausfraulichen Qualitäten. Seine Traumfrau sollte stets bewundernd zu ihm aufsehen, ihn niemals mit Nebensächlichkeiten wie eigenen Wünschen oder profanen Alltagsdingen belästigen, dafür aber jederzeit klaglos für ihn und die Familie da sein.

Zugegeben, meine Qualität als Hausfrau hielt sich in Grenzen. Und nachdem ich zu Silvios Entsetzen einige Male Fritten mit Currywurst an der Imbissbude besorgt oder ihm eine Tiefkühlpizza mit viel Peperoni und Oliven serviert hatte, rang Silvio sich zu dem halbherzigen Vorschlag durch, wenigstens stundenweise eine Haushaltshilfe zu beschäftigen. Aber anstatt um mein Vorrecht als Familiensklavin zu kämpfen, stimmte ich seinem Plan auch noch begeistert zu. Armer Silvio! Wie enttäuscht musste er damals gewesen sein!

Selbst unsere Ansichten in puncto Kindererziehung stimmten nicht überein. Natürlich sah ich ein, dass Silvio durch seinen Beruf als Kinderarzt die bessere Qualifikation besaß! Aber da ich nun einmal jeden Tag viele Stunden mit unseren Kindern zusammen war und sie deshalb besser kannte als er, richtete ich mich nicht nach pädagogischen Grundsätzen, sondern entschied mit dem gesunden Menschenverstand einer liebenden Mutter.

Nein, das Zusammenleben mit Silvio war nicht leicht gewesen! Wie oft hatte er mir das Gefühl vermittelt, dass ich für ihn nicht gut genug sei. Selbst meine Malerei war für Silvio reine Zeitverschwendung, wenn er es auch nie so offen gesagt hatte! Aber ich merkte natürlich, dass mein Hobby nur selten Silvios Beifall fand, was mich aber nicht davon abhielt weiter zu malen. Denn ich liebte es, in die wunderbare Welt der Farben und Formen einzutauchen, mit heftigen Pinselstrichen den Strudel überwältigender Gefühle aufs Papier zu bringen oder in heiterer Beschwingtheit pastellzarte Töne hinzuhauchen und sie mit kräftigeren Farben harmonisch zu vereinigen. Ich hatte kein festes Konzept, malte, was mir vor die Finger kam, was ich sah und fühlte, Wirkliches und Unwirkliches, Gesehenes und Erträumtes, Abstraktes und Gegenständliches. Meine Phantasie kannte keine Grenzen! Und eines Tages, so dachte ich oft, eines Tages würde Silvio stolz auf mich sein!

2

Während der Fahrt zu unserem Treffpunkt dachte ich über die Beziehung zwischen Silvio und mir nach. Liebte ich ihn noch so wie früher oder hatte die räumliche Trennung meine Liebe bereits zum Sterben verurteilt? War Silvio vielleicht nur deshalb immer noch so begehrenswert für mich, weil ich ihn schon längst verloren hatte?

Meine Gedanken wanderten zu unserer ersten Begegnung zurück, als ich Silvio vor mehr als acht Jahren beim Skilaufen kennen gelernt hatte. Damals war ich Anfang zwanzig gewesen, hatte gerade meine Ausbildung beendet und arbeitete in der Werbeabteilung einer kleinen Firma. Was für ein tolles Gefühl war es gewesen, endlich mein eigenes Geld zu verdienen und nicht mehr auf andere angewiesen zu sein!

Neugierig auf die große weite Welt hatte ich mir einen Urlaub in einem wunderschön gelegenen Bergdorf genehmigt. Zwei volle

Wochen wollte ich dort in einer kleinen Pension verbringen, die meinen schmalen Geldbeutel nicht allzu sehr strapazierte. Und dabei fühlte ich mich wie eine Prinzessin.

Siegessicher begann ich gleich am ersten Tag mit der Eroberung der schneebedeckten Pisten, schließlich hatte ich als Sechsjährige schon mal auf Skiern gestanden und war mit Volldampf die Berge heruntergeprescht. Damals, als Vater noch zur Familie gehört und mir das Skilaufen beigebracht hatte, war die Sache kinderleicht gewesen: Man musste sich einfach nur auf die Bretter stellen, diese immer schön geradeaus laufen lassen, den Körper mal ein bisschen nach rechts, dann mal ein bisschen nach links verdrehen, ab und zu mit den Stöcken im Schnee herumstochern und schon wedelte man in den tollsten Schwüngen die Berge herab!

Allerdings hatte ich nicht einkalkuliert, dass sich meine Sportlichkeit in engeren Grenzen hielt als meine Selbsteinschätzung. Und prompt fiel ich dann auch viel häufiger auf die Nase, als mir lieb war. Aber natürlich lag das nicht an mir. Im Gegenteil, der Schnee war unanständig glatt und die Pisten geradezu boshaft steil! Und dann dieser hinterhältige Skilift, der mir seinen Anker einmal in den Rücken, dafür aber das nächste Mal in die Kniekehlen knallte!

Ich wurde immer wütender. Und als mir dann auch noch ein Skiläufer in die Quere kam, ich nicht mehr rechtzeitig die Kurve kriegte und ihn einfach über den Haufen fuhr, war das Fass zum Überlaufen gefüllt.

„Idiot! Kannst du denn nicht aufpassen!“, raunzte ich den Mann an, den ich in den Schnee gestampft hatte. Der guckte etwas verdattert, stand dann aber seelenruhig auf, sammelte seine Utensilien zusammen und fragte hochmütig: „Wohl noch Anfängerin, was?“

„Natürlich nicht!“, rief ich aufgebracht und versuchte, mich aus dem weichen Schnee hochzurappeln. Aber das war leichter gedacht als getan. Irgendwie schienen meine Beine miteinander verknotet zu sein, so dass ich immer tiefer in den Schnee sank. „Aber wenn Sie natürlich so dumm im Weg herumstehen, kann ja kein Mensch richtig . . .!“

Der Mann beugte sich zu mir herunter und streckte mir seine Hand entgegen. Eigentlich ließ ich mir ja in solchen Situationen grundsätzlich nicht helfen, aber jetzt war ich so verdattert, dass ich eine Ausnahme machte. Ich ergriff tatsächlich die dargebotene Hand, ließ mich hochziehen und sah dabei in so bemerkenswerte Augen, dass ich mich vor Schreck gleich wieder hinsetzte.

Die Augen über mir blitzten spöttisch auf. Ich starrte wie gebannt in ihre dunkle Tiefe, in der viele glitzernde kleine Lichtlein wie winzige Sterne aufleuchteten und sich in eine braune und grün gesprenkelte Unendlichkeit verloren.

Es waren die schönsten Augen, die ich je gesehen hatte!

Endlich stand ich wieder auf meinen Beinen und klopfte mir verlegen den Schnee aus den Haaren. Mein Gegenüber musterte mich kritisch, was mich nur noch verlegener machte. Ob jetzt ein paar versöhnliche Worte angebracht waren?

„Okay“, meinte ich großzügig, „vielleicht war es ja nicht ganz allein Ihre Schuld! Zugegeben, ich bin tatsächlich nicht die beste Läuferin!“

Was für ein Eingeständnis! Hoffentlich wusste der Fremde das zu schätzen!

Aber der lachte nur unverschämt. „Allerdings, das kann man wohl sagen. Aber das lässt sich ja ändern! Bei Ihrem Talent sollte das doch wohl eine Kleinigkeit sein!“

War das nun ein Kompliment? Ich war ja nicht gerade auf den Mund gefallen, aber darauf fiel mir doch tatsächlich keine Antwort ein. Ich stand nur dümmlich da, horchte mit offenem Mund verzückt auf den melodischen Klang seiner Stimme und nickte hingebungsvoll. Scheinbar hatte ich völlig den Verstand verloren!

„Da ich gerade nichts Besseres zu tun habe, könnte ich Ihnen ein bisschen Nachhilfeunterricht geben“, bot sich der Fremde nun mit einem unverschämten Lächeln an.

Ich und Nachhilfe! Als ob ich so etwas nötig hätte! Diesem Kerl müsste ich mal gehörig . . .

„Das wäre wunderbar“, hörte ich mich da schon zu meinem eigenen Entsetzen säuseln: „Wenn Sie sich wirklich so viel Mühe mit mir machen wollen!“

Der Sturz musste meinem Gehirn doch mehr geschadet haben als ich dachte. Vielleicht sollte ich besser einen Arzt aufsuchen und mich gründlich untersuchen lassen?

„Also gut! Dann tun Sie jetzt ganz genau das, was ich Ihnen sage!“, meinte mein Lehrer in einem Ton, der keinerlei Widerspruch duldete.

Ich nickte brav, hatte aber plötzlich das Gefühl, dass sich der Spieß umgedreht hatte und nun ich die Überfahrene war. Wenn mir mein selbst ernanntes Herrchen jetzt noch den Kopf kraulte, würde ich bestimmt auch noch Männchen machen und Schneebälle apportieren!

Es wurde eine grauenhafte Lektion! Schon nach wenigen Minuten wusste ich nicht mehr, wie mir geschah und vergaß, wer ich war. Ich tat alles, was der Fremde befahl, fuhr brav hinter ihm her und gehorchte seinen Anweisungen aufs Wort.

„Bergschulter vor und Talski belasten!", tönte es durch die Berge. „Aber nein, Mädchen, doch nicht so, umgekehrt natürlich! Das ist ja furchtbar, was Sie da veranstalten! Wollen Sie mir einen Boxkampf liefern oder Skilaufen lernen? Na endlich, Sie kapieren es ja doch noch! Und nun schön aus der Hüfte heraus schwingen, aus der Hüfte, sagte ich, oder wissen Sie nicht, wo die sitzt? Na bitte, Sie scheinen ja doch nicht ganz dumm zu sein! So, und den Stockeinsatz nicht vergessen, den Stock, sagte ich, oder haben Sie es auch noch an den Ohren? Und die Beine immer schön zusammenhalten! Doch nicht so breit, Mädchen, bei Ihnen passt ja ein gemästetes Schwein durch! Na endlich, so geht's einigermaßen. Wer sagt's denn. Sie scheinen ja doch ganz lernfähig zu sein."

Am liebsten hätte ich diesen Oberfeldwebel erwürgt. Aber stattdessen tat ich alles, was er sagte, und das mehr als zwei Stunden lang: Rein in den Lift – natürlich ohne hinzufallen –, dabei immer gut aufpassen, dass die Ski schön parallel laufen und nicht der rechte plötzlich ein Rendezvous mit dem linken bekommt! Ja, gut so! Und jetzt Obacht, da ist schon der Ausstieg! Nicht hinfallen, nein, nicht hinfallen, sagte ich doch! So ist es brav, und nun Schwung zur Abfahrt! Ach Mist, jetzt doch ein Sturz, na gut, was soll's? Einfach die Zähne zusammenbeißen und wieder aufstehen. So, und jetzt das Ganze noch einmal von vorn!

Es war die reinste Sklavenarbeit. Aber trotz aller Schinderei war mein Sklaventreiber nicht zufrieden mit mir und gönnte mir erst nach einer halben Ewigkeit eine Pause in einer der gemütlichen Skihütten. Ich war fix und fertig.

„Was möchten Sie essen?", fragte der Sklaventreiber ohne die geringsten Anzeichen von Müdigkeit, als ich endlich auf einer mit

Kissen belegten Holzbank Platz nehmen durfte und griff nach der Speisekarte. „Ach ja, ich habe mich noch gar nicht vorgestellt. Ich bin Silvio Rizzardi."

Auch das noch, ein Italiener!

Müde murmelte ich meinen Namen, drückte meinen schmerzenden Rücken gegen die Holzbank und streckte meine Beine unter dem Tisch aus. Essen, jetzt und hier? Unmöglich! Bestimmt würde ich nie wieder in meinem Leben etwas essen können, so erschöpft war ich! Aber ich musste unbedingt etwas trinken, möglichst eine Riesenportion von irgendwas Eiskaltem!

Ohne weiter zu fragen, bestellte Signore Rizzardi für uns beide, aber das wunderte mich jetzt schon gar nicht mehr. Dafür staunte ich umso doller, mit welchem Appetit er selbst zugriff, als unser Essen kam. Es gab Braten mit Knödeln und Kraut, dazu Bier und Obstler. Ich schüttelte mich vor Entsetzen, griff aber sofort nach dem kühlen Bier und stürzte es hinunter.

Schnell machte sich bei mir die Wirkung des Alkohols bemerkbar, denn jetzt waren nicht nur meine Beine bleischwer, sondern auch meine Arme, mein Kopf, mein ganzer armer, geschundener Körper. Bestimmt würde ich nie wieder aufstehen können!

„Du solltest auch etwas essen!", meinte Signore Rizzardi lächelnd.

„Du?", fragte ich und gähnte verstohlen.

„Na klar! Auf einer Skihütte ist es üblich, sich zu duzen!" Silvio hob sein Glas, prostete mir zu und schob mir Teller und Besteck herüber.

Zu meiner Überraschung aß und aß ich, bis der Teller blitzeblank war. Und erstaunlicherweise ging es mir mit einem Mal richtig gut.

Okay, jetzt war es an der Zeit, den Sklaventreiber mal genauer unter die Lupe zu nehmen. Seine eindrucksvollen Augen hatte ich ja schon kennen gelernt. Aber was war mit dem Rest?

Verstohlen musterte ich Silvios braun gebranntes Gesicht, das mit seiner kräftigen, gebogenen Nase und dem fein geschwungenen Mund, der bei jedem Lächeln gepflegte weiße Zähne aufblitzen ließ, sehr harmonisch wirkte. Silvios Haar war dunkel gelockt und mit einigen grauen Fäden durchzogen, die ihm ein interessantes Aussehen gaben.

Alles in allem ein fast zu gut aussehendes, wenn auch nicht außergewöhnliches Gesicht, stellte ich fest. Dieser höchstens mittelgroße

Mann war eigentlich nicht mein Typ, wenn da nicht die Augen wären, die seinen Besitzer so unwiderstehlich machten!

In meine Betrachtungen hinein fragte Silvio spöttisch: „Na, zufrieden?"

Ich wurde ein bisschen rot, tat aber – wie immer in solchen Situationen – sehr selbstbewusst. „Ja, recht ordentlich", erwiderte ich so leger wie möglich. Der Signore musste ja nicht gleich mitbekommen, wie beeindruckend ich ihn fand.

Der Alkohol machte mich leicht und locker und ließ eine ausgelassene Stimmung in mir aufkommen. Auf meine Fragen erfuhr ich, dass Silvio tatsächlich Italiener war, aber schon seit vielen Jahren in Deutschland lebte. Er hatte hier studiert und arbeitete zurzeit als Kinderarzt in einem Krankenhaus.

Das wurde ja immer besser!

„Essen wir heute Abend zusammen?", fragte Silvio, als wir uns aus der Bequemlichkeit der Hütte endlich wieder in die kalte Bergwelt wagten.

„Ach, ich weiß nicht so recht! Eigentlich habe ich ja Halbpension gebucht, da ist das Essen inklusive", sagte ich dümmlich und begann im gleichen Augenblick zu kichern.

Auch Silvio lachte. Und wieder sah ich bewundernd in seine dunklen Augen, in denen blitzende Sternchen ihr Licht versprühten. Ich konnte kaum wegsehen.

„Also abgemacht, um sieben Uhr im Jägerhof!", bestimmte Silvio kurzerhand. Und in mir regte sich nicht einmal die Spur eines Widerspruchs, obwohl ich sonst sofort rebellierte, wenn jemand versuchte, mir Vorschriften zu machen.

Draußen schlug mir der Winter so kalt entgegen, dass ich fröstelnd den Reißverschluss meines Overalls bis oben zuzog. Silvio sah mich kurz an, streckte seinen Arm aus und legte ihn um mich, als wolle er mich vor der Kälte der ganzen Welt beschützen. Und diese Geste entschied über mein weiteres Leben – von diesem Moment an war ich rettungslos verliebt!

Eine Sekunde lang lehnte ich mich an Silvio, fühlte die Wärme seines Körpers, das Spiel seiner Muskeln und blickte in seine wunderschönen Augen. Aber plötzlich fühlte ich mich total befangen. Ich bückte mich und nestelte verlegen an den Schnallen meiner Skistiefel herum, öffnete und schloss sie gleich mehrmals, um Silvio nicht ansehen zu müssen. Dieser Mann brachte es doch tatsächlich fertig, mich mundtot zu machen, und das sollte was heißen!

In den folgenden Tagen war ich recht häufig mit Silvio verabredet. Mit klopfendem Herzen sehnte ich die Stunden mit ihm herbei, überlegte mir schon vorher, was ich ihm alles sagen und wie ich ihn am meisten beeindrucken könnte. Doch wenn wir zusammentrafen, war ich stets unsicher, was ich dann natürlich hinter einer Fassade der Selbstsicherheit verbarg.

Da ich so gut wie keine Erfahrung mit Männern hatte, aber aus Mutters wortreichen Ermahnungen wusste, dass diese immer nur ein Ziel im Auge hatten, war ich anfangs stets auf der Hut. Doch schon bald stellte ich verwundert fest, dass Silvio so gar nicht in dieses Raster passte. Er war in jeder Beziehung korrekt und zurückhaltend, für meine Gefühlslage sogar zu zurückhaltend. Denn in meiner Verliebtheit wartete ich natürlich sehnsüchtig auf sein Liebesgeständnis. Aber Pustekuchen! Silvio sagte nichts und tat nichts. Er drückte mich höchstens mal freundschaftlich an sich oder streichelte meine Wange und verabschiedete sich dann höflich. Es war zum Verrücktwerden!

Je mehr sich der Urlaub dem Ende zuneigte, umso unruhiger wurde ich. Ja, ich hatte Angst, Silvio nie wieder zu sehen. Aber warum war er so oft mit mir zusammen, wenn ich ihm gar nicht gefiel? Außerdem konnte ich von ihm als Südländer doch wohl mit Fug und Recht erwarten, dass er wenigstens den Versuch machte, mich zu verführen, oder? Sollte vielleicht ich die Initiative ergreifen?

Gedacht, getan! An unserem letzten gemeinsamen Abend zog ich meine flippigsten Klamotten an, schminkte mich – oder versuchte es zumindest – mit den viel zu teuren Utensilien, die ich nachmittags noch schnell erstanden hatte, steckte meine langen Haare zu einer Traumfrisur hoch und befestigte eine glitzernde Spange darin. Es wäre doch gelacht, wenn Silvio heute nicht anbeißen würde!

Siegessicher drehte ich mich vor dem Spiegel hin und her und fand mich unwiderstehlich. Nun ja, wenn ich ehrlich war, hatte ich die Farbe vielleicht ein bisschen zu dick aufgetragen. Aber egal, Silvio würde Augen machen!

Und die machte er tatsächlich. Bei meinem Anblick stutzte er, sah mich dann genauer an – und war sprachlos. Schon dachte ich, er sei vor Bewunderung ganz stumm und wollte gerade verführerisch mit den Wimpern klimpern, wie ich es nachmittags vor dem Spiegel geübt hatte, als ich Silvio kühl sagen hörte: „Nein, Sabrina, so nicht! Das ist ja grauenhaft!"

Ich muss wohl so entsetzt ausgesehen haben, dass Silvio schnell fortfuhr: „Diese Kriegsbemalung hast du doch gar nicht nötig. Ich mag keine Farbtöpfe, sondern eher die unauffällige Eleganz. Und deine Haare! Was hast du nur mit deinen schönen Haaren gemacht?"

Unauffällige Eleganz! Wie oft sollte ich diesen Ausdruck in Zukunft noch zu hören bekommen!

„Wisch dir das ab!", verlangte Silvio und zeigte auf meinen dunkelrot geschminkten Mund und die blaugrün umrandeten Augen.

Widerspruchslos rannte ich ins Bad und rubbelte mir die teure Farbe vom Gesicht. Dann nahm ich die glitzernde Spange aus dem Haar und löste die mühsam zusammengesteckte Frisur.

„So ist es besser", lobte Silvio mich. Und sekundenlang fühlte ich mich wieder wie ein Schoßhündchen, das seinem Herrn dankbar die Hand leckt.

Wir tranken Wein und tanzten miteinander. Immer wieder sah ich Silvio tief in die Augen und wartete darauf, dass er mich küssen würde. Und als das nicht geschah, wagte ich es einfach, lehnte mein Gesicht an seines und berührte es vorsichtig mit meinen Lippen.

„Ich habe mich in dich verliebt", flüsterte ich und erschrak sofort. War ich denn von allen guten Geistern verlassen? Hatte Mutter mir nicht immer wieder eingebläut, dass dieses Stichwort nur vom Mann kommen dürfe, wenn man mehr als nur ein kurzes Abenteuer wolle? Aber natürlich musste ich mal wieder in alle Fettnäpfchen auf einmal treten.

Doch Silvio schien gar nicht sonderlich irritiert zu sein. „Ich weiß, Kleines", sagte der Mann, der zwei Zentimeter kleiner war als ich und nahm mich zärtlich in seine Arme.

Ich hörte auf zu denken und war nicht mehr ich selbst. Von diesem Augenblick an gehörte ich Silvio mit Haut und Haaren!

3

Die vor mir aufleuchtenden Bremslichter signalisierten mir, dass ich mal wieder in einen Stau geraten war.

Wütend haute ich aufs Lenkrad und machte meinem Ärger mit einer Reihe nicht sehr feiner Schimpfwörter Luft. Und das, wo Mutter sich immer so bemüht hatte, mir eine damenhafte Ausdrucksweise beizubringen! Aber diese Schwäche hatte ich von Kindesbeinen an gehabt: Wenn mich der Zorn übermannte, gab es kein Halten mehr, dann strömten die unflätigen Worte nur so über meine Lippen. Und das Schlimmste daran war: Es machte mir auch noch Spaß!

Um mich abzulenken schaltete ich das Autoradio ein und hörte eine Weile einem verliebten Sänger zu, der mit schmachtender Stimme seiner Entschwundenen nachweinte. Als ich den Herzschmerz des schluchzenden Barden nicht länger ertrug, wählte ich einen anderen Sender. Fetzige Rockmusik mit harten Rhythmen und dröhnenden Bässen jagte aus den Lautsprechern und drang bis in meinen Magen vor. Auch nicht das Gelbe vom Ei, also her mit dem nächsten Speicherplatz!

Ich schaltete solange herum, bis wunderbar harmonische Musik erklang. Ein Streichquartett spielte Mozart, romantisch, verträumt und ein kleines bisschen melancholisch, also gerade das Richtige für meine augenblickliche Gefühlslage. Wie leicht und klar diese Musik den Instrumenten entströmte. Die Töne schienen sich jubelnd vor Freude in die Luft zu erheben, dort Farben und Formen anzunehmen und zu kleinen, lebendigen Wesen heranzuwachsen. Ich stellte mir vor, wie sich diese klingenden Farbkleckse entfalteten und vermehrten und endlich das Universum mit Leben füllten.

Unvergleichlich, diese Musik! Und obwohl ich früher nur auf moderne Rhythmen eingestellt gewesen war, hatte Silvio es fertig gebracht, in mir die Liebe zu den alten Meistern zu wecken. Er mochte besonders gern Mozart und Vivaldi und . . .

Ach Silvio, immer wieder Silvio. Was ich auch dachte oder tat, immer landete ich bei Silvio. Seit unserer ersten Begegnung waren alle meine Gefühle nur auf ihn gerichtet, hatten sich meine Gedanken nur mit ihm beschäftigt. Und trotzdem war er mir ein Rätsel geblieben. Wie oft hatte ich Silvio betrachtet und mich gefragt, wer er eigentlich war, was er dachte und fühlte. Ich hatte versucht, ihm näher zu kommen, aber es war mir nicht gelungen, trotz meiner großen Liebe. Eine unsichtbare Mauer, eine unüberwindbare Kluft trennte uns. Aber wo war die Brücke?

Einige Zeit hatte ich versucht, mich Silvio anzupassen, ihm alles recht zu machen, bis ich am Ende merkte, dass ich im Begriff war, mich selbst zu verlieren. Die Erkenntnis, dass ich nicht ohne ihn, aber erst recht nicht mit ihm leben konnte, stürzte mich von einem Konflikt in den andern. Aber wie sollte ich damit umgehen?

Halt, Sabrina, nicht diese traurigen Gedanken, nicht jetzt und nicht hier! Du hast Monate gebraucht, um einigermaßen über die Trennung hinwegzukommen. Denk positiv, denk an was Schönes!

Also, her mit den schönen Gedanken!

Ja, schön war die Zeit unserer ersten Liebe gewesen, wunderschön sogar. In Silvio hatte ich meinen Traummann gefunden, mit dem ich mich – trotz unseres Altersunterschiedes von mehr als zwölf Jahren – blendend verstand. Wir kamen aus ganz unterschiedlichen Kreisen, waren vom Charakter her völlig verschieden und hatten genau genommen kaum Gemeinsamkeiten. Aber egal, wir liebten uns, und das war Grund genug für ein langes Glück.

Leider wohnten wir etliche Kilometer voneinander entfernt. Aber was bedeutete schon eine Autofahrt von knapp drei Stunden für eine rettungslos verliebte Sabrina. Also trafen wir uns am Wochenende in Silvios Appartment, das im Vergleich zu meiner möblierten Bude der reinste Luxusschuppen war. Selbst mein ungeschultes Auge erkannte, dass Silvio nicht der schlecht bezahlte kleine Assistenzarzt war, als den er sich ausgab. Aber was spielte das schon für eine Rolle.

Ich lebte so sehr von einem glücklichen Augenblick zum nächsten, dass ich keine Gedanken über eine gemeinsame Zukunft zuließ, jedenfalls nicht bis zu dem Montagmorgen, als ich mich nach einem gemeinsamen Wochenende auf den Weg ins Büro machen wollte. Silvio brachte mich zur Tür, gab mir einen flüchtigen Kuss auf die Wange und meinte beiläufig: „Kündige schon mal deinen Job und deine Wohnung! Wir werden heiraten!“

„Heiraten . . . aber wieso . . .? Wir kennen uns doch noch nicht lange und wissen gar nicht, ob . . .", stotterte ich verblüfft.

„Nicht jetzt!", wehrte Silvio ungeduldig ab. „Es wird Zeit für dich! Nächstes Wochenende besprechen wir alles."

Auf der Fahrt ins Büro wusste ich nicht, ob ich mich geschmeichelt oder missachtet fühlen sollte. Nein, diese Art von Heiratsantrag machte mir keine Freude. Hätte Silvio mich zu einem anderen Zeitpunkt und in anderer Form gebeten, seine Frau zu werden, wäre ich ihm sicher jubelnd um den Hals gefallen. Aber dass er mir so zwischen Tür und Angel seine einsame Entscheidung mitteilte, nein, das gefiel mir gar nicht!

Meine anfängliche Ratlosigkeit verwandelte sich immer mehr in Zorn. Was bildete sich dieser Macho eigentlich ein? Seine Entscheidung betraf doch mein Leben zumindest genauso wie seines!

„Nein, nein!", schnaubte ich wütend. „Das kannst du nicht mit mir machen, Silvio Rizzardi! Du verfügst einfach über mich, ohne auch nur im Geringsten nach meinen Wünschen zu fragen!"

Es dauerte Stunden, bis ich mich wieder einigermaßen beruhigt hatte. Aber schon am Nachmittag begann sich der Ärger aufzulösen, und am Abend fand ich den Gedanken an eine Heirat mit Silvio schon richtig aufregend. Jetzt wusste ich auch, warum ich so wütend gewesen war: Es war Silvios Selbstsicherheit, seine prosaische Art, die nicht einmal in Erwägung zog, dass ich andere Pläne haben könnte. Silvio schwor mir nicht ewige Liebe, sprach nicht von Glück und lebenslanger Treue. In ihm war kein Zweifel, kein Bangen, nicht die kleinste Unsicherheit! Nein, der bedeutende Signore Rizzardi handelte einfach so, als müsse die unbedeutende kleine Sabrina dankbar sein, dass er sich herabließ, sie zu ehelichen. Und weil ich tief in meinem Herzen genauso empfand, knabberte das schwer an meinem Selbstwertgefühl. Jetzt wurde mir klar, dass meine Eitelkeit und mein Hang zur Romantik verletzt worden waren. Hätte Silvio mir – zitternd vor Erwartung – einen Heiratsantrag gemacht und mir versprochen, mich ein Leben lang zu lieben und auf Händen zu tragen, wäre ich bestimmt vor Freude an die Decke gesprungen.

An diesem Punkt angekommen, schmolz mein Zorn wie Schnee an der Sonne. Und natürlich sagte ich Ja, das heißt, selbst dazu bekam ich keine Gelegenheit mehr, denn Silvio hatte bereits alles geplant.

Unsere Hochzeit fand im kleinsten Kreise statt. Mutter war eine der wenigen Gäste und zerfloss regelrecht unter Silvios Charme. Geschmeichelt lächelte sie über seine geschickten Komplimente und himmelte ihren Schwiegersohn regelrecht an. Und als sie mich allein erwischte, ermahnte sie mich wortreich, froh und dankbar für diesen wunderbaren Ehemann zu sein.

„Das ist eine einmalige Chance für dich!", wiederholte sie. „Dieser Mann ist bestimmt in der Lage, aus dir eine richtige Frau zu machen. Also, gib dir Mühe und zügle dein Temperament! Wenn ich so daran denke, wie unberechenbar du früher immer warst. Na egal, ich will die alten Geschichten nicht wieder aufwärmen. Jedenfalls hat dein Vater auch gesagt, dass du endlich ..."

„Kurt ist nicht mein Vater", bemerkte ich sanft und unterdrückte schnell meinen aufsteigenden Zorn. Aber ich konnte es mir doch nicht verkneifen, ein leises „Gott sei Dank nicht" hinzuzufügen.

Leider war von Silvios Familie niemand zur Hochzeit gekommen, dabei hätte ich sie so gerne kennen gelernt. Aber da Silvio den größten Teil seiner Kindheit in Internaten verbracht hatte und bereits als Jugendlicher zu seinem inzwischen verstorbenen Onkel nach Deutschland gezogen war, hatte er keine Verbindungen mehr nach Italien. Seine Eltern waren tot und seine Geschwister kannte er kaum. Armer Silvio! Vielleicht wollte er deshalb so schnell heiraten, weil er einsam war und eine liebende Frau an seiner Seite brauchte. Ich nahm mir fest vor, immer für ihn da zu sein und ihn von ganzem Herzen zu lieben.

Eigentlich hatte ich mir früher immer so eine richtig romantische Hochzeit in einem langen weißen Kleid mit Schleier und einer Unmengen von Blumen erträumt. Da konnte natürlich die schlichte Zeremonie des Standesamtes in unserer Kleinstadt nicht mithalten. Aber dennoch war ich glücklich und zufrieden.

Ich trug ein schmal geschnittenes, cremefarbenes Kostüm mit seidenem Revers und ebensolchen Knöpfen, das natürlich Silvio für mich ausgesucht hatte. Selbstsicher hatte er mir erklärt, dass mein Geschmack noch völlig unausgereift sei, er mir aber noch viel beibringen würde. Was für ein Trost – Silvio hielt mich wenigstens für lernfähig.

Aber natürlich behielt ich meine Gedanken für mich. Überhaupt, ich kannte mich selbst kaum wieder. War das noch die unbeherrschte, freiheitsliebende Sabrina, die schon mit drei Jahren allein bestimmen wollte, was sie anzog und wann sie es anzog? Die einen Heidenkrach vom Zaun brach, weil man ihr klarmachte, dass ein roter und ein blauer Schuh nicht unbedingt ein Paar wurde, nur weil sie es so wollte. Die sich nicht sagen ließ, wann sie schlafen, essen oder sich waschen sollte. Die Zornesausbrüche bekam, wenn jemand sie an die Hand nahm, damit sie nicht im Gewühl verloren ging oder über eine verkehrsreiche Straße rannte. Und jetzt lächelte diese eigensinnige Person unter den Blicken hochnäsiger Verkäuferinnen in exklusiven Geschäften dankbar ihrem Wohltäter zu, weil dieser so edelmütig war, ihren schlechten Geschmack zu schulen.

Zugegeben, noch nie in meinem Leben hatte ich eine so teure und auserlesene Garderobe besessen, aber eigentlich war das auch noch nie mein Lebensziel gewesen. Jetzt besaß ich zwar exquisite Dinge, durfte aber nicht einmal die Höhe meines Rocksaumes selbst bestimmen. Also nickte ich ergeben zu den Ratschlägen der Leute, die es ja alle so gut mit mir meinten. Zu meiner Entschuldigung konnte ich nur anführen, dass Silvio mich so total in Besitz genommen hatte, dass ich nicht einmal mitbekam, wie sehr ich mich veränderte. Ja, Silvio war faszinierend, wer konnte ihm schon widerstehen? Ich sicher nicht. Im Gegenteil, ich war bereit, alles für ihn zu tun, was ihm Freude machte. Ich hatte sogar schon angefangen, Italienisch zu lernen, damit ich mich später mit ihm in seiner Muttersprache unterhalten konnte.

Und Silvio? Liebte er mich ebenso wie ich ihn? Manchmal war ich unsicher, denn er sprach nie über sich und seine Gefühle. Dann aber beruhigte ich mich damit, dass Silvio eben ganz anders war als ich, viel zurückhaltender, gebildeter, höflicher und was weiß ich noch alles.

Jedenfalls war ich mir sicher, dass unsere Liebe einmalig war und wir alles anders machen würden als viele andere Ehepaare. Viel besser natürlich!

4

Unsere Hochzeitsreise machten wir nach Italien. Aber leider wurde mein Wunsch, dort Silvios Geschwister kennen zu lernen, wieder nicht erfüllt, denn Silvio lehnte es ab, sie zu besuchen.

„Ich weiß nicht einmal, wo sie wohnen“, meinte er. „Wir kennen uns doch kaum.“

„Aber gerade deshalb könnten wir doch ...“, versuchte ich es weiter.

Abwehrend hob Silvio die Hand. „Nein, wir fliegen nach Rom!“, bestimmte er kurzerhand. „Diese Stadt ist wunderbar und du musst sie unbedingt kennen lernen!“

Natürlich hatte Silvio Recht, Rom war wirklich ein Erlebnis! Geduldig reihten wir uns in die Warteschlangen ein, um all die berühmten Sehenswürdigkeiten zu besichtigen. Silvio war ein charmanter und gut informierter Reiseleiter, erklärte mir die Geschichte und Kultur der alten Römer, zeigte mir aber auch das moderne Rom mit seinen aparten Geschäften und regem Nachtleben.

Noch nie war ich in einer Stadt gewesen, in der Vergangenheit und Gegenwart so nah beieinander lagen und die dabei doch so lebendig geblieben war. Ich staunte über die Kunstwerke der alten Meister und konnte mich an ihnen kaum satt sehen. Viele Stunden verbrachte ich im Petersdom in der Vatikanstadt, und das, wo ich Kirchen sonst nicht ausstehen konnte. Aber dieses Bauwerk, das – wie Silvio stolz betonte – die größte Kirche der Erde ist, zog mich mit seinen unvergleichlichen Gemälden und Fresken magisch an. Es war kaum zu glauben: Sabrina, die das Moderne so liebte und für die selbst der Expressionismus schon fast zur Antike gehörte, begeisterte sich mit einem Mal für die Kunstwerke längst vergangener Jahrhunderte.

Ich war so fasziniert, dass mich nicht einmal die Menschenmassen störten, die ständig durch das Kirchenschiff fluteten. Manchmal versank die Welt um mich herum und ich konnte mich ganz dem Genuss der Kunstschätze hingeben. Wie gerne würde ich auch einmal etwas so Einmaliges, so etwas Ausdrucksvolles schaffen.

Vor der weltberühmten Pietà, die sich in einer kleinen Kapelle des rechten Seitenschiffes befand, blieb ich lange stehen und betrachtete Michelangelos schlichtes Kunstwerk aus hellem Marmor. Wie tief dieser Künstler das Leid einer trauernden Mutter nachempfunden hatte und mit welch einer Liebe diese Frau den toten Sohn in ihrem Schoß betrachtet! Ich konnte mich kaum von diesem Anblick lösen und studierte immer wieder das von tiefem Schmerz gezeichnete Gesicht, das trotz des Leides ohne Hass und Bitterkeit war. Der Ausdruck von Wehmut und Liebe rührte eine Sehnsucht in mir an, die ich schon zu den Akten gelegt hatte oder dies zumindest glaubte.

Plötzlich fühlte ich eine tiefe Trauer in mir, eine Trauer über die Beziehung zu meiner Mutter, die eigentlich gar nicht bestand. Warum hatte es zwischen Mutter und mir nie echte Zuneigung gegeben? Warum hatten wir einander niemals vertraut? Trug Vater die Schuld dafür, weil er sich manchmal mit mir gegen Mutter verbündet hatte, mich entweder wie eine kleine Prinzessin behandelt oder mich wie eine lästige Göre beiseite geschoben hatte?

Ach, hätte Mutter mich doch nur einmal mit solch einem Ausdruck der Liebe, der bedingungslosen Zuneigung angesehen! Mir hätte es ja schon genügt, wenn sie nur hin und wieder mal ein bisschen in meine Richtung geblickt hätte, anstatt wegzusehen, wenn ich sie brauchte. Wie damals, als Vater zu einer anderen Frau gezogen war und die kleine Sabrina gemeint hatte, dass er nur gegangen sei, weil sie so ein „schreckliches Kind" war. Zugegeben, ich war nie das brave kleine Mädchen gewesen, das Mutter sich gewünscht hatte, aber wie hätte ich bei dem ständigen Kriegszustand in unserer Familie das auch jemals werden können? Aber jetzt war ja alles anders, jetzt hatte ich Silvio und wurde von ihm geliebt. Deshalb brauchte ich auch keine weiteren Familienbande.

Als ob Silvio meine Gedanken lesen könnte, nahm er liebevoll meine Hand und sagte leise: „Wenn wir erst mal Kinder haben, dann . . ."

Kinder?! Soweit hatte ich ja überhaupt noch nicht gedacht! Eigentlich hatte ich auch nicht vor, mich in naher Zukunft mit so quengeligen kleinen Schreihälsen abzugeben. Ich wollte mit Silvio auf Reisen gehen, tolle Partys feiern und aufregende Dinge erleben. Da war für Kinder nicht viel Platz.

Aber klugerweise behielt ich meine Gedanken für mich. Später würde sich Silvio schon damit abfinden, dass ich es gewohnt war, meine eigenen Entscheidungen zu treffen.

In den folgenden Tagen besichtigten wir die Engelsburg, das Kolosseum, das Pantheon und verschiedene römische Tempel. Wir besuchten Museen und Galerien, warfen Münzen in den Trevi-Brunnen, saßen auf der spanischen Treppe und beobachteten das bunte Treiben um uns herum. Bei einem Bummel durch die eleganten römischen Geschäfte der berühmten Modezaren probierte ich die italienischen Worte und Sätze aus, die ich bereits gelernt hatte und freute mich wie ein Schneekönig über Silvios überraschtes Gesicht.

Nach einer wundervollen Woche in Rom fuhren wir zum Golf von Neapel und ließen uns von einem Schiff nach Capri hinüberbringen. Nach dem lärmenden Rom war die kleine Insel mit ihrer klippenreichen Steilküste und den in prächtigen Gärten versteckten Häusern eine richtige Wohltat. Mit einem Kleinwagen fuhren wir eine kurvenreiche Straße bis zum höchsten Punkt der Insel hinauf und bestaunten die herrliche Landschaft.

Silvio hatte ein Zimmer in einem kleinen Hotel reservieren lassen, das hoch über dem Meer lag. Die mit Blumen umrankte Terrasse auf der Hinterseite des Hotels war genau der richtige Ort für Hochzeitsreisende, denn sie schien geradewegs in den Himmel hineinzuragen.

„Von hier möchte ich am liebsten nie wieder weg", seufzte ich ein bisschen theatralisch und schmiegte mich zärtlich an Silvio. Und plötzlich verspürte ich den verwegenen Wunsch, all diese Kostbarkeiten auf meine Art festzuhalten. Nicht mit dem Fotoapparat, wie es die meisten taten, nein, ich wollte ein Bild malen, das meine persönlichen Gefühle, mein Glück und mein wunderbares Leben widerspiegelte. Nicht mehr und nicht weniger!

Und warum eigentlich nicht? Schließlich war ich nicht unbegabt, ich hatte schon als Kind ganz ansehnliche Bilder gemalt und auch während meiner Ausbildung in der Werbeagentur verschiedene kleine Entwürfe gezeichnet.

Silvio lächelte nur, als ich ihm von meinem Wunsch erzählte. Aber natürlich gab ich nicht so schnell auf, sondern sah mich bei unserem Spaziergang durch die engen Gassen des Ortes nach einem Laden um, in dem ich ein paar Malutensilien kaufen konnte. Doch leider boten die Geschäfte nur die üblichen Touristenandenken an, darunter auch farbenprächtige Darstellungen der Insel in allen möglichen Variationen.

„Such dir was aus", meinte Silvio großzügig. „Der Preis spielt keine Rolle!"

Das tat weh! Nein, Silvio hatte nicht verstanden, dass ich „mein" Bild wollte, maßgenommen mit meinen Augen und nachempfunden mit meinen Gefühlen.

Wieder versuchte ich ihm meine Empfindungen zu erklären und erneut huschte ein Lächeln über Silvios Gesicht. Aber dann nickte er und ging mit mir in ein kleines Geschäft, wo wir die notwendigen Dinge kaufen konnten.

Gleich nach dem Abendessen machte ich mich an die Arbeit, die mir besser von der Hand ging, als ich gedacht hatte. Aber das war ja auch kein Wunder, denn bei keinem meiner früheren Malversuche hatte ich eine so stimmungsvolle Vorlage gehabt. Mir war, als würde sich mein Glück mit der Schönheit der Umgebung und des ausklingenden Tages vereinen und sich wie von allein aufs Papier zaubern.

„Was hältst du davon, Silvio?" Stolz hielt ich meinen Zeichenblock hoch, auf den ich mit kräftigen Pinselstrichen die wunderbaren tiefen Farben des dunklen Meeres mit einer orangerot untergehenden Sonne wiedergegeben hatte. Silvio, der es sich mit einem Buch im Liegestuhl bequem gemacht hatte, kam zu mir herüber, betrachtete mein Werk und meinte lässig: „Vielleicht sollten wir doch besser eins der Bilder im Ort kaufen."

Verletzt sah ich auf meinen Block. Sicher, meine Darstellung war einfach, vielleicht sogar ein bisschen naiv, aber die Farben und Formen fügten sich harmonisch zusammen. Nein, mein Bild war gar nicht so schlecht, und mit ein bisschen Übung und den richtigen Materialien könnte ich vielleicht noch eine ganz passable Malerin werden!

„Wenn ich ein bisschen Unterricht nehme, könnte ich vielleicht . . .", begann ich eifrig.

Aber Silvio unterbrach mich. „Überlass das Malen denen, die etwas davon verstehen."

Zum ersten Mal, seit ich Silvio kannte, fühlte ich einen tiefen Groll gegen ihn. Mühsam verdrängte ich meine aufsteigenden Tränen, denn ich wollte nicht, dass er es merkte.

Es war der erste Schatten auf meinem Glück, und es dauerte eine ganze Weile, bis seine kränkenden Worte so weit verklungen waren, dass ich wieder gelöst und heiter sein konnte.

Auf der Rückreise bat ich dann Silvio noch einmal, mir seine Heimat zu zeigen.

„Nein!", lehnte er wieder bestimmt ab. „Außerdem, wo ist denn überhaupt meine Heimat? Soll ich dir eins der Internate zeigen, in denen ich meine Kindheit verbracht habe? Mein Leben in Italien ist lange vorbei und ich fühle mich hier eher wie ein Tourist."

Eine tiefe Liebe für Silvio durchflutete mich daraufhin. „Ach, du armer Heimatloser", flüsterte ich zärtlich und lehnte mich an ihn. „Aber jetzt hast du ja bei mir eine Heimat und das für immer! Trotzdem hätte ich ganz gerne mehr von dir und deiner Vergangenheit kennen gelernt!"

Verdunkelte sich da nicht Silvios Gesicht? Aber schon zauberte er wieder sein charmantes Lächeln hervor. „Du wirst mich schon noch genug kennen lernen, mein Schatz, warte nur ab", sagte er mit einem fröhlichen Augenzwinkern.

Und wir lachten beide herzlich über seinen Scherz.

5

Lautes Hupen weckte mich aus meinen Erinnerungen. Ich merkte, dass der Stau sich aufgelöst hatte und es wieder zügig voran ging. Ich trat das Gaspedal bis zum Anschlag durch, holte alles aus meinem Kleinwagen heraus und überhörte geflissentlich sein Protestgeklapper. Erst kurz vor der Autobahnraststätte lockerte ich meinen Fuß und sah auf die Uhr. Glück gehabt, ich war nur eine halbe Stunde zu spät.

Langsam fuhr ich über den Platz und hielt nach Silvios dunkelblauem Wagen Ausschau. Nichts zu sehen, scheinbar war auch er noch nicht da. Also hatte ich etwas Zeit, mich ein bisschen frisch zu machen.

Im Restaurant war nur wenig Betrieb. Ich nahm mir einen Platz am Fenster, von dem aus ich die Eingangstür sehen konnte, bestellte einen Kaffee und übte mich in Geduld. Gespannt blickte ich immer wieder zum Eingang hinüber und erwartete jede Sekunde das fröhliche Begrüßungsgeschrei meiner Kinder zu hören. Das Warten fiel mir schwer und ich machte mir Sorgen, weil es für die beiden Kleinen bestimmt kein Vergnügen war, so lange in einem Auto still sitzen zu müssen. Bis wir zu Hause ankamen, würden sie total übermüdet sein, und ich konnte dann sehen, wie ich mit zwei quengeligen Kindern allein fertig wurde.

Um mir die Zeit etwas zu verkürzen, schloss ich die Augen und stellte mir die beiden vor. Da war Chiara, meine hübsche kleine Tochter mit den honigblonden Haaren und den funkelnden dunklen Augen. Mit ihren sechs Jahren war sie manchmal erschreckend vernünftig, ja richtig altklug, konnte aber auch mit einem erstaunlich hitzigen Temperament reagieren. Von wem sie das wohl hatte? Von mir hatte sie jedenfalls den zierlichen Körperbau und die Haarfarbe geerbt und von ihrem Vater die schönen dunklen Augen mit den funkelnden Sternchen darin.

Mein kleiner Marco war knapp zwei Jahre jünger als seine Schwester und lange nicht so selbständig wie sie. Er war ein verschmustes Sensibelchen, das sich gerne verhätscheln und betätscheln ließ. Marco sah mit seinem dunklen Lockenkopf, den tiefblauen Augen und dem kräftigen Körperchen einfach zum Knuddeln aus. Aber wenn dieser süße kleine Kerl einmal wütend wurde – was bei seinem sanften Temperament zum Glück nur selten vorkam –, verwandelten sich seine Augen in dunkle, sturmgepeitschte Seen, in denen es brodelte und blitzte.

Ach, meine Kinder, wie sehr ich sie liebte. Um nichts auf der Welt würde ich sie hergeben, und das hatte auch Silvio widerstandslos akzeptiert. Bei unserer Trennung hatte ich keinerlei Diskussion darüber aufkommen lassen, bei wem die Kinder leben sollten, denn sie gehörten zu mir und waren ein Teil von mir.

Dabei hatte ich mich am Anfang unserer Ehe so gar nicht mit meiner Mutterrolle anfreunden können. Anfangs wusste ich nicht, ob Silvios starker Kinderwunsch mit seinem Beruf zusammenhing oder ob es das Erbe seiner südländischen Vorfahren war. Vielleicht sehnte er sich auch deshalb so sehr nach einer Familie, weil er selbst ein fröhliches Familienleben nie kennen gelernt hatte.

Wie auch immer. Ich wollte Silvio beweisen, dass wir auch ohne Kinder glücklich sein konnten und machte mich mit Feuereifer daran, ihm ein gemütliches Heim zu bereiten. Aber leider war Silvio nur selten zu Hause, denn er musste häufig auch abends oder am Wochenende arbeiten. Also war ich oft allein und hatte viel Zeit, den Haushalt in Schwung und das Essen einigermaßen schmackhaft auf den Tisch zu bringen, was aber meistens nur mäßig gelang. Um meine Zeit auszufüllen, nahm ich an einem Kochkurs teil, machte in einer Gymnastikgruppe figurbesorgter Hausfrauen mit und ging mehrmals wöchentlich zu meinem Italienischkurs.

Aber irgendwie bekam mir dieses faule Leben nicht besonders gut. Denn schon nach kurzer Zeit – wir waren gerade erst drei Monate verheiratet – hing mir alles zum Hals heraus. Ich wusste selbst nicht wieso, aber mir war alles zu viel. Schlapp und lustlos gammelte ich herum, sehnte mich nach meiner alten Bude, nach meiner Arbeit und meinen Kollegen, mit denen man so herrlich tratschen konnte. Noch nie in meinem Leben hatte ich es so gut gehabt wie jetzt, und trotzdem war ich frustriert. Warum nur?

Ich versuchte mich abzulenken, aber es wurde nur noch schlimmer. Ja, ich wurde launisch wie eine Diva! Einmal fühlte ich mich himmelhoch jauchzend und hätte Bäume ausreißen können, aber schon im nächsten Augenblick machte sich in mir die dunkelste Weltuntergangsstimmung breit. Manchmal brachte ich keinen Bissen herunter, ohne dass mir davon speiübel wurde, stopfte aber schon eine halbe Stunde später so viel in mich hinein, als stünde eine Hungersnot bevor. Kurz und gut: Ich war nicht mehr ich selbst. Aber was war nur mit mir los?

Und plötzlich wusste ich es. Vielmehr, die Erkenntnis traf mich wie ein Blitz aus heiterem Himmel. An diesem Morgen war ich mal wieder total unlustig aus dem Bett gekrochen, hatte Silvio mit verkniffenem Gesicht verabschiedet, weil ich mich hundeelend fühlte und rannte dann sofort ins Bad, um mich zu übergeben. Dabei stöhnte ich, als hätte mein letztes Stündlein geschlagen. Bestimmt war ich sterbenskrank und kein Mensch war da, um mir beizustehen.

Aus lauter Selbstmitleid weinte ich herzzerreißend vor mich hin.

Aber erstaunlicherweise hielt dieser Zustand nicht lange an. Eine halbe Stunde später saß ich vergnügt am Küchentisch und verzehrte mit gutem Appetit mein Frühstück.

Da passierte es: Gerade als ich nach dem dritten Brötchen greifen wollte, erkannte ich, was mit mir los war: „Schwanger", flüsterte ich erschrocken. „Ich bin schwanger." Und noch einmal laut und zutiefst erschüttert: „Ich bin tatsächlich schwanger!"

Das war es also, unfassbar, aber dennoch wahr! Ich musste es mehrmals hintereinander aussprechen, um es wirklich zu begreifen: „Sabrina ist schwanger, richtig schwanger!" Ich sagte diesen Satz staunend, ehrfurchtsvoll, aber auch voller Angst.

Wie eine Verrückte stürzte ich zum Telefon und rief meinen Gynäkologen an. „Schnell, ich muss sofort den Doktor sprechen! Es . . . es ist . . . furchtbar, ganz furchtbar ist es!", keuchte ich in allerhöchster Erregung ins Telefon.

Besorgt fragte mich die Arzthelferin, ob mein Zustand es noch zuließe, in die Praxis zu kommen oder ob sie mir besser einen Krankenwagen schicken solle. Der Einfachheit halber entschied ich mich für die Praxis.

„Herzlichen Glückwunsch, liebe Frau Rizzardi, Sie bekommen ein Baby!", sagte Dr. Hartmann nach der Untersuchung und strahlte, als hätte er selbst dieses Wunder vollbracht.

Ich brachte kein Wort hervor, denn ich war von dieser Tatsache und von meinen widerstreitenden Gefühlen total überwältigt. War es nun Freude oder Entsetzen, das mir plötzlich die Kehle zuzog und Tränen in die Augen trieb?

Dr. Hartmann bemerkte meine Verwirrung und tröstete mich. „Machen Sie sich keine Gedanken, das geht vielen neugebackenen Müttern so! Ein Kind ist nun mal eine große Verantwortung, damit muss sich eine junge Frau erst einmal auseinandersetzen. Lassen Sie sich Zeit, Sie schaffen das schon, Frau Rizzardi. Ich bin sicher, in ein paar Stunden werden Sie vor Freude jubeln. Und Ihr Mann bestimmt auch."

Richtig, mein Mann! Genau der war der springende Punkt. Silvio würde bestimmt vor Freude jubeln, denn er hatte ja jetzt erreicht, was er wollte. Er würde nicht nur sein heiß ersehntes Kind haben, sondern auch noch eine Frau, die gezwungen war, als ein biederes Hausmütterchen zu funktionieren. Mein Leben würde sich zwischen Küche und Kinderzimmer abspielen, während Silvio genauso weitermachen konnte wie bisher. War das gerecht?

Ich fuhr in die Stadt und kaufte mir eine hautenge Jeans mit einem noch knapperen, kurzen Oberteil. Klar, es war ein reiner Frustkauf, denn schon in kurzer Zeit würde ich solche Klamotten nicht mehr anziehen können, sondern meinen dicken Bauch unter weiten, unansehnlichen Sachen verstecken müssen. Vor lauter Selbstmitleid zerdrückte ich wieder ein paar Tränen. Mir war, als säße ich in einer Falle, aus der ich nicht mehr entrinnen konnte.

Es dauerte dann doch etwas länger, als Dr. Hartmann prophezeit hatte, aber nach zwei Tagen hatte ich mich mit meiner neuen Rolle so gut angefreundet, dass ich bereit war, Silvio die freudige Nachricht zu überbringen. An diesem Abend zog ich den neuen Fummel an, stolzierte vor Silvio auf und ab und sah ihn bedeutungsvoll an.

„Nicht schlecht", sagte Silvio und grinste beifällig. „Aber so wirst du doch hoffentlich nicht auf die Straße gehen, oder?"

„Dazu werde ich in nächster Zeit kaum noch Gelegenheit haben", tat ich geheimnisvoll und freute mich über Silvios ratloses Gesicht. „Du musst dich darauf einstellen, dass ich mich in nächster Zeit ganz schön verändern werde. Ich werde dicker und dicker werden und schließlich so rund wie eine Tonne sein!"

Ich machte eine kunstvolle Pause, konnte dann aber nicht länger an mich halten und platzte heraus: „Ich bin schwanger, Silvio, schwanger! Stell dir vor, wir bekommen ein Baby!"

Silvio sah mich an, als hätte er mich nicht verstanden. Dann ging plötzlich ein Leuchten über sein Gesicht und die Sternchen in seinen Augen strahlten und tanzten vor Freude.

„Ist das wahr, Sabrina? Ein Baby?", jubelte er, umfasste mit beiden Händen meine Taille und hob mich hoch. „Ich werde Vater? Das ist ja wunderbar! Ach Schatz, du ahnst ja nicht, was diese Nachricht für mich bedeutet!"

„Und für mich erst", antwortete ich trocken und bemühte mich um ein ernstes Gesicht. „Pass nur auf, in ein paar Wochen wirst du mich nicht wieder erkennen. Dann werden deine Arme für meinen Umfang kaum ausreichen, vom Hochheben und Auf-Händen-Tragen ganz zu schweigen. Und später werde ich dann so eine richtig dicke und gemütliche Mami sein, die jedes Jahr ein bis zwei Kinder auf die Welt bringt."

„Fein", lachte Silvio und küsste mich begeistert.

Inzwischen ging es mir genauso wie Silvio: Ich freute mich auf unser Kind, sehr sogar! Ich ertappte mich obendrein schon dabei, wie ich meine Hände schützend über meinen jetzt noch flachen Bauch legte, weil da drinnen etwas überaus Kostbares heranwuchs.

In Gedanken stellte ich mir vor, wie mein Baby aussehen würde, wie wir miteinander umgehen und was wir alles zusammen unternehmen konnten. Ja, ich wollte eine gute Mutter sein, wollte nicht die Fehler meiner oder anderer Mütter machen, die sich vielleicht einmal dasselbe vorgenommen hatten und dann doch scheiterten. Bei mir sollte alles anders sein. Mein Kind sollte Geborgenheit und Liebe bekommen, aber auch Freiheit und Selbstverantwortung kennen lernen. Es sollte niemals gegängelt oder bevormundet werden, sondern ich wollte es still aus dem Hintergrund lenken und da sein, wenn es mich brauchte. Ich würde . . . ich wollte . . . ich wünschte . . .

Silvio war der rücksichtsvollste Ehemann, den ich mir vorstellen konnte. Er war jetzt häufiger zu Hause als früher, las mir jeden Wunsch von den Augen ab und brachte mir Berge von Blumen und Geschenken mit. Aber seltsamerweise mied er nun jede Berührung mit mir!

Zuerst machte ich mir keine Gedanken darüber, aber dann begann ich mich nach einer liebevollen Umarmung, nach etwas Zärtlichkeit zu sehnen. Doch Silvio berührte mich kaum noch, und auch meine Berührungen schienen ihm nicht sonderlich zu behagen. Fand mich mein Ehemann etwa jetzt schon unattraktiv?

Eines Tages nahm ich all meinen Mut zusammen und sprach Silvio darauf an. „Bin ich denn abstoßend für dich, nur weil mein Bauch ein bisschen runder wird? Ich bin doch die gleiche Frau wie vorher und habe dieselben Gefühle und Bedürfnisse."

Silvio murmelte etwas von ärztlicher Verantwortung und von Rücksicht aus medizinischen Gründen.

„Quatsch!", sagte ich burschikos. „Ich bin nicht krank, nur ein bisschen schwanger! Und du als Arzt solltest doch wohl wissen, dass etwas Zärtlichkeit noch keinem geschadet hat!"

Silvio zauberte daraufhin sein unwiderstehliches Lächeln hervor.

„Ach, meine Kleine“, sagte er liebevoll. „Ich halte mich doch nur zurück, weil ich Achtung vor der Mutterschaft habe und weil ich euch beide liebe, dich und unser Kind.“

Das mit der Achtung war natürlich Unsinn, aber das zweite Argument war unschlagbar, wenn auch nicht logisch. Wir wurden geliebt, mein Baby und ich, und das war das Wichtigste.

Was für ein Glückspilz war ich doch!

6

Erschrocken blickte ich auf die Uhr. Mehr als eine Stunde war vergangen, seit ich nun in der Raststätte auf Silvio und die Kinder wartete. Eilig rannte ich los und machte mich auf die Suche nach einer Telefonzelle. Irgendetwas musste Silvio aufgehalten haben. Oder hatte er sich vielleicht im Datum geirrt?

Nervös wählte ich seine Telefonnummer. Das Freizeichen ertönte laut in nervenaufreibender Regelmäßigkeit, aber niemand meldete sich. Ungeduldig trommelte ich mit den Fingern auf den Hörer, drückte dann auf die Gabel und wählte noch einmal. Wieder nichts.

„Nun mach schon, Silvio!“, murmelte ich ärgerlich. „Nimm doch endlich ab!“

Doch alles Zureden half nichts. Um sicherzugehen, dass ich mich nicht verwählt hatte, wiederholte ich die Prozedur gleich noch zweimal, aber wieder ohne Erfolg.

Erst jetzt bemerkte ich die Schlange, die sich inzwischen vor der Telefonzelle gebildet hatte. Ein weißhaariger Mann zog die Tür auf und fragte gutmütig: „Na, Frolleinchen, dauert's noch lange? Ich will nur schnell . . .“

„Tür zu, Opa!“, fauchte ich nervös und wählte schon wieder, dieses Mal besonders aufmerksam, als könne ich damit erreichen, dass Silvio endlich abnahm. Aber als ich das erschrockene Gesicht des alten Mannes sah, tat mir meine heftige Reaktion Leid. Ich öffnete die Tür noch einmal und sagte entschuldigend: „Eine Minute noch, bitte! Ich bin gleich so weit!"

Enttäuscht verließ ich die Telefonzelle. Was dachte sich Silvio eigentlich dabei, mich so zu versetzen? Wir hatten doch ganz klar verabredet, uns hier und heute zu treffen. Oder hatte ich ihn falsch verstanden?

Rasch kramte ich meinen Terminkalender hervor und sah beruhigt auf das dicke rote Kreuz, das ich neben das heutige Datum gemacht hatte. Nein, es war eindeutig der richtige Tag und der richtige Ort.

Eine unerklärliche Angst beschlich mich plötzlich. Ich lief unruhig auf und ab und überlegte, was ich jetzt tun sollte. Ich wusste ja nicht einmal, wohin Silvio mit den Kindern gefahren war, weil er seine Entscheidungen – wie meistens – erst kurzfristig traf. Und er hatte sich auch zwischenzeitlich nicht bei mir gemeldet, was aber nicht unbedingt ungewöhnlich war.

Da fiel mir das Krankenhaus ein. Ja, richtig, im Krankenhaus würde man vielleicht Bescheid wissen. Möglicherweise hatte man Silvio zu einem Notfall gerufen, so dass er nicht rechtzeitig hatte losfahren können.

Die Telefonzellen waren jetzt alle besetzt. Ungeduldig beobachtete ich die Leute in den engen Kabinen und wunderte mich, warum sie so lange und so viel reden mussten. In einer Kabine standen zwei junge Mädchen fest aneinander gedrückt und hielten den Hörer so zwischen sich, dass beide ihren unsichtbaren Gesprächspartner hören und mit ihm sprechen konnten. Sie kicherten und alberten, redeten mal abwechselnd, mal beide zusammen. Das war ja nicht zum Aushalten! Warum legte der Teilnehmer nicht einfach auf, wenn er sowieso keine Möglichkeit hatte, etwas zu sagen?

Mir kribbelte es regelrecht in den Fingern, einfach die Tür aufzureißen und „Schluss jetzt!" zu brüllen. Aber ich dachte an mein schlechtes Benehmen von vorhin und riss mich zusammen. Zaghaft klopfte ich an die Scheibe, deutete mit dem Finger auf meine Uhr, um den beiden Mädchen zu zeigen, dass ich es eilig hatte. Aber die reagierten nicht einmal, kicherten nur weiter über ihre eigenen Witze.

Na endlich! Die Telefonzelle nebenan wurde frei. Sofort spurtete ich los, bevor ein neuer Dauerredner auftauchte und wählte nervös die Nummer der Klinik, in der Silvio beschäftigt war. Erleichtert atmete ich auf, als sich schon nach zweimaligem Klingeln die Zentrale meldete.

„Dr. Rizzardi ist nicht im Haus“, erklärte die Telefonistin, brummte auf weitere Fragen etwas Unverständliches und stellte mich dann ins Sekretariat durch. Dort wiederholte eine unangenehm näselnde Stimme nur, was ich sowieso schon wusste.

„Und wo bitte schön ist Dr. Rizzardi?“, fragte ich ungeduldig, bevor mir einfiel, dass ich mich erst einmal vorstellen und mein Anliegen vorbringen sollte.

Doch auch jetzt wurde die Sekretärin nicht freundlicher. „Der Herr Doktor ist in Urlaub, wie Ihnen ja sicherlich bekannt ist“, erklärte sie schnippisch.

„Natürlich ist mir das bekannt!“ Am liebsten hätte ich diese dumme Gans angebrüllt, unterdrückte dann aber meinen aufsteigenden Zorn. Ruhig, sagte ich mir, jetzt nur nicht aufregen, damit erreichst du gar nichts!

„War Dr. Rizzardi heute vielleicht trotz seines Urlaubs in der Klinik? Gab es einen Notfall oder so etwas?“, flötete ich zuckersüß und ballte in Gedanken meine Fäuste. „Oder wissen Sie vielleicht, wo ich ihn in diesem Augenblick erreichen kann?“

„Nein, warum sollte ich? Wir sind über das Privatleben unserer Mitarbeiter nicht informiert!“ Die näselnde Stimme klang so überheblich, dass ich ihrer Eigentümerin am liebsten den Telefonhörer auf die Nase gedonnert hätte!

Ich holte tief Luft, um laut loszubrüllen, presste aber im letzten Moment mit einem pfeifenden Geräusch den Atem aus meiner Lunge heraus. „Jetzt passen Sie mal gut auf, meine Liebste!“, sagte ich so kühl, wie ich es nur vermochte. „Das hier ist kein Spaß, sondern eine Notlage, und zwar eine sehr ernste Notlage! Können Sie mir nun helfen, meinen Mann zu erreichen? Ja oder nein?“

Na endlich! Jetzt hatte mein Gegenüber kapiert! „Tut mir Leid, Frau Rizzardi!“, versicherte die näselnde Sekretärin scheinheilig. „Ihr Mann hat Urlaub, wie Sie ja wissen, und er wird erst nächste Woche zurückerwartet. Ich weiß wirklich nicht, wohin er gefahren ist. Vielleicht können Sie mit . . .“ Sie beendete den Satz nicht.

„Ja, bitte, was kann ich mit wem?“ Mein Blut war nahe vor dem Siedepunkt.

„Vielleicht weiß sein Freund Christian, ich meine Dr. Frerichs, wo Ihr Mann sich aufhält“, kam die zögernde Antwort.

Christian Frerichs? Kannte ich nicht. Aber wen kannte ich schon von Silvios Freunden oder Freundinnen!

„Na bitte, worauf warten Sie noch? Verbinden Sie mich doch endlich mit diesem Dr. Frerichs!“, schrie ich in den Hörer.

„Tut mir Leid, der hat heute seinen freien Tag!“

In Gedanken stellte ich mir vor, wie ich diese Frau am Hals packte und solange würgte, bis ihr die Luft ausging. Am liebsten hätte ich sie geteert und gefedert und . . . Aber wieder riss ich mich zusammen und säuselte in den Hörer: „Ach bitte, dann geben Sie mir seine Privatnummer!“

„Das darf ich nicht, Sie wissen doch, Datenschutz und so“, heuchelte meine Gesprächspartnerin ihr Bedauern. Und genau das war zu viel! Jetzt hatte sie es geschafft – ich konnte mich nicht länger beherrschen.

Fast hätte ich vor Wut in den Hörer gebissen, aber ich begnügte mich mit einem Schrei, der selbst Tarzan alle Ehre gemacht hätte. Vom anderen Ende der Leitung hörte ich ein erschrecktes Keuchen, nutzte schnell die Gelegenheit und brüllte mit aller Kraft: „Wenn Sie nicht sofort diese Nummer herausrücken, werden Sie es bereuen, das verspreche ich Ihnen! Hier geht es um Leben und Tod! Ich werde Sie persönlich zur Verantwortung ziehen, wenn . . .!“

Mein Blut kochte, Herz und Puls rasten wie verrückt. Am liebsten hätte ich die Telefonzelle mit Schlägen und Tritten demoliert, den Hörer aus der Wand gerissen und das schmuddelige Telefonbuch in tausend Stücke zerfetzt. Ja, jetzt verstand ich, wie manche Zerstörungen öffentlicher Einrichtungen zustande kamen. Aber mein Brüllen veränderte tatsächlich die Situation.

„Einen Augenblick bitte, Frau Rizzardi“, meinte meine liebste Feindin nun überfreundlich. „Bitte, entschuldigen Sie, ich wusste ja nicht, dass es so ernst ist! Ach ja, hier habe ich die Nummer.“

Hastig schrieb ich die Zahlen auf, murmelte ein kurzes „Danke!“ und wählte gleich darauf die angegebene Nummer. Wieder ertönte das Freizeichen, laut und feindlich, so als mache es sich über mich lustig.

Nach drei weiteren Versuchen gab ich auf und ging niedergeschlagen in das Restaurant zurück. Mir war kalt, meine Hände zitterten, und in meinem Kopf wirbelte alles durcheinander.

Jetzt nur die Ruhe bewahren, ermahnte ich mich, was natürlich aussichtslos war. So etwas gelang mir kaum in alltäglichen Dingen – und jetzt diese verzwickte Situation. Ich zog mir an einem Automaten eine Packung Zigaretten, obwohl ich schon vor Jahren das Rauchen aufgegeben hatte. Der Tisch, an dem ich vorhin gesessen hatte, war jetzt besetzt. Also suchte ich mir einen freien Tisch in der Nähe des Eingangs, bestellte eine Tasse Kaffee und einen Weinbrand, öffnete meine Zigarettenpackung und nahm eines der schlanken, weißen Stäbchen heraus. Unschlüssig drehte ich es hin und her, zündete es aber nicht an.

Bestimmt gibt es für alles eine plausible Erklärung, redete ich mir ein. Sicher besteht kein Grund zur Sorge. Silvio würde doch nicht ohne triftigen Grund zu spät kommen. Wahrscheinlich wird er in wenigen Minuten mit zwei müden, aber glücklichen Kindern im Schlepptau aufkreuzen und alles wird gut sein. Ich muss nur ein bisschen Geduld haben. Geduld, Geduld, lerne endlich Geduld, Sabrina!

Ich nippte an meinem Weinbrand, ließ ihn einige Sekunden lang auf meiner Zunge wirken, bevor ich ihn herunterschluckte. Der Alkohol brannte in meiner Kehle, wärmte meinen kalten Magen und breitete sich wohltuend in meinem Körper aus. Langsam schlürfte ich den heißen Kaffee und spürte, wie mir allmählich wieder warm wurde.

Als ich aufsah, bemerkte ich durch die Glastür die Gestalt eines Mannes, die mir bekannt vorkam. Der Mann trug ein Kind auf dem Arm und hatte ein zweites, etwas größeres, an der Hand. Silvio und die Kinder! Na endlich!

Erleichtert sprang ich auf und stieß dabei mit dem Ellenbogen gegen das Geschirr, das krachend zu Boden fiel. Ohne darauf zu achten, was ich angerichtet hatte, rannte ich zur Tür und streckte schon meine Hände aus, um die Kinder in die Arme zu schließen.

Doch dann fuhr ich erschrocken zurück, denn der Mann vor mir war nicht Silvio, und die beiden kleinen Mädchen waren mir fremd.

Der Fremde blieb vor mir stehen und musterte mich. Ich starrte ihn an, als wäre er eine überirdische Erscheinung, brachte vor Enttäuschung aber kein Wort hervor. In diesem Moment kam eine junge

Frau dazu, nahm dem Mann das kleinere Kind ab und sah mich misstrauisch an. Während sie mit ihrer Familie weiterging, hörte ich sie fragen: „Was wollte die Frau? Kennst du die etwa?"

Niedergeschlagen setzte ich mich wieder an meinen Tisch. Schmerzlich wurde mir bewusst, wie hilflos ich war und dass ich nichts tun konnte als warten, warten, nichts als warten!

Nervös trommelte ich mit den Fingern auf die Tischplatte und zerkrümelte eine Zigarette nach der anderen. Mein Körper spannte sich zum Zerreißen, sobald sich die Tür öffnete und sackte jedes Mal wieder enttäuscht in sich zusammen, wenn ein Fremder das Restaurant betrat. Ständig sah ich auf die Uhr und beobachtete den Sekundenzeiger, der nur langsam und schleppend seine Runden kroch. Dann nahm ich mir vor, einmal längere Zeit nicht auf die Uhr zu sehen, hielt es aber nur ein bis zwei quälende Minuten aus. Es war die reinste Tortur.

Inzwischen war es fast zehn Uhr abends. Ob es überhaupt noch Sinn hatte, länger zu warten? Oder sollte ich die Polizei einschalten? Zumindest konnte ich dort nach Verkehrsstaus oder möglichen Unfällen fragen.

Das Ergebnis war niederschmetternd: Kein Stau, kein Unfall auf den in Frage kommenden Straßen! „Am besten fahren Sie nach Hause und warten dort", riet mir der Polizeibeamte. „Vielleicht ist Ihr Mann schon längst zu Hause!"

Das leuchtete mir ein! Möglicherweise hatten wir uns nur verpasst und Silvio war direkt zu mir nach Haus gefahren, damit die Kinder rechtzeitig ins Bett kamen.

Ich rief zu Hause an, doch niemand meldete sich. Aber das musste nichts zu bedeuten haben, denn Silvio war nicht der Typ, der die Telefongespräche seiner getrennt lebenden Ehefrau abhörte, oder er hatte vielleicht den Apparat abgeschaltet, um die Kinder nicht zu wecken. Also nichts wie nach Hause!

Während der Fahrt über die nächtliche Autobahn wuchs meine Hoffnung zu immer größerer Gewissheit. Ja, bestimmt waren Silvio und die Kinder bereits zu Hause und warteten dort auf mich!

Mitternacht war längst vorbei, als ich in unsere Straße einbog. Ich war todmüde und fühlte mich wie gerädert, aber auch zum Zerreißen gespannt. Schon von weitem versuchte ich unser Haus zu erkennen und glaubte sekundenlang Licht in einem der Fenster zu sehen. Aufgeregt rannte ich zur Haustür und klingelte Sturm. Doch dann fielen mir die schlafenden Kinder ein. Ich kramte meinen Hausschlüssel aus der Tasche und betrat leise das Haus, in dem alles dunkel und still war! Mit pochendem Herzen schaltete ich alle Lichter ein und rannte von einem Zimmer ins andere. Nichts! Von Silvio und den Kindern keine Spur!

Am Ende meiner Kraft sank ich mitten im Wohnzimmer auf den Boden und weinte laut vor Enttäuschung, Furcht und Ratlosigkeit. Ich jammerte nach Chiara und Marco, beschimpfte Silvio und ließ meinen Tränen freien Lauf. Aber sie erleichterten mich nicht. Im Gegenteil, das Angstgefühl, das mich schon auf dem Autobahnrastplatz befallen hatte, verstärkte sich in der dunklen Stille des leeren Hauses nur noch mehr. Panik kroch in mir hoch und nahm mir den Atem.

Mit letzter Kraft schleppte ich mich ins Badezimmer und wusch mich mit kaltem Wasser ab. Zitternd vor Kälte und Furcht zog ich mir Jeans und einen dicken Pulli an, wickelte mich in eine Decke und setzte mich mit dem Telefon in der Hand in eine Ecke des Sofas. Wie hypnotisiert starrte ich auf das Telefon, als könnte ich es dadurch zum Klingeln bringen. Und als es mir diesen Gefallen nicht tat, traktierte ich es voller Zorn und wählte immer wieder Silvios Telefonnummer.

Irgendwann gegen Morgen muss ich wohl eingeschlafen sein, denn als ich wach wurde, war es bereits hell. Mit angezogenen Beinen hockte ich auf dem Sofa und fror jämmerlich, aber ich wusste sofort wieder, warum ich hier saß und nicht in meinem Bett lag. Schnell sprang ich auf, reckte und streckte meine steifen Glieder und dachte sehnsüchtig an ein langes heißes Bad, aber dazu war jetzt keine Zeit.

Also bürstete ich nur flüchtig durch mein Haar, band es zu einem Pferdeschwanz zusammen und ging in die Küche, um mir einen starken Kaffee zu kochen. Dort stellte ich mir einen Stuhl ans Fenster, von dem aus ich die Straße und den Eingang zu unserem Haus beobachten konnte. Aber trotz meines aussichtsreichen Postens lauschte ich ständig auf Motorengeräusche und sprang jedes Mal erregt auf, wenn sich ein Wagen unserem Haus nur näherte.

Wieder versuchte ich, Silvio zu erreichen, aber er meldete sich noch immer nicht. Also rief ich noch einmal in der Klinik an, wieder Fehlanzeige!

Jetzt musste Christian Frerichs – Silvios unbekannter Freund – dran glauben. Ich suchte den Zettel mit seiner Telefonnummer heraus, wählte und wartete ungeduldig. Gerade wollte ich entnervt den Hörer auflegen, als eine verschlafen klingende Stimme ein ärgerliches „Hallo, wer stört denn da so früh?“ brummte.

„Herr Dr. Frerichs?“, rief ich aufgeregt in den Hörer. „Hier ist Sabrina Rizzardi! Wissen Sie vielleicht, wo mein Mann ist? Und meine Kinder? Nun sagen Sie schon!“

Der Mann am andern Ende der Leitung antwortete nicht, obwohl ich deutlich das Geräusch seines Atems hören konnte!

„Bitte, Herr Dr. Frerichs, können Sie mir sagen, wo mein Mann ist?“, versuchte ich es weiter.

Mein Gesprächspartner war scheinbar ein großer Schweiger, denn er antwortete nicht einmal. „Haben Sie mich nicht verstanden, Herr Dr. Frerichs? Wo ist mein Mann?“, brüllte ich noch lauter und presste den Hörer fest gegen mein Ohr.

„Bitte, entschuldigen Sie, Frau Rizzardi, natürlich habe ich Sie gehört“, hörte ich endlich jemanden sagen. „Ich habe gerade darüber nachgedacht, wo Ihr Mann sein könnte. Wissen Sie, Silvio und ich haben uns in letzter Zeit kaum gesehen. Ach ja, richtig, ich glaube, er wollte ein paar Tage verreisen.“

„Wann haben Sie Silvio zuletzt gesehen? Und wo? War er allein?“, bohrte ich weiter. „Hat er nicht gesagt, wohin er fahren wollte?“

Wieder das lange Schweigen, wieder das nervenaufreibende Warten. „Wann ich ihn gesehen habe? Ach, das ist schon eine ganze Weile her“, kam dann die lang gezogene Antwort. „Er hat mir nicht gesagt, wo er Urlaub machen wollte, aber vielleicht ist er wieder nach Italien gefahren. Aber wie gesagt, Genaueres weiß ich auch nicht!“

Nach Italien? Also mit dieser Freundschaft konnte es nicht weit her sein, wenn Christian Frerichs nicht einmal wusste, dass Silvio nie nach Italien fuhr!

„Bitte, helfen Sie mir, Silvio zu finden!“, flehte ich ins Telefon. Aber mein Gesprächspartner hielt scheinbar nicht viel von Hilfsbereitschaft. Mit einem knappen: „Tut mir Leid“ unterbrach er einfach unser Gespräch.

Während ich noch nachdachte, was ich jetzt tun sollte, hörte ich ein Geräusch vor unserem Haus. Voller Hoffnung stürzte ich ans Fenster, wandte mich aber gleich darauf enttäuscht ab. Doch dann bemerkte ich, dass zwei fremde Männer aus einem Wagen stiegen, prüfend auf unser Haus und auf einen Zettel blickten und dann auf die Haustür zukamen.

Was wollten die beiden? Waren es Vertreter oder dubiose Geschäftemacher, die mir etwas andrehen wollten? Am besten machte ich gar nicht auf. Aber die Männer ließen sich nicht abweisen. Sie klingelten so lange, bis ich entnervt zur Tür lief.

„Was soll denn dieser Lärm am frühen Morgen?", fuhr ich sie an, bevor sie auch nur ein Wort sagen konnten. Der ältere der beiden, ein kleiner Mann mit hängenden Schultern und müden Augen, fragte, ob ich Frau Rizzardi wäre.

Ungeduldig wies ich ihn darauf hin, dass ihn das kaum etwas anginge. Doch der Fremde hielt mir einen Ausweis unter die Nase und sagte ruhig: „Ich bin Kommissar Rollmann von der Kriminalpolizei. Wir müssen dringend mit Ihnen sprechen. Dürfen wir reinkommen?"

Polizei? Mir wurde speiübel. Ob Silvio doch einen Unfall gehabt hatte?

„Aber was . . . was ist denn passiert?", würgte ich hervor und versuchte die immer stärker werdende Übelkeit zu unterdrücken.

Wortlos wies der Kommissar mit der Hand auf die Tür. Mit steifen Beinen ging ich ins Wohnzimmer voran, blieb hilflos mitten im Raum stehen und sah die fremden Männer an. Kommissar Rollmann bat mich, Platz zu nehmen, blieb aber selbst stehen.

Länger hielt ich die Spannung nicht aus. „Ist mein Mann . . . ich meine, hatte er einen Unfall?", rief ich und spürte, wie sich auf meiner Oberlippe Schweißperlen bildeten.

Statt einer Antwort fragte Kommissar Rollmann: „Silvio Rizzardi, ist das Ihr Ehemann?"

„Ja natürlich, das sagte ich doch schon! Aber um Himmels willen, erklären Sie mir doch endlich, was . . ." Ich konnte meine Ungeduld nicht länger beherrschen.

Aber der Kommissar ließ sich Zeit. „Sie wohnen nicht mit Ihrem Ehemann zusammen?"

„Nein, wir leben getrennt, weil . . ., aber das spielt doch keine Rolle! Mein Mann ist nur vorübergehend ausgezogen. Was sollen diese Fragen? Sagen Sie mir doch endlich, was passiert ist!“ Meine Stimme wurde hysterisch laut und ich fühlte, dass ich nahe daran war durchzudrehen.

„Bitte, versuchen Sie jetzt ganz ruhig zu sein, Frau Rizzardi“, sagte der Kommissar beschwichtigend. „Es tut mir sehr Leid, denn wir bringen Ihnen eine schlimme Nachricht: Ihr Mann, Silvio Rizzardi, ist tot!“

7

Hysterisch begann ich zu kichern.

„Jetzt hätte ich doch fast verstanden, dass Sie . . . dass mein Mann . . .“, begann ich, brach aber mitten im Satz ab und begann von neuem zu reden. Vor Aufregung plapperte ich drauflos wie eine aufgezogene Puppe.

„Frau Rizzardi, Ihr Mann ist tot“, unterbrach Kommissar Rollmann meinen Redeschwall leise. „So wie es aussieht, hat er . . .“

Ich ließ den Polizeibeamten nicht ausreden. „Nein!“, brüllte ich los und sprang erregt auf. „Nein, das kann nicht sein! Sie irren sich! Er ist doch immer so vorsichtig gefahren! Silvio tot? Nein, das glaube ich nicht! Und die Kinder? Bitte, sagen Sie mir doch endlich, was mit meinen Kindern ist!“

Ich bemerkte, wie die beiden Beamten miteinander Blicke austauschten. Waren Chiara und Marco vielleicht verletzt? Es wäre nicht auszudenken, wenn sie . . .

Doch bevor ich weitere Fragen stellen konnte, legte mir Kommissar Rollmann seine Hand auf die Schulter und drückte mich sanft in meinen Sessel zurück.

„Bitte, beruhigen Sie sich doch“, sagte er fest. „Ihr Mann wurde von einem Zug überrollt!“

„Von einem Zug? Seit wann fahren denn Züge auf der Autobahn?“, lachte ich auf und vergaß einen Augenblick die Sorge um meine Kinder. Hier stimmte doch etwas nicht, oder vielmehr, hier stimmte alles nicht!

Der Beamte blieb ganz ruhig. „Ihr Mann wurde von einem Zug überrollt, nachdem er von einer Eisenbahnbrücke sprang“, erklärte er sachlich. „Einzelheiten sind uns leider noch nicht bekannt. Unsere bisherigen Ermittlungen haben ergeben, dass Ihr Mann gestern . . .“

Eisenbahnbrücke! Ermittlungen! Dieser Mann musste den Verstand verloren haben! Man sprang nicht einfach von einer Brücke und wurde von einem Zug überrollt! Und schon gar nicht Silvio! So etwas gab es im Fernsehen oder im Kino, aber doch nicht im Leben eines stinknormalen Menschen wie Silvio! Das alles konnte nur ein Alptraum sein!

Aufwachen, Sabrina, befahl ich mir. Ich schloss die Augen und schüttelte den Kopf, als könne ich auf diese Weise den Spuk verscheuchen. Aber als ich die Augen wieder öffnete, hatte sich nichts verändert: Die beiden Polizeibeamten waren noch immer da.

„Selbstmord“, sagte der Begleiter des Kommissars nun mitten in meinen Alptraum hinein. „Gründe . . . persönliche Schwierigkeiten . . . finanzielle Probleme . . . Abschiedsbrief . . .?“

Wie grelle Blitze schossen die Gedanken durch meinen Kopf. Konnte es wahr sein, was der Polizeibeamte da sagte? Hatte Silvio sich etwa meinetwegen umgebracht? Und wo waren die Kinder? Was war mit Chiara und Marco geschehen, wenn Silvio . . .?

„Oh, mein Gott! Und meine Kinder?“, stammelte ich fassungslos. Und dann brach es mit Macht aus mir heraus: „Bitte, sagen Sie mir doch endlich, wo meine Kinder sind!“

„Ihre Kinder, Frau Rizzardi, wieso Ihre Kinder? Wir denken, Ihre Kinder leben hier bei Ihnen!“ Kommissar Rollmann fasste meine Schulter und schüttelte mich. „Hören Sie mir doch endlich zu, Frau Rizzardi! Wo waren Ihre Kinder, als Ihr Mann . . .?“

„Aber das will ich doch gerade von Ihnen wissen!“ Meine Stimme war so schrill vor Erregung, dass ich sie selbst kaum wieder erkannte. „Chiara und Marco waren bei Silvio . . . waren mit ihm in Urlaub! Gestern wollte er sie zurückbringen, aber dann . . ., dann sind sie nicht gekommen und ich habe gedacht, dass sie . . . dass sie heute . . .! Ich konnte Silvio nicht erreichen und . . .! Oh bitte, wo sind meine Kinder? Wo sind sie?“

„Tut mir Leid, Frau Rizzardi, aber wir wissen nichts von Ihren Kindern“, erwiderte der Kommissar sachlich. „Wir wurden nur über den Tod Ihres Mannes informiert. Unsere Kollegen waren inzwischen in seiner Wohnung und haben sich dort umgesehen. Aber Kinder, nein, von Kindern keine Spur!“

Gott sei Dank! Die Katastrophe betraf also nicht Chiara und Marco. Was immer mit Silvio geschehen war, bestimmt hatte er die Kinder vorher in Sicherheit gebracht. Wahrscheinlich waren sie bei Bekannten, die sich sofort melden würden, wenn sie erfuhren, was geschehen war.

„Jemand muss Ihren Mann identifizieren, Frau Rizzardi“, meldete sich der Kommissar erbarmungslos zu Wort. „Trauen Sie sich das zu? Wir fahren mit Ihnen hin und bringen Sie auch wieder zurück.“

Ich nickte, ohne zu begreifen, was man von mir erwartete. „Sollen wir jemanden benachrichtigen, einen Verwandten oder eine Freundin?“, wurde ich weiter gefragt. Wie in Trance schüttelte ich den Kopf. Nein, diesen schrecklichen Alptraum musste ich allein durchstehen! Es reichte, wenn ich später jemandem davon erzählte!

Während der Autofahrt starrte ich aus dem Fenster, nahm aber nichts von der Umgebung wahr. Meine Gefühle waren wie abgestorben, ich fühlte nichts, weder Angst noch Schmerz noch Trauer. Alles um mich herum versank in einer Taubheit, in einer Empfindungslosigkeit, die mich das Grauen einigermaßen ertragen ließ.

„Erzählen Sie mir etwas von Ihrem Mann!“, sagte Kommissar Rollmann in meine Dunkelheit hinein. Und als ich nicht antwortete, fuhr er fort: „Wir müssen herausfinden, was mit Ihrem Mann passiert ist! Wie war Ihre Ehe? Warum lebten Sie voneinander getrennt? Hatte Ihr Mann Gründe für seinen Selbstmord? Oder gab es vielleicht . . .“

Die Fragen rauschten an mir vorbei, ohne dass ich antworten konnte. Eingesperrt in die Enge dieses entsetzlichen Traumes wartete ich darauf, aufzuwachen und Chiara und Marco neben meinem Bett sitzen zu sehen.

Aber noch war es nicht so weit, noch ging der Alptraum weiter. Irgendwann betraten wir ein hässliches Gebäude mit abblätternder Farbe, gingen durch lange, hell gestrichene Flure und gelangten über eine Steintreppe in eine tiefer gelegene Etage. An der Wand eines weiß gekachelten Raumes stand ein großer Tisch, der mit einem Tuch abgedeckt war. Und darunter war deutlich der Abdruck eines menschlichen Körpers zu erkennen.

Ich schauderte, denn ich ahnte, was jetzt passieren sollte. Fragend sah ich auf den weiß gekleideten Mann neben dem Tisch, der nun gnadenlos das Tuch beiseite zog.

Entsetzt starrte ich auf den Toten, wandte verzweifelt den Blick von ihm ab und ließ ihn dann erneut auf das leblose Gesicht zurückkehren. Sollte das Silvio sein, mein Mann Silvio? Nun gut, das starre Gesicht hatte eine gewisse Ähnlichkeit mit ihm, aber andererseits war es mir so fremd, als hätte ich es nie in meinem Leben gesehen! Sollte diese wächserne Puppe mit den dunklen Flecken im Gesicht wirklich . . .?

Ich wollte schreien, weglaufen. „Nein, nein“, wollte ich rufen, „das ist nicht mein Mann! Das kann er nicht sein!“ Aber ich tat nichts dergleichen, denn tief in meinem Innern wusste ich, dass der Tote tatsächlich Silvio war. Ich schloss sekundenlang die Augen, sah noch einmal auf die leblose Gestalt vor mir und nickte dem Kommissar zu. Ohne richtig hinzusehen, unterschrieb ich ein paar Papiere, denn ich hatte nur eines im Kopf: weg aus diesem schrecklichen Raum!

Im Auto presste ich mich müde in das weiche Polster. In meinem Kopf hämmerte und pochte es, und mein Mund fühlte sich an, als wäre er mit Watte ausgepolstert.

Kommissar Rollmann begleitete mich ins Haus. „Wir müssen noch ein paar Dinge über Sie und Ihren Mann wissen“, sagte er und sah mich prüfend an. „Bitte, verstehen Sie mich richtig, aber wir sind verpflichtet, eine Untersuchung durchzuführen. Und vor allen Dingen müssen wir klären, wo sich Ihre Kinder aufhalten. Haben Sie eine Ahnung, wohin Ihr Mann sie gebracht haben könnte? Zu Verwandten oder Freunden vielleicht?“

In meinem Kopf war ein heilloses Durcheinander. Silvio tot und Chiara und Marco verschwunden?

Ein unsägliches Grauen erfasste mich. Entsetzliche Bilder von kleinen Leichen, von entführten und missbrauchten Kindern tauchten vor meinen Augen auf. Ein heftiger Schmerz durchraste meinen Körper, nahm mir die Luft. Kraftlos sank ich in einen Sessel.

Der Kommissar lief in die Küche und brachte mir ein Glas Wasser. „Soll ich einen Arzt rufen?", fragte er besorgt.

„Nicht nötig." Nur mit Mühe brachte ich diese Worte hervor. Mein Mund war wie ausgedörrt. „Wolfgang! Bitte rufen Sie Wolfgang Schiller an!" Mit dem Kopf deutete ich auf das Telefonregister.

Schon kurze Zeit später war Wolfgang zur Stelle. Der Kommissar erklärte ihm die Lage, während ich wie Espenlaub zitterte und kein Wort hervorbrachte. Erschrocken sah Wolfgang zu mir herüber und kam mit ausgestreckten Armen auf mich zu. Mit einem erstickten Aufschrei warf ich mich an seine Brust und ließ mich zu einem Sessel führen.

„Ich bleibe jetzt erst mal hier und wir werden gemeinsam alle in Frage kommenden Bekannten anrufen", sagte Wolfgang wie selbstverständlich, nachdem die Beamten sich verabschiedet hatten.

Ich betrachtete den großen, hageren Mann mit den etwas nach vorn gebeugten Schultern. Nein, Wolfgang war nicht besonders attraktiv und wirkte mit seinen „straßenköterblonden", schon etwas schütteren Haaren und den blaugrauen Augen farblos und bieder. An ihm war nichts Aufregendes, nichts, was eine Frau zum Schwärmen brachte. Aber was für ein Freund war er!

Und dieser Freund gehörte – solange ich zurückdenken konnte – zu meinem Leben. Wolfgang und ich waren Nachbarskinder gewesen, hatten schon im Sandkasten miteinander gespielt und später dieselbe Schule besucht. Und obwohl er ganz anders war als ich, hatten wir uns gut verstanden – meistens jedenfalls. Seine Eltern waren gläubige Christen, was – zumindest den Bemerkungen meiner Eltern zufolge – ein minderwertiges und eingeschränktes Dasein bedeutete. Aber dennoch war die Familie erstaunlich fröhlich und ausgeglichen und dazu hilfsbereit bis zur Selbstaufgabe. Wie selbstverständlich war bei ihnen jeder für den anderen da, und das nicht nur mit Worten! Ja, selbst ihre frommen Sprüche, die sie gerne bei allen möglichen Gelegenheiten losließen, wurden in ihrem Mund lebendig, weil sie sich in ihrem Leben widerspiegelten. Das änderte sich auch nicht, als Wolfgangs Mutter viel zu früh starb und die große Familie eigentlich im Chaos hätte versinken müssen. Aber das Gegenteil trat ein! Alle Familienmitglieder rückten noch enger zusammen und halfen einander, mit dem Verlust fertig zu werden. Und manchmal hatte ich sogar den

Eindruck, dass in dem großen mutterlosen Haushalt mehr Harmonie und Ordnung herrschte als in unserer ständig zerstrittenen Kleinfamilie.

Wolfgang war ein ruhiger, umgänglicher Junge gewesen, der trotz unseres gleichen Alters immer viel reifer und vernünftiger war als ich. Ich dagegen hatte die chaotische, ungestüme Art meiner Mutter geerbt, die uns immer erst handeln und dann nachdenken ließ, was natürlich Bauchlandungen vorprogrammierte. Wie oft hatte Wolfgang für mich die Kastanien aus dem Feuer geholt und mich beschützt, wenn ich mich mit anderen angelegt hatte. Auch half er mir bei den Schulaufgaben, weil ich oft mit anderen Gedanken so voll gestopft war, dass ich nichts mehr mitbekam. Kurz und gut: Er war für mich der große Bruder, den ich nie gehabt hatte.

Da Wolfgang ebenso fromm war wie seine Familie, versuchte er ständig, mich von seiner Weltanschauung zu überzeugen. Er erzählte mir Geschichten, die viel zu schön waren, um wahr zu sein, und phantasierte von einer überirdischen Lichtgestalt mit Zauberkräften, die so tolle Dinge tun konnte, dass ich sie unbedingt kennen lernen musste. Deshalb ging ich – trotz oder gerade wegen des Verbotes meiner Mutter – mit ihm zu einer Veranstaltung in ein großes Zelt, in dem viele Kinder auf Holzbänken saßen und zu fröhlichen Liedern in die Hände klatschten. Eine nette junge Frau verteilte Himbeerbonbons, und eine andere erzählte eine spannende Geschichte von einem allerliebsten schneeweißen Lamm.

Irgendetwas musste ich damals missverstanden haben oder vielleicht hatte mir auch meine Phantasie einen Streich gespielt. Jedenfalls, als ich zu Hause von dem kleinen Wunderlamm erzählte, das eigentlich ein verzauberter Gottessohn war und sich für Menschen schlachten ließ, damit sie nie mehr böse Dinge taten, wurde Vater wütend und Mutter hysterisch. Aber einmal in Fahrt geraten, ließ ich mich nicht so leicht stoppen, sondern forderte vehement, dass meine Eltern sofort eine Flasche Lammblut besorgen und sich damit einreiben sollten, damit endlich das ewige Gezanke in unserer Familie aufhörte.

Meine Eltern waren entrüstet und wollten mir fortan den Umgang mit Wolfgang verbieten. Aber sie wussten genau, dass mich das erst recht reizen würde, mich heimlich mit ihm zu treffen. Also erklärten sie mir, dass ich in eine furchtbare Falle ginge und für immer meine Freiheit aufgeben müsste, wenn ich mich „mit solchen Leuten und deren Lügen“ einließ. Sie malten mir in schillernden Farben aus, dass ich nichts, aber auch gar nichts mehr allein entscheiden dürfte, sondern meine Zeit, meine Gedanken und alle meine Wünsche einer unsichtbaren Macht unterwerfen müsste, die nichts anderes im Sinn hatte, als mich zu unterdrücken und mir jeden Spaß am Leben zu nehmen.

Eine grauenhafte Vorstellung für ein freiheitsliebendes kleines Mädchen wie mich, das gerade begonnen hatte zu entdecken, wie viel Interessantes das Leben zu bieten hatte! Nein, ein Gefängnis, in dem ich nicht mehr frei atmen durfte, wo ich weder entscheiden konnte, was ich anzog oder wohin ich ging, konnte ich nicht ertragen. Also entschied ich mich, fortan die Finger davon zu lassen! Aber damit war die Sache für mich noch nicht ausgestanden. Noch nächtelang träumte ich von dem kleinen Lamm. Und manchmal war ich traurig, weil es umsonst geschlachtet worden war, denn meine Eltern stritten sich nun heftiger als zuvor, bis Vater dann eines Tages endgültig das Weite suchte.

Auch in meiner Schulzeit bekam ich nicht viel vom christlichen Glauben mit, weil ich auf Betreiben meiner Eltern nicht am Religionsunterricht teilnahm. Zwar versuchte Wolfgang immer wieder, mir etwas von seinem Glauben zu erzählen, doch ich wehrte mich gegen die vermeintliche „totale Kontrolle“. Und später, als Heranwachsende, war ich viel zu sehr mit anderen Dingen beschäftigt, um ihm richtig zuzuhören. Nur hin und wieder, wenn ich mitbekam, wie harmonisch das Zusammenleben in Wolfgangs Familie funktionierte, ahnte ich, dass sie einen Reichtum hatten, der mir versagt geblieben war.

Aber Wolfgangs Freundschaft hatte auch ihre Schattenseiten, denn als wir älter wurden, versuchte er mich zu bevormunden, was ich mir natürlich nicht gefallen lassen konnte. Um ihn zu provozieren, begann ich mit jedem männlichen Wesen in meiner Nähe zu flirten, und als ich bemerkte, wie sehr ich Wolfgang mit meinem Spiel herausfordern konnte, gab mir das ein Gefühl großer Überlegenheit und Macht. Ich war viel zu dumm und egoistisch, um mir tiefere Gedanken über die Gefühle meines Freundes zu machen. Seine unbeholfene Zuneigung fand ich anfangs noch lustig, später nur noch lästig.

Wir waren gerade vierzehn Jahre alt, als Wolfgang mir seine Liebe gestand. Er war fest davon überzeugt, dass es in seinem Leben keine andere Frau geben könne als mich. Belustigt hörte ich ihm zu, als er davon phantasierte, mich eines Tages als „seine Braut zum Altar zu führen" – wie er es nannte –, um uns für immer miteinander zu verbinden. Feierlich versprach er mir damals ewige Liebe und Treue.

Am liebsten hätte ich Wolfgang direkt ins Gesicht gesagt, dass ich seine Ansichten für ziemlich antiquiert hielt. Aber ich bremste mich dann doch und amüsierte mich heimlich mit ein paar ebenso oberflächlichen Freundinnen über Wolfgangs sonderbare Ideen. Unter albernem Gekicher malten wir uns aus, wie mein Ritter sich meinetwegen mit Scharen von Verehrern im Morgengrauen duellierte, um dann mit mir auf einem schneeweißen Pferd in eine blumengeschmückte Kirche einzureiten und mich unter dem Jubel der anwesenden Menschenmenge zu heiraten.

Dennoch wollte ich es mit Wolfgang nicht völlig verderben. Ja, eigentlich brauchte ich ihn mehr als er mich, denn er gehörte zu meinem Leben: als Kumpel und Helfer, als Zuhörer und Tröster – nur eben nicht als Ehemann!

Um Wolfgang bei der Stange zu halten, unternahm ich hin und wieder etwas mit ihm, aber natürlich nur, wenn gerade kein begehrenswerteres Objekt in meiner Nähe war. Denn mit Wolfgang war wirklich nicht viel Staat zu machen, fand ich damals. Er war ein hochaufgeschossener, magerer Jüngling mit schlechter Haltung und altmodischer Kleidung, die er nicht einmal zu bemerken schien. Mit seiner ernsthaften Art langweilte er mich entweder zu Tode oder brachte mich auf die Palme. Aber wenn ich mal Kummer hatte, was nicht gerade selten vorkam, oder das Bedürfnis nach einem tief schürfenden Gespräch verspürte, war Wolfgang der ideale Partner für mich. Auf langen Spaziergängen hörte er mir geduldig zu, gab mir gute Ratschläge, die ich dann sowieso nicht befolgte, und nahm mir nicht einmal übel, wenn ich ihn danach wieder wochenlang kaum beachtete. Ja, ich war ein richtig egoistisches kleines Biest.

Dann kam der Tag, an dem ich mich unsterblich verliebte, aber natürlich nicht in Wolfgang. Das Objekt meiner Zuneigung war Lutz, einer der begehrtesten Jungen unserer Schule. Lutz wurde von allen Mädchen unserer Klasse angehimmelt und dass ausgerechnet dieser Adonis mir seine Beachtung schenkte, war für mich schon Grund genug, ihm zu Füßen zu liegen.

Ja, Lutz sah einfach toll aus, er war sportlich gestählt und bis auf den letzten Muskel durchtrainiert. Er hatte kornblumenblaue Augen mit langen, gebogenen Wimpern, blond gelocktes Haar und ein sonnengebräuntes Gesicht. Und wenn sein kühn geschwungener Mund sich zu einem hinreißenden Lächeln verzog und dabei eine Reihe schneeweißer Zähne aufblitzen ließ, schmolz ich nur so dahin. Aber sein Aussehen war noch längst nicht alles. Lutz war genau das Gegenteil von Wolfgang: charmant, aufregend und kein bisschen langweilig. Er hatte die wunderbare Fähigkeit, ganz alltägliche Geschehnisse – in denen er natürlich immer die Hauptrolle spielte – so interessant wiederzugeben, dass sie wie aufregende Abenteuer wirkten. Wo immer er sich aufhielt, was immer er tat, Lutz war ständig der Mittelpunkt des Geschehens, alles drehte sich um ihn und seine einzigartige Person. Und dass dadurch stets ein kleiner Abglanz auf seine jeweilige Begleitung fiel, war mir nicht gerade unangenehm, im Gegenteil, es machte mich für die anderen interessant und begehrenswert.

Im Überschwang meiner Gefühle hatte ich nur noch Augen für Lutz. Und als er mich zum ersten Mal küsste, wirkte das auf mich wie ein gewaltiges Naturereignis. Das war nicht so eine scheu hingehauchte Berührung meiner Wange, wie Wolfgang es ein paar Mal versucht hatte. Nein, Lutz küsste mit einer Intensität, die mich erst erschreckte, dann aber Gefühle in mir wachrief, von denen ich bis dahin nicht einmal wusste, dass es sie gab.

Mit einem Mal sah meine Welt ganz anders aus. Von einer Sekunde auf die andere war ich eine Frau geworden, reif und erwachsen, zumindest glaubte ich das. Ich schwebte auf rosaroten Wolken dahin und war sicher, dass weder vor mir noch nach mir irgendjemand je solche Gefühle haben konnte.

Wir trafen uns heimlich auf dem Spielplatz hinter der Schule und tauschten Zärtlichkeiten aus. Dabei liefen mir Schauer der Wonne, aber auch der Furcht über den Rücken, denn ich fühlte gleichzeitig Angst und Freude, wenn ich mir vorstellte, eine dieser erfahrenen und verruchten Frauen aus den berühmten Liebesfilmen zu sein, die mit verführerischem Augenaufschlag und gekonntem Hüftschwung reihenweise die Männerherzen zum Schmelzen brachte. Ja, ich liebte Lutz wahnsinnig und war nahe daran, mich ihm völlig an den Hals zu werfen.

„Lass die Finger von dem! Der spielt doch nur mit dir!", warnte mich Wolfgang mit finsterem Gesicht. „Sei vorsichtig, Bienchen! Eines Tages wird er dir sehr wehtun!"

Ich war empört. Musste ich mir mit meinen fast fünfzehn Jahren noch immer dieses alberne „Bienchen" gefallen lassen? Schließlich war ich jetzt eine Frau und eine erfahrene noch dazu! Wolfgang dagegen . . .

Wie von der Tarantel gestochen ging ich hoch. „Lass mich bloß in Ruhe, du Langweiler! Du bist doch nur eifersüchtig!"

An Wolfgangs Gesicht erkannte ich, dass ich den Nagel auf den Kopf getroffen hatte und trieb den Stachel noch tiefer in sein Fleisch: „Das zwischen Lutz und mir ist wirkliche Liebe, einmalig und unübertroffen. Aber davon verstehst du natürlich nichts! Lutz und ich werden für immer zusammenbleiben und ein ganz tolles Leben führen!"

„Hat er dir das versprochen?", fragte Wolfgang sachlich und brachte mich damit noch mehr in Rage.

„Ja, natürlich . . . das heißt . . . nicht so direkt", stotterte ich verunsichert und fauchte dann wütend drauflos: „Außerdem muss er mir so etwas gar nicht versprechen! Das weiß ich und das fühle ich! Lutz liebt mich genauso wie ich ihn! Wir gehören zusammen, bis in alle Ewigkeit!"

„Nein, Bienchen, das stimmt nicht", gab Wolfgang unbeirrt zurück. Scheinbar ging es über seinen Verstand, dass ich jetzt nicht mehr das kleine Bienchen, sondern die erfahrene, weltoffene Sabrina war. „Aber, glaub mir, eines Tages wirst du an meine Worte denken! Dann wirst du zu mir kommen und . . . Na egal, jedenfalls werde ich für dich da sein, wenn du mich brauchst."

Natürlich behielt Wolfgang Recht. Meine Ewigkeit mit Lutz dauerte keine zwei Monate. Denn eines Abends stellte Lutz gelangweilt fest, dass ich doch nicht die heißblütige, zu allem bereite Geliebte war, für die er mich gehalten hatte, und nannte mich sogar eine prüde, spießige Ziege. Zu Tode erschrocken vertröstete ich Lutz auf eine wunderbare gemeinsame Zukunft.

Da begann Lutz schadenfroh zu lachen. „Eine Zukunft mit dir?“, höhnte er. „Du spinnst wohl! Du bist ja vielleicht ganz niedlich, aber sonst. Jedenfalls habe ich nicht vor, mich zu binden und schon gar nicht an dich!“

Meine Welt geriet aus den Fugen, sie schien zu explodieren oder wenigstens im Chaos zu versinken. Lutz war meine erste große Liebe, durch ihn hatte ich Ansehen bekommen und war von anderen beneidet worden. Und jetzt dieses unrühmliche Ende. Ich war so unglücklich, dass ich fast zwei Stunden lang an Selbstmord dachte.

Natürlich verwarf ich diesen Gedanken schnell wieder, aber ich war zornig und litt Höllenqualen, genauso wie Wolfgang es prophezeit hatte. Und das machte mich noch wütender, nicht nur auf Lutz, sondern noch viel mehr auf Wolfgang, denn ich konnte ihm nicht verzeihen, dass er Recht behalten hatte. Wenn ich in diesen Tagen Wolfgang begegnete und er mich mit diesem Blick: „Du tust mir ja so Leid, aber ich habe es dir ja gleich gesagt“ ansah, spuckte ich heimlich Gift und Galle.

Erstaunlicherweise äußerte Wolfgang nichts Derartiges, aber sein Schweigen sprach Bände. Und ich schwieg ebenso, trotzig wie ein kleines Kind, bis ich einen Entschluss fasste. „Rache ist süß“ wurde meine Devise. Schließlich hatte mir jemand wehgetan, und da war es ja wohl mein gutes Recht, den Spieß umzudrehen. Und wenn ich den Verursacher nicht treffen konnte, musste eben ein anderer dran glauben!

Nachdem mir unser Schweigen zu langweilig geworden war, wartete ich eines Mittags nach Schulschluss auf Wolfgang. „Du glaubst doch wohl nicht, dass aus uns beiden jemals ein Paar geworden wäre!“, giftete ich ihn an. „Du bist prüde und langweilig und gehst mir mit deinem frommen Fimmel auf den Wecker. Nein, mit dir will ich mein Leben nicht verbringen, nicht einen einzigen Tag! Bei dir würde ich versauern, denn du weißt ja nicht einmal, was ein richtiger Mann . . .“

Hier wusste ich nicht weiter! Aber es war auch gar nicht nötig, mehr zu sagen. Ich hatte Wolfgang tief verletzt, das sah ich sofort. Ich hatte ihn wahrscheinlich sogar für immer von meiner Seite vertrieben. Aber seltsamerweise spürte ich nicht die erwartete Befriedigung, im Gegenteil, eine unbegreifliche Traurigkeit ergriff mich. So süß war Rache also dann doch nicht!

Von diesem Tag an ging Wolfgang mir aus dem Weg. Selbst wenn ich ihn noch so sehr provozierte, wenn ich Scharen von Jungen lachend und kichernd durch unsere Straße schleppte, Wolfgang übersah mich einfach. Und das gefiel mir überhaupt nicht! Erst als er erfuhr, dass Mutter beabsichtigte wieder zu heiraten und wir bald wegziehen würden, versöhnte er sich mit mir. Und schon kurze Zeit später verloren wir uns ganz aus den Augen und trafen uns erst wieder, als ich schon fast zwei Jahre mit Silvio verheiratet war. Durch frühere Bekannte hatte Wolfgang erfahren, wo ich lebte. Und da es ihn beruflich in unsere Stadt verschlagen hatte, arrangierte er ein Treffen.

Ich freute mich wirklich, meinen alten Freund wieder zu sehen, war aber auch ein bisschen enttäuscht. Dieser selbstsichere große Mann mit den hellen, kühl blickenden Augen war nicht mehr der jugendliche Wolfgang, den ich in seiner Verliebtheit so mir nichts, dir nichts um den Finger wickeln konnte. Ja, Wolfgang hatte sich verändert, sehr sogar! Aus dem hochaufgeschossenen, mageren Jungen mit dem störrischen Blondhaar war ein reifer Mann geworden, dem man nicht so schnell etwas vormachen konnte. Und die feinen Falten um seine Mundwinkel herum berichteten davon, dass das Leben nicht spurlos an ihm vorübergegangen war.

Lange hatte ich Wolfgang angesehen und in seinem Gesicht nach einem Zeichen der Vertrautheit geforscht. Erst als ein Lächeln über seine Züge huschte, machte ihn das wieder zu dem Freund meiner Kindertage.

Aber Wolfgang war noch immer spröde und zurückhaltend, er erzählte bei unserem ersten Treffen nur kurz, dass er Banker geworden war und vor ein paar Wochen die Leitung einer kleinen Bankfiliale hier am Ort übernommen habe. Ungeduldig fragte ich nach seinem Privatleben und hörte mit heimlicher Genugtuung, dass er unverheiratet war. *Armer Wolfgang,* dachte ich damals mitleidig, *aber wenn du noch immer so langweilig bist wie damals, ist das natürlich kein Wunder!*

Doch es stellte sich schnell heraus, dass Wolfgang auf mein Mitleid keineswegs angewiesen war. Er wirkte weder einsam noch unglücklich, er war im Gegenteil ausgeglichen wie immer. Ich hatte vollkommen vergessen, wie wohl tuend seine unkomplizierte Art für jeden war, der mit ihm zu tun hatte. Aber dennoch fanden wir nicht zu unserer alten Vertrautheit zurück. Erst als die Beziehung zwischen Silvio und mir schon auf der Kippe stand, wurde unsere Freundschaft wieder enger. Wie früher erzählte ich Wolfgang meine Sorgen und sah ihn wieder als meinen Tröster und Berater und gerne auch als meinen Bewunderer. Aber bei aller Vertraulichkeit stand immer etwas zwischen uns, etwas, das ich nicht fassen oder benennen konnte. Auch Wolfgang sprach nicht darüber, aber er erzählte ja sowieso kaum etwas von sich selbst. Was ging in ihm vor? Hatte er überhaupt Gefühle oder sah er alles von einer höheren, weit entfernten Warte? Ich war mir nicht sicher, hatte aber manchmal den Verdacht, dass Wolfgang insgeheim über mich und meine ewigen Probleme lächelte.

Dennoch tat mir Wolfgangs ruhige Gegenwart gut, vor allem nach der Trennung von Silvio. Denn er vermittelte mir, der armen Betrogenen, das Gefühl trotz alledem etwas Besonderes zu sein. Er spielte mit den Kindern und bewunderte meine Bilder. Und eines Tages bot er mir sogar an, in den Räumen seiner Bank eine Ausstellung für mich zu organisieren. Mit kessen Sprüchen lehnte ich sein Angebot ab und sparte dabei nicht an Selbstkritik. Aber schon bald entdeckte ich, dass meine Ablehnung nur reiner Selbstschutz war, denn ich hatte schlicht und einfach Angst vor einer Blamage. *Nun erst recht*, machte ich mir selbst Mut und ließ meinen Überlebenswillen über meine Angst siegen. Deshalb sagte ich nach einer Weile dann doch zu. Und als Silvio mir obendrein auch noch überraschend anbot, die Kinder mit in den Urlaub zu nehmen, war ich froh, genügend Zeit für die Vorbereitungen zu haben, denn in zwei Wochen sollte die Ausstellung eröffnet werden.

8

Unsere Bemühungen blieben erfolglos; meine Kinder waren wie vom Erdboden verschluckt.

Schweigend saß ich am Küchentisch und starrte aus dem Fenster. Meine Gedanken wanderten zu Silvio. Ich fühlte mich wieder wie an den langen, einsamen Abenden, wenn ich hier gesessen und verzweifelt das Geräusch eines Schlüssels im Schloss herbeigesehnt hatte. Dabei hatte ich das ganze Elend der betrogenen Ehefrau durchleben müssen. Anfangs hatte ich zunächst Zornestränen vergossen, die sich dann aber schon bald in schmerzvolle Kummertränen verwandelten. Ich war durch das tiefe Tal einer langsam zerbrechenden Liebesbeziehung gegangen und konnte nicht begreifen, dass gerade mir das passierte.

Nein, ich war dieser Situation nicht gewachsen gewesen. Manchmal hatte ich die halbe Nacht auf dem Boden gesessen und wie ein hypnotisiertes Kaninchen auf die Tür gestarrt, um dann, wenn Silvio endlich auftauchte, entweder einen Tobsuchtsanfall zu bekommen oder ihm die kalte Schulter zu zeigen. Ich war nicht in der Lage gewesen, vernünftig mit Silvio zu reden oder ihm zu zeigen, wie verletzt und verängstigt ich war. Aber wie sollte ich auch? Ich war auf diese Geschehnisse nicht vorbereitet gewesen, ja, ich hatte nicht einmal mitbekommen, wann die Zeit der Entfremdung eigentlich begonnen hatte.

Nach der Geburt unserer kleinen Tochter Chiara war Silvio der glücklichste Mann der Welt und ich wuchs in die Mutter- und Hausfrauenrolle viel besser hinein, als ich es erwartet hatte. Wir mieteten ein kleines Haus mit Garten, was für mich, die meistens nur in schäbig möblierten Buden mit Blick auf trostlose Häuserfassaden gehaust hatte, ein richtiges Paradies bedeutete. In unserem neuen Zuhause hatten wir mehr Zimmer zur Verfügung, als wir eigentlich brauchten – ein ungeheurer Luxus! Neben Wohnraum, Küche und Abstellraum gab es ein Schlafzimmer, ein Arbeitszimmer für Silvio, zwei Kinderzimmer und zwei weiß gekachelte Badezimmer mit glänzenden Armaturen. Im Keller entdeckte ich neben den Vorratsräumen außerdem einen Hobbyraum, zu dem uns nur noch das passende Hobby fehlte.

Mein Glück war perfekt, als ich im Dachgeschoss einen großen hellen Raum entdeckte, der sein wunderbares Licht durch ein riesiges Giebelfenster erhielt. Das milde Grün des Gartens und der klare blaue Himmel schienen sich in diesem Zimmer zu vereinen, ließen das Licht sanft und dennoch hell und freundlich wirken.

„Toll!", flüsterte ich andächtig. „Ein richtiges Atelier! Hier kann ich malen! Oh Silvio, was meinst du dazu?"

Silvio lächelte. „Wenn du meinst", murmelte er freundlich. Und obwohl ich wusste, dass er – trotz meiner guten Fortschritte – von meiner Malerei nicht viel hielt, war ich selig und nahm gleich Besitz von diesem Raum.

Anfangs war ich in dieser neuen Umgebung so glücklich, dass ich kaum mitbekam, wie Silvio sich langsam von mir entfernte. Er ließ mich oft allein, fuhr zu Kongressen und Tagungen und kam auch an normalen Arbeitstagen meist erst mitten in der Nacht nach Hause. Sein Wegbleiben entschuldigte er jedes Mal mit Arbeitsüberlastung in der Klinik.

Natürlich nahm ich Rücksicht, denn Silvio hatte nun mal einen Beruf, bei dem er nicht pünktlich zu Hause sein konnte. Außerdem hatte ich mit Baby Chiara und unserem neuen Heim genug zu tun. Aber meine Sehnsucht nach Silvio wurde immer stärker und ließ schließlich Zweifel in mir entstehen. Waren denn seine kleinen Patienten in jedem Fall wichtiger als wir, seine Familie? Hatten Chiara und ich nicht auch Anspruch auf Silvio? Oder gab es da noch jemanden, der nur darauf aus war, mit Silvio . . . Nun begann sich Eifersucht in mir zu regen.

Wirklich misstrauisch wurde ich aber erst, als Chiara krank wurde. Ich rief in der Klinik an, wo man mir sagte, dass Silvio schon vor Stunden gegangen sei. Ungeduldig wartete ich auf ihn und wurde mit jeder Minute wütender. Und als Silvio dann endlich spät nachts heimkam, war ich auf dem Höhepunkt meines Zorns angelangt und empfing ihn mit dem Gezeter eines zänkischen Marktweibes.

Silvio reagierte eigenartig. Er erklärte nichts und verteidigte sich nicht, ja, er blickte mich nicht einmal an, was mich nur noch mehr in Rage brachte. „Deine Tochter kann hier krepieren, während du dich irgendwo da draußen herumtreibst!", tobte ich wie eine Irre. „Unser Kind ist schwer krank und ich ängstige mich zu Tode! Aber du . . . du . . ." Am liebsten hätte ich Silvio mit beiden Händen das Gesicht zerkratzt.

Aber der ließ sich nicht aus der Ruhe bringen, ging zu Chiara, untersuchte sie kurz und meinte dann kühl: „Nichts Schlimmes, nur eine kleine Erkältung!" Ohne ein weiteres Wort wandte er sich daraufhin ab und ging aus dem Raum.

Fassungslos starrte ich ihm nach. Dieser Mann hielt es nicht einmal für nötig, eine Erklärung abzugeben oder sich bei mir zu entschuldigen. Da sollte man doch gleich . . .!

Wutentbrannt lief ich ihm nach, fasste seinen Arm und hielt ihn fest.

„Lass das, Sabrina!“, wehrte Silvio ab. „Ich bin müde und möchte ins Bett!“

Da war es mit meiner Beherrschung vorbei. Wie eine Furie sprang ich auf Silvio zu, schlug mit beiden Fäusten auf ihn ein, riss blindwütig an seinen Haaren und schrie ihm meinen Zorn ins Gesicht. Erstaunlicherweise blieb Silvio ruhig, stand einfach nur da, rührte und wehrte sich nicht. Aber plötzlich entdeckte ich in seinen Augen etwas, das mich augenblicklich dazu brachte, von ihm abzulassen. Da war ein Blick der Trauer, ja fast der Verzweiflung in Silvios schönen Augen, wie ich ihn zuvor noch nie gesehen hatte.

Von diesem Augenblick an wuchs eine unsichtbare Mauer zwischen uns, die ich nicht einzureißen wagte. Ich war total verunsichert und wusste nicht, wie ich mich verhalten sollte. Silvio hatte sich verändert, sehr sogar. Aber möglicherweise lag das ja an mir. War er von unserer Ehe enttäuscht? Hatte er etwas anderes erwartet? Und wenn ja, was?

In den nächsten Wochen gingen wir uns aus dem Weg. Wenn wir uns sahen, benahmen wir uns höflich, aber die Mauer zwischen uns wuchs unaufhörlich weiter. Verzweifelt fragte ich mich, was ich falsch gemacht hatte, dass mich Silvio nach schon so kurzer Zeit nicht mehr liebte. Wir hatten doch wunderschöne Tage – und auch Nächte – miteinander verbracht, hatten uns geliebt, wirklich geliebt! Und warum dann jetzt dieses Dilemma? Oder war das das Schicksal einer jeden Ehe? Wenn ich da so an meine eigenen Eltern dachte, dann . . . Jedenfalls wollte ich so nicht enden. Ich wollte Silvio um jeden Preis zurückgewinnen. Aber wie?

Wie gerne hätte ich mit jemandem über meine Sorgen gesprochen. Aber vor unseren zumeist nur flüchtigen Bekannten wollte ich meine Niederlage nicht eingestehen, zu Mutter hatte ich kaum Kontakt und eine „beste Freundin“ besaß ich nicht. Also versorgte ich mich mit einschlägiger Literatur, las die Ratschläge selbst ernannter oder tatsächlicher Ehetherapeuten, vertraute auf deren Erfahrung und tat genau das, was einer von ihnen riet, nämlich den eigenen Ehemann zu verführen. Ich kochte etwas Besonderes – oder versuchte es zumindest – und deckte festlich den Tisch. Dann zog ich ein Kleid an, das Silvio ausgesucht hatte und ihm weitaus besser gefiel als mir, schminkte mich dezent und bürstete mein Haar, bis es glänzend über meinen Rücken fiel. Dabei fühlte ich mich nicht recht wohl in meiner Haut, denn ich hatte irgendwie das Gefühl, nicht mehr ich selbst zu sein. Aber wer war ich überhaupt? Und wer war ich eigentlich in Silvios Augen?

Sehnsüchtig wartete ich auf Silvio, doch er kam nicht! Mein Essen verkochte zu einem undefinierbaren Brei und meine Hoffnung auf eine Versöhnung sank auf den Nullpunkt. Aber gerade als ich enttäuscht das Werk vieler Stunden zerstören wollte, hörte ich Silvios Wagen. Erleichtert und gleichzeitig nervös zündete ich die Kerzen an und ließ zarte Musik erklingen.

Meine Rechnung ging auf: Nach langer Zeit redeten wir wieder miteinander. Silvio versprach, in Zukunft mehr zu Hause zu sein und ich gelobte, mein loses Mundwerk zu zügeln und Verständnis für ihn aufzubringen. Wir aßen kaum etwas, tranken dafür aber umso mehr und bekamen schnell die Wirkung des Alkohols zu spüren. Aber egal! Es tat so gut, mit Silvio zu reden und zu lachen und endlich mal wieder die goldenen Sternchen in seinen Augen aufblitzen zu sehen.

Durch den Wein mutig geworden, setzte ich mich auf Silvios Schoß. „Halt mich ganz fest!“, flüsterte ich ihm ins Ohr und schmiegte mich eng an ihn. Entsetzt spürte ich, wie sich Silvios Muskeln anspannten, als wolle er mich von sich stoßen. Doch im nächsten Augenblick entspannte er sich wieder und presste mich so fest an sich, als wolle er mich zerquetschen.

Leise frage ich: „Liebst du mich eigentlich, Silvio? Ich meine, liebst du mich so sehr, dass es manchmal richtig wehtut?“

Silvio sah mich lange an. In seinen Augen war etwas, das ich nicht zu deuten wusste: Trauer, Wut, Verzweiflung oder vielleicht von allem ein bisschen. „Liebe?“, fragte er endlich. „Ach, Sabrina, was ist das schon? Ist Liebe nicht nur ein Gefühl, das heute da ist und morgen schon wieder verschwindet?“

Als er sah, dass ich den Tränen nahe war, legte er tröstend einen Arm um mich. „Aber sicher, Sabrina, liebe ich dich, wenn auch auf meine Weise. Ich weiß natürlich nicht, wie sehr eine Frau lieben kann, aber das, was ich für dich empfinde, ist schon wirklich . . .“

Mitten im Satz brach er ab und starrte vor sich hin. Glitzerte da nicht etwas wie eine Träne in seinen Augen? Ich konnte es nicht genau erkennen, ertrug aber die Spannung nicht länger und platzte heraus: „Silvio, bitte sage es mir endlich. Gibt es eine . . . eine andere Frau in deinem Leben?"

„Nein!" Mit einem Mal klang Silvios Stimme sehr müde. „Nein, Sabrina, es gibt keine andere Frau in meinem Leben. Du hast mir so viel gegeben, dabei ahnst du nicht einmal, wer ich wirklich bin. Doch eines sollst du wissen, Sabrina, was immer auch passiert, ich wollte dir niemals wehtun."

Warum sagte er das jetzt? Und warum kroch so eine böse, kalte Furcht in mir hoch, die umso schlimmer war, weil ich ihre Ursache nicht erkennen konnte?

„Ja, du hast Recht, ich weiß wirklich nicht, wer du bist", sagte ich verängstigt. „Ich weiß nichts von deinen Gedanken und Sorgen, du erzählst nie etwas von dir. Ich kenne weder deine Vergangenheit noch deine Familie. Dabei möchte ich alles von dir wissen, möchte dich so gerne verstehen."

Silvio nahm sich ein weiteres Glas Wein, kippte es in einem Zug herunter und sah mich nachdenklich an. Ich bemerkte sein Zögern und hakte sofort ein. „Oder hast du kein Vertrauen zu mir?"

Gequält erwiderte er: „Nein, das ist es nicht. Aber in meinem Leben ist so vieles, das ich . . . Ach, weißt du, ich bin seit meiner Kindheit . . ."

Erschüttert sah ich, dass mein sonst so selbstbewusster Ehemann plötzlich einem ängstlichen kleinen Jungen glich, der etwas Schlimmes angestellt hatte. Mit beiden Händen umklammerte er meinen Arm.

„Nun gut, ich werde dir ein bisschen von mir erzählen", begann er so leise, als spräche er zu sich selbst. „Meine Eltern waren angesehene und sehr fromme Leute, die mit einem hohen Ehrenkodex lebten. Sie erzogen uns Kinder dementsprechend in ihrer strengen, christlichen Tradition. Wir mussten regelmäßig zur Kirche gehen, alle ihre Gebote beachten und – zumindest für Außenstehende – ein einwandfreies Leben führen. Vater verlangte absoluten Gehorsam, und wenn jemand gegen seine Anordnungen verstieß, wurde er hart bestraft. Ich hatte immer ein bisschen Angst vor meinem Vater und wagte nie, ihm zu widersprechen – bis auf ein einziges Mal."

Silvio brach ab und starrte vor sich hin. Aber als ich schon befürchtete, er würde nicht weitererzählen, fuhr er fort: „In unserer Familie war es seit Generationen üblich, dass einer der Söhne Priester wurde. Das bedeutete für diesen zwar Ehelosigkeit und Verzicht, andererseits aber auch Ansehen und Ehre für die Familie. Ich als Zweitgeborener war von Geburt an dazu auserwählt, dieses Ansehen zu vermehren, denn mein älterer Bruder Lucio sollte später einmal den Hof bearbeiten und für Nachkommen sorgen; der jüngste Sohn war zu diesem Zeitpunkt noch nicht geboren. Eigentlich war ich ja auch bereit, meinem Vater zu gehorchen, aber weil das bedeutete, dass ich schon im Alter von zehn Jahren von zu Hause weg musste, wehrte ich mich dagegen. Ich flehte Vater an, mich nicht wegzuschicken, aber es half nichts. Ich wurde in ein Internat gesteckt, wo man mir Zucht und Ordnung beibringen sollte, wie Vater sagte. Ja, ich habe mich gefügt, was blieb mir auch anderes übrig, aber ich habe gelitten, furchtbar gelitten. Ich hatte ständig Heimweh, denn ich sehnte mich nach der Weite und Schönheit meiner Heimat, nach meiner Mutter und meinen Geschwistern, nach Liebe und Geborgenheit. Es war grauenhaft."

Silvio umklammerte mich, als suche er noch immer seine verlorene Heimat. Sanft streichelte ich sein Gesicht und sein Haar, spürte seine Erschütterung und wartete darauf, dass er weitersprach. Doch er schwieg und deshalb fragte ich vorsichtig: „Aber du bist ja dann doch nicht Priester geworden! Was ist denn passiert?"

„Ich habe sie enttäuscht", brach es aus Silvio hervor. „Meinen Vater habe ich enttäuscht, der es doch nur gut gemeint hatte, und auch meine Mutter, die mich wirklich von Herzen liebte. Die beiden wollten nur mein Bestes, und sie wollten auf ihren Sohn stolz sein. Wie glücklich waren sie, als ich nach den ersten Schwierigkeiten dann doch die Prüfungen zum Priesterseminar bestand, bis sie erfuhren, dass . . . Ach, ich habe meiner Familie nur Schande gemacht."

Ich spürte Feuchtigkeit auf Silvios Wangen und sah ungläubig, dass es Tränen waren. „Aber warum, Liebling?", fragte ich behutsam. „Es ist doch keine Schande, wenn ein junger Mann etwas anderes will als seine Eltern."

„Schande, nichts als Schande." Silvios Stimme bebte vor Erregung. „Ich habe die Ehre der Familie besudelt, weil ich . . . ja, weil sie mich rausgeschmissen haben. Das heißt, sie haben mich still und heimlich entlassen, weil sie kein Aufsehen erregen wollten. Du ahnst ja nicht, was das für meine Eltern bedeutete. Für sie war es schlimmer als wäre ich gestorben. Und deshalb schickte man mich weit weg, zu meinem Onkel nach Deutschland. Auf diese Weise konnte erst einmal Gras über die Sache wachsen."

„Aber über welche Sache denn?", fragte ich verwirrt. „Wovon redest du eigentlich, Silvio?"

Silvio beachtete meine Frage nicht, sondern sprach einfach weiter: „Meine Eltern starben, ohne dass wir uns vorher aussöhnen konnten. Zuerst wurde Mutter sehr krank, aber Vater gab mir nicht mal die Gelegenheit, sie wieder zu sehen." Erneut stöhnte er auf. „Stell dir vor, meine geliebte Mutter starb, ohne dass ich sie noch einmal umarmen und um Vergebung bitten konnte. Und knapp zwei Jahre später wurde Vater krank. Ich bin zu ihm gefahren, habe an seinem Bett gesessen und darauf gewartet, dass er mit mir sprach oder mich wenigstens einmal ansah. Aber er lag nur da und blickte an mir vorbei. Ich habe ihn angefleht, doch Vater starrte nur an die Decke, sah mich nicht und hörte mich nicht. Und meine Geschwister taten so vorwurfsvoll, als wäre ich an allem Schuld. Da habe ich es nicht mehr ausgehalten und bin auf und davon. Zwar bin ich zu Vaters Beerdigung noch einmal zurückgekommen, aber da war es schon zu spät. Ich spürte die Verachtung und Feindschaft meiner Familie und wusste, dass ich nicht mehr zu ihnen gehörte. In diesem Augenblick habe ich mir geschworen, nie wieder dorthin zu fahren, nein, nie wieder!"

Silvio lag nun in meinen Armen und weinte hemmungslos. Was für eine Familientragödie. Und das alles wegen eines simplen Schulverweises?

Zärtlich streichelte ich Silvios Haar und fragte sanft: „Aber was ist denn damals eigentlich passiert? Warum haben sie dich verachtet und weggeschickt?"

Silvio richtete sich auf, sah mich lange eindringlich an und öffnete den Mund, als wolle er etwas sagen. Dann wandte er seinen Blick ab, schüttelte den Kopf und murmelte bedrückt: „Ich . . . ich kann nicht. Nein, nicht jetzt. Später vielleicht. Aber wenn du zu mir hältst, Sabrina, dann wird alles gut. Mit dir zusammen kann ich es schaffen. Bitte, lass mich nicht im Stich, niemals!"

Trotz Silvios Leid war ich glücklich, denn nun fühlte ich mich ihm so nahe. Und natürlich hoffte ich, dass dieses Gespräch der Beginn eines neuen gegenseitigen Vertrauens war. Aber erstaunlicherweise war Silvio am nächsten Tag wieder der Alte: höflich, wohlerzogen und charmant, aber auch kühl und unpersönlich. Bereute er schon, dass er Gefühle gezeigt und so viel von sich preisgegeben hatte? Jedenfalls erwähnte er das nächtliche Gespräch nicht mehr, und ich wagte es nicht, das Thema noch einmal aufzugreifen.

Nach diesem Ereignis wurde unsere Beziehung wieder besser und Silvio verbrachte mehr Zeit mit mir und Chiara. Und als wir dann eines Tages erfuhren, dass unser zweites Kind unterwegs war, schien sich das Blatt endgültig gewendet zu haben.

„Ich wünsche mir einen Sohn!", sagte Silvio und fügte nachdenklich hinzu: „Wenn mein Vater das noch erlebt hätte, dann . . ."

Er beendete den Satz nicht, aber ich verstand ihn auch so. „Dann hätte er dir bestimmt verziehen, dass du nicht Priester geworden bist, stimmt's?"

Silvio nickte, aber ein Schatten lag auf seinem Gesicht. Ein Schatten, der nicht zu unserem Glück passte und den ich nicht verstand.

9

Trotz etlicher Telefonate waren wir auch am Abend noch keinen Schritt weitergekommen. Ich wurde immer unruhiger und lief wie ein Tiger im Käfig auf und ab. Wolfgang versuchte mir Mut zu machen: „Ich bete dafür, dass Gott deine Kinder gesund zu dir zurückbringt und ich glaube, dass er dir beistehen wird und . . ."

Angst kroch über meinen Rücken, eine eiskalte, grauenhafte Angst, die bis in meinen Magen vordrang und dort zu Stein erstarrte. Die endlosen Stunden auf dem Autobahnrastplatz und die einsame Nacht zu Hause tauchten wieder in meiner Erinnerung auf, dann der überraschende Besuch der Polizeibeamten und unsere gemeinsame

Fahrt, um einen Menschen zu identifizieren, den ich zwar kannte, der mir aber dennoch unsagbar fremd vorkam. Ich begann zu weinen, vergoss wahre Tränenströme und konnte einfach nicht mehr aufhören.

Als Kommissar Rollmann eintraf, weinte ich noch immer. Aber mit einem Mal wich meine Hilflosigkeit einem hektischen Tatendrang. Ich putzte mir die Nase und verlangte energisch: „Wir müssen etwas tun und meine Kinder suchen und zwar sofort! Bestimmt sitzen sie mutterseelenallein irgendwo herum und ängstigen sich zu Tode. Vielleicht sind sie in einem Hotel oder einer Ferienwohnung oder . . . Jedenfalls müssen wir sie schnellstens finden! Worauf warten Sie denn noch? So unternehmen Sie doch endlich was!“

Der Kommissar sah mich schweigend an. War da nicht Misstrauen in seinen Augen zu lesen? Wusste er vielleicht mehr, als er sagen wollte?

„Natürlich waren wir inzwischen nicht untätig“, meinte er kühl. „Unsere Kollegen haben sich noch einmal in der Wohnung Ihres Mannes umgesehen und auch in der Klinik nachgefragt. Aber dort weiß niemand, wo sich Ihr Mann in der letzten Zeit aufgehalten hat und wo Ihre Kinder sein könnten.“ Er machte eine kurze Pause, betrachtete mich wieder argwöhnisch und fragte dann übergangslos: „Wussten Sie, dass Ihr Mann drogenabhängig war?“

„Drogenabhängig?“, wiederholte ich ungläubig. „Unmöglich! Nun gut, vielleicht hat Silvio mal ein paar Beruhigungspillen oder so was genommen. Aber drogenabhängig? Nein, da müssen Sie sich irren.“

Der Beamte schüttelte den Kopf. „Leider nicht. Die Blutuntersuchung hat eindeutig ergeben, dass Ihr Mann mit Medikamenten voll gepumpt war. Außerdem haben wir in seiner Wohnung größere Mengen von Amphitaminen, starken Beruhigungs- und Aufputschmitteln gefunden!“

Ich erinnerte mich, dass ich Silvio mal beobachtet hatte, wie er sich ein paar kleine weiße Pillen in den Mund steckte. Als ich ihn dann darauf ansprach, hatte er mir erklärt, dass es sich um ein Vitaminpräparat handeln würde, dass er – wie viele andere Ärzte auch – zur Stärkung nähme, weil er sonst dem Stress seines Berufes nicht gewachsen sei. Natürlich hatte ich Silvio geglaubt, warum auch nicht?

Aber wenn ich es mir so recht überlegte, hingen seine häufigen Stimmungsschwankungen vielleicht mit diesen Tabletten zusammen. Denn schon kurz nach Marcos Geburt war mir aufgefallen, dass Silvio manchmal ruhig und in sich gekehrt war, dagegen ein anderes Mal eine fast überschäumende Aktivität zeigte und hektisch und nervös war. Sollte das mit diesen kleinen weißen Pillen in Zusammenhang stehen?

Verwirrt sah ich den Kommissar an. Doch der war in seinen Gedanken schon weitergegangen. „Ihr Mann war doch Italiener, nicht wahr? Ist es da nicht nahe liegend, dass er Ihre Kinder nach Italien gebracht hat?"

Ich schüttelte den Kopf. „Ausgeschlossen", erwiderte ich nervös. „Silvio hatte doch schon lange keinen Kontakt mehr dorthin. Er ist schon als junger Mann nach Deutschland gekommen und hat hier studiert und gearbeitet. Was sollte er auch in Italien? Seine Eltern sind schon lange tot und seine Geschwister kannte er kaum."

Ohne auf meine Worte einzugehen fragte der Kommissar weiter: „Warum lebten Sie eigentlich von Ihrem Mann getrennt?"

„Das . . . das waren rein persönliche Gründe", stotterte ich überrascht. „Es gab Bereiche in unserem Leben, in denen wir nicht übereinstimmten. Sie kennen das sicher, jeder hat so seine eigenen Interessen. Als Silvio dann eine Stelle in einer anderen Klinik angeboten bekam und ich nicht so gerne von hier weg wollte, haben wir uns vorübergehend getrennt."

„Wollten Sie sich scheiden lassen? Hat sich Ihr Mann vielleicht deshalb umgebracht, weil er damit nicht klarkam?"

„Nein!", schrie ich auf. „Nein, ich wollte mich nicht scheiden lassen! Ich liebte ihn doch viel zu sehr, ich konnte nur nicht ertragen, dass er . . ."

„Dass er was?" Der Kommissar ließ nicht locker, aber ich weinte jetzt wieder so heftig, dass ich nicht weitersprechen konnte.

Doch meine Tränen beeindruckten den Kommissar nicht im Geringsten. „Warum ist Ihr Mann eigentlich schon als Jugendlicher aus Italien weggegangen?"

„Ich weiß es nicht!", schluchzte ich und vergrub mein Gesicht in meinen Händen. Aber der Beamte blieb erbarmungslos und setzte mir weiter mit seinen Fragen zu.

Zum Glück schaltete sich nun Wolfgang ein. Er legte mir beruhigend eine Hand auf den Arm und redete mir gut zu. Mühsam stieß ich endlich hervor: „Silvio hatte sich mit seinen Eltern überworfen, weil . . . weil er einen anderen Berufswunsch hatte als sein Vater. Und deshalb ging er zu seinem Onkel nach Deutschland. Danach hatte er keinen Kontakt mehr zu seiner Familie, er hat auch so gut wie nie über sie gesprochen. Die Kinder und ich waren jetzt seine Familie. Wir haben uns nur ein bisschen auseinander gelebt, weil Silvio so viel Zeit in der Klinik verbrachte und weil ich merkte, dass . . ."

Natürlich gab ich nicht preis, wie verletzt ich mich damals gefühlt hatte, als ich ein knappes Jahr nach Marcos Geburt merkte, dass alles von neuem begann. Anfangs hatte ich gehofft, mich zu irren, aber schon bald wurde mir klar, dass Silvio meine Nähe mied. Er schlief kaum noch in unserem gemeinsamen Schlafzimmer, sondern ging nach der Arbeit direkt in sein Arbeitszimmer und verbrachte dort die Nacht.

„Ich will dich nicht stören, schließlich brauchst du deinen Schlaf", hatte er behauptet, als ich ihn zur Rede stellte.

„Dann komm doch einfach früher nach Hause, damit du mich nicht stören musst", verlangte ich hartnäckig.

„Aber in der Klinik werde ich gebraucht", versicherte Silvio. „Ich kann nicht einfach weggehen und meine Patienten allein lassen. Es gibt so viel zu tun."

„Aber du musst doch nicht die Last aller Kranken allein tragen", wandte ich ein. „Wir brauchen dich auch. Du kannst nicht immer nur für andere da sein und deine eigene Familie vergessen."

So deprimierend es auch war, ich konnte diese Entwicklung nicht aufhalten. Ich gab mir alle Mühe, bat, weinte und drohte. Um Silvio zu gefallen versuchte ich, die perfekte Traumfrau zu sein, mich so zu kleiden und zu reden, wie es seinem Geschmack entsprach und mich vornehm, ruhig und distanziert zu benehmen. Dabei fiel es mir gar nicht leicht, mich so zu verbiegen und mein oft übersprudelndes Temperament, meine Ungeduld und mein loses Mundwerk einigermaßen zu zügeln. Dabei merkte ich schon bald, dass ich nur eine Rolle spielte, in die ich nicht mal richtig hineinpasste und die letztendlich auch nichts änderte. Denn trotz allem kam Silvio immer seltener nach Hause und veränderte sich immer mehr. Und wenn er doch einmal da war, brütete er mit finsterer Miene vor sich hin und ließ sich auf kein Gespräch mit mir ein.

Obwohl ich mir immer wieder vornahm, Haltung zu bewahren und niemanden etwas von meinem Kummer merken zu lassen, konnte ich ihn auf Dauer doch nicht allein bewältigen. Ich fühlte mich so tief gedemütigt und allein gelassen, dass ich mich in meiner Not an eine der Kollegenfrauen wandte, mit denen ich manchmal zusammentraf, und vertraute ihr mein Problem an. Entsetzt erfuhr ich, dass einige von ihnen Ähnliches durchgemacht hatten oder gerade durchmachten. Und schon war ich – wenn auch unfreiwillig – in den Kreis der betrogenen Ehefrauen aufgenommen und wurde mit guten Ratschlägen versorgt.

„Einfach nicht zur Kenntnis nehmen“, riet mir die kühle Ingrid. „Irgendwann hat er das Spielchen mit der Neuen satt und kommt zu dir zurückgekrochen. Und dann bist du die Gewinnerin und bestimmst die Spielregeln. Nutze diese Situation zu deinem Vorteil, dann hast du deinen Mann in der Hand.“

„Dreh den Spieß einfach um und such dir einen Liebhaber!“, meinte dagegen Cora, eine glutäugige Schönheit, die gerne im Mittelpunkt stand. „Wenn dein Mann mitbekommt, dass sich ein anderer für dich interessiert, sieht er dich plötzlich mit ganz anderen Augen und begehrt dich wieder. Weißt du, Sabrina, Männer sind wie Tiere, sie beginnen sofort zu kämpfen, wenn sie merken, dass ein Fremder in ihrem Revier wildert.“

Und Linda, die am meisten litt, gestand: „Das ist eben der Preis des Wohlstandes. Wir Frauen bekommen einen Brillantring an den Finger gesteckt oder ein teures Mäntelchen umgehängt, damit wir schön die Klappe halten und gute Miene zum bösen Spiel machen. Und für die Außenwelt sieht alles toll aus, denn die Ehe wird natürlich aufrechterhalten, auch wenn gar nichts mehr dahintersteckt. Ich für meinen Teil habe mich entschieden, meine Ehe als eine Art Lebensversicherung zu betrachten, sonst könnte ich das nicht durchhalten. Du wirst dich dran gewöhnen müssen, Sabrina, wie wir anderen auch.“

Nein, hatte ich innerlich aufgeschrien, *nein, ich nicht! Ich werde mich nie daran gewöhnen! Dieses Spiel gefällt mir nicht und ich spiele es nicht mit!*

Also kämpfte ich weiter, jonglierte mit meinen Gefühlen zwischen heroischem Verständnis für Silvio und schlichter Enttäuschung über sein Verhalten. Ich war mir inzwischen sicher, dass Silvio seine Nächte – oder zumindest einen Teil von ihnen – an mir unbekannten Orten mit mir unbekannten Personen verbrachte. Genauer gesagt: Er betrog mich. Aber mit wem und warum?

Ich litt still unter dem „Du-bist-nicht-gut-genug-Syndrom", ich war unsicher und verletzt und fühlte mich völlig wertlos. Dann wieder wurde ich aggressiv und sagte Dinge, die mir hinterher Leid taten.

Und eines Tages schließlich war das Fass zum Überlaufen gefüllt.

„Gib doch zu, dass du eine andere hast!", schrie ich Silvio in dieser Nacht entnervt an, als er wieder einmal erst beim Morgengrauen hereingeschlichen kam. Ich war am Ende und setzte nun alles auf eine Karte.

Silvio schwieg, er sah mich nicht einmal an und wollte ohne ein Wort der Erklärung das Zimmer verlassen. Doch plötzlich drehte er sich um und sagte leise: „Bitte, hab ein bisschen Geduld mit mir, Sabrina."

Geduld? Wie viel Geduld sollte ich denn noch haben? Unbeherrscht schleuderte ich Silvio meine ganze Verachtung und Enttäuschung ins Gesicht. Silvio wehrte sich nicht, er stand ganz still und ließ einfach alles über sich ergehen. Dann drehte er sich um und ging schweigend aus dem Haus.

Danach blieb Silvio zwei Tage fort. Zwei verzweifelte Tage lang verfluchte ich meinen untreuen Ehemann und wünschte ihm die Pest an den Hals, hoffte aber gleichzeitig voller Sehnsucht auf seine Rückkehr. Und als er dann endlich erschien, atmete ich erleichtert auf.

„Hallo", sagte er nur und lächelte mich an, so charmant und so liebevoll. Ich konnte es nicht fassen. War das der gleiche Mann, der mich schamlos betrog und sich tagelang irgendwo herumtrieb?

Jetzt oder nie, entschied ich. Wenn Silvio aus Sehnsucht zu mir und den Kindern zurückgekommen war, musste ich handeln und durfte mein Ziel nicht aus den Augen verlieren.

„Mach Schluss mit dieser Frau, bitte Silvio!", bat ich und spürte, wie mein Herz vor Aufregung pochte. Und als Silvio nicht antwortete, sondern nur unschlüssig vor sich hinsah, griff ich in meiner Angst zu Drohungen. „Wenn du nicht tust, was ich verlange, werde ich die

Scheidung einreichen und dafür sorgen, dass du die Kinder nie wieder siehst!"

Das saß! Silvio wurde leichenblass und seine Augen wirkten plötzlich wie erloschen. „Ach, Sabrina", sagte er mit schwerer Zunge. „Als wenn das alles so einfach wäre."

Ich gab nach. „Bitte, Silvio, ich liebe dich doch und kann dich nicht mit einer anderen teilen. Mach Schluss und komm zu mir zurück! Dann können wir noch einmal ganz von vorne anfangen."

„Können wir das wirklich?", fragte Silvio. „Schleppen wir nicht alle unseren Ballast mit uns herum, wohin wir auch gehen und was wir auch tun?"

„Nein, Silvio, nein!", rief ich verzweifelt. „Wir können es wirklich, wenn wir nur wollen."

Aber Silvio war nicht zu überzeugen. „Gib mir Zeit, Sabrina", murmelte er müde. „Bitte, hab Geduld. Ich kann jetzt nicht . . ."

Da verlor ich völlig die Beherrschung. „Dann scher dich doch zum Teufel!", schrie ich hysterisch. „Pack deine Sachen und verschwinde aus meinem Leben, aber für immer!"

Silvio sah mich entsetzt an und sofort witterte ich meine Chance. Schließlich hatte ich nichts mehr zu verlieren, aber alles zu gewinnen!

Theatralisch schleppte ich einen Koffer herbei, zerrte wahllos Silvios Kleidungsstücke aus dem Schrank und warf sie hinein. Dabei wartete ich insgeheim darauf, dass Silvio nachgab.

Aber ich hatte mich verrechnet. Plötzlich begann auch Silvio zu packen, warf Hemden, Socken und Krawatten in den Koffer, schloss ihn und ging zur Tür. „Willst du wirklich, dass ich gehe?", fragte er kühl.

„Sicher!" Ich versuchte ebenso kühl zu bleiben, was mir aber nur mit äußerster Kraftanstrengung gelang. Dabei wünschte ich mir nichts anderes, als dass Silvio seinen Koffer fallen ließ und mich in seine Arme nahm. Aber es geschah nicht – Silvio ging.

An der Tür drehte er sich noch einmal zu mir um, sah mich kurz an und ging dann wortlos davon. Vor Enttäuschung wusste ich nicht mehr, was ich tat, ich rannte ihm nach und brüllte aus Leibeskräften: „Dann verschwinde doch endlich! Verschwinde aus meinem Leben und komm nie wieder!"

Von diesem Moment an war ich allein!

Jetzt, bei der Frage des Kommissars, spürte ich wieder den tiefen Schmerz der verlassenen Ehefrau, die sich mit einem Mal so minderwertig vorkommt, weil sie einer anderen das Feld überlassen muss. Aber davon erzählte ich dem Kommissar natürlich nichts.

„Mein Mann und ich hatten uns auseinander gelebt, wie das eben nach einigen Ehejahren manchmal vorkommt", wiederholte ich. „Aber es gab Hoffnung, dass wir wieder . . ." Erneut liefen mir Tränen übers Gesicht.

„Dann hatte Ihr Mann also keinen Grund, sich Ihretwegen umzubringen?", fragte Kommissar Rollmann herzlos.

„Nein, natürlich nicht", schluchzte ich. „Nach unserer Trennung haben wir uns ganz vernünftig geeinigt und eine Bedenkzeit von einem Jahr vereinbart. Erst danach wollten wir eine endgültige Entscheidung treffen. Die Kinder waren natürlich bei mir, aber Silvio durfte sie sehen, sooft er wollte."

„Und wann wäre diese Bedenkzeit zu Ende gewesen?", fragte Kommissar Rollmann.

Ich überlegte kurz und war überrascht. „In den nächsten Tagen, das habe ich ja total vergessen. Ja, in den nächsten Tagen hätten wir eine Entscheidung treffen müssen."

„Aha!" Der Kommissar legte einen Finger an die Nase und schien völlig in Gedanken versunken. Dann wechselte er überraschend das Thema und fragte: „Hatte Ihr Mann finanzielle oder berufliche Probleme?"

„Ich glaube kaum. Silvio war ein guter Arzt mit einem recht ordentlichen Gehalt. Jedenfalls hat er für mich und die Kinder immer bestens gesorgt."

Bei dem Gedanken an Chiara und Marco begann ich wieder zu zittern. „Wir müssen endlich was unternehmen!", rief ich erregt und sprang auf. „Da sitzen wir hier herum und reden und reden, während meine Kinder vielleicht . . ."

Der Kommissar sah mich durchdringend an. „Ja, Frau Rizzardi, aber wir müssen auch in Betracht ziehen, dass Ihre Kinder vielleicht . . ." Er zog einen durchsichtigen Plastikbeutel aus der Tasche, in dem ein Kinderstrumpf mit einem bunten Rautenmuster lag. „Kennen Sie den?"

„Ja, sicher!", rief ich. „Der gehört Marco! Also waren die Kinder doch in Silvios Wohnung!"

Ich stockte und sah hilflos in das undurchdringliche Gesicht des Beamten, der nun einen zweiten Beutel aus der Tasche holte, in dem mehrere Einwegspritzen und ein kleines Medikamentenfläschchen lagen.

„Das ist ein starkes Beruhigungsmittel, das nur einem Arzt zugänglich ist. Für ein Kind kann schon eine kleine Dosis lebensgefährlich, wenn nicht sogar tödlich sein. Es tut mir Leid, Frau Rizzardi, aber wir müssen die Möglichkeit in Betracht ziehen, dass Ihr Mann Ihre Kinder getötet und sich dann selbst umgebracht hat!"

„Nein, nein, nein!" Endlose Schreie quollen aus meinem Mund. Ich konnte sie nicht zurückhalten, ich hatte einfach keine Kontrolle über sie. „Nein, so etwas könnte Silvio niemals tun! Er hat sie doch geliebt . . . nein!"

Ich schrie und schrie und konnte einfach nicht aufhören. Ich schrie so lange, bis meine Stimme versagte und alles um mich herum in einem dicken, wabernden Nebel versank.

10

Ich lebte wie in Trance zwischen Wachen und Träumen, manchmal aufgewühlt von Schmerz und Trauer oder aber apathisch durch Medikamente und Beruhigungsmittel. Meine Zeit floss in einem Nebelschleier dahin, nur unterbrochen von Besuchern, deren Fragen ich nicht beantworten konnte und deren Mitleid mir kein Trost war. Meistens nahm ich nur schemenhaft wahr, was um mich herum passierte. Ich sah Leute kommen und gehen, bemerkte eine Frau, die meiner Mutter aufs Haar glich, die genauso lamentierte und um mich herum wieselte wie sie, bis ich es nicht mehr aushielt und einfach die Augen schloss, um mich wieder ins Nichts davontragen zu lassen. Ja, so war es gut: nichts sehen, nichts hören, nichts fühlen.

Sabrina existierte nicht mehr. Mein Herz war verdorrt, erstarrt in der Kälte einer grauenhaften Realität. Mein Körper war wie ein Automat, aus dem alles Leben gewichen war. Ich war eine lebende Tote, die tat, was man ihr sagte, die reagierte und funktionierte. Willig schluckte ich die Pillen, die man mir gab, und wartete schon sehnsüchtig auf den nächsten erlösenden Nadelstich, der mich mein Elend vergessen ließ und mich wieder für einige Zeit ins Reich des Nichtwissens beförderte.

Manchmal zerriss der Nebelschleier um mich herum so weit, dass ich in der Lage war, Papiere zu unterschreiben, deren Inhalt ich nicht kannte und mich auch nicht interessierte. Ja, ich nahm sogar – gestützt auf Wolfgang und Mutter – an Silvios Beerdigung teil, ertrug die tränenreichen Umarmungen angeblicher Freunde, denen ich vor mehr als hundert Jahren einmal begegnet sein musste, und ließ mir von Bekannten und Unbekannten die Hand schütteln. Mir war alles gleichgültig! Was kümmerten mich die Blicke der Neugierigen oder das bösartige Geflüster misstrauischer Zeitgenossen? Ich war nicht mehr existent – ich war tot!

Dennoch keimte so hin und wieder ein winziges Fünkchen Hoffnung in mir auf, denn die Suche nach Chiara und Marco blieb ergebnislos. Und so lange ihre kleinen Körper nicht gefunden worden waren, bestand immer noch die Möglichkeit, dass Silvio sie an einem unbekannten Ort versteckt hatte, auch wenn alles dagegen sprach. Denn warum sollte er sich umbringen, wenn er die Kinder entführt hatte, um mit ihnen zusammen zu sein?

Genau an dieser Stelle sank dann immer wieder meine Hoffnung auf den Nullpunkt und der Schmerz wurde so groß, dass ich schnell wieder in das gnädige Vergessen flüchtete.

Tag und Nacht dämmerte ich ohne Sinn und Inhalt dahin. Doch dann wurde meine tägliche Medikamentenration allmählich reduziert und der heiß ersehnte Nadelstich ließ immer länger auf sich warten, bis er schließlich ganz ausblieb. Angstvoll spürte ich, wie meine recht angenehme Gefühllosigkeit Stück für Stück aufbrach und einer unerträglichen Qual Platz machte.

Die Gegenwart holte mich ein, unausweichlich und erbarmungslos.

Ich bekam wieder mit, was um mich herum vorging: Presseleute, auf der ständigen Jagd nach Sensationen, belagerten das Haus, stellten Fragen, machten Fotos und belästigten jeden in meiner Nähe.

Entsetzt las ich Zeitungsartikel, in denen auf abenteuerliche Weise darüber spekuliert wurde, wann, wo und wie Silvio die Kinder umgebracht und versteckt hatte. Sicher hätten sie noch am liebsten ein Pfadfindertreffen organisiert, um bei Waldlauf und Schnitzeljagd nach meinen verlorenen Kindern zu suchen.

Überhaupt – die Reporter schienen allwissend zu sein. Für sie stand längst fest, was für ein Mensch Silvio gewesen war: Für die einen war er ein drogenabhängiger Psychopath und labiler Neurotiker, für die anderen ein unglücklicher, in die Enge getriebener Familienvater, der seine Kinder lieber umbrachte, als sich von ihnen zu trennen.

Natürlich wussten diese Besserwisser auch alles über mich. Anfangs wurde ich noch als das bemitleidenswerte Opfer eines grausamen Verbrechers geschildert. Aber sobald sich herumgesprochen hatte, dass ich niemanden an mich heranließ und keine Interviews gab, wurde ich als eine gefühlskalte Person geschildert, die der Tragödie viel zu gefasst ins Auge sah und Mann und Kindern nicht eine Träne nachweinte. Ja, ich wurde sogar als karrieresüchtige Emanze dargestellt, die sich lieber künstlerisch betätigen wollte, statt sich mit profanen Familienangelegenheiten abzugeben. Und ein Schreiber ließ zwischen den Zeilen sogar durchblicken, ob nicht vielleicht dieses eiskalte, berechnende Wesen höchstpersönlich und eigenhändig die armen Kinder ...

Es wurde verurteilt, spekuliert und hinterfragt. Erstaunt betrachtete ich mir bekannt vorkommende Fotos in der Zeitung und kam erst allmählich dahinter, dass die junge Frau mit der wilden Lockenmähne und dem sündhaft kurzen Rock die junge Sabrina vor mehr als zehn Jahren gewesen war. Und gleich daneben prangte das Bild ihres gut aussehenden, seriösen Mannes mit den dunklen traurigen Augen und hinterließ einen so Vertrauen erweckenden Eindruck, dass für die meisten Leser zumindest die moralische Schuldfrage schnell geklärt war.

Aber wer von all den Lesern wusste wirklich etwas über mich? Wer konnte auch nur im Entferntesten meinen Schmerz nachempfinden, den ich fühlte, wenn ich die Zeitungsfotos meiner Kinder sah, auf ihre süßen Gesichtchen blickte und mir vorstellte, dass sie vielleicht irgendwo verscharrt in der Erde lagen? Warum sahen viele Leute in mir die herzlose Bestie, die Mann und Kinder aus lauter Egoismus in den Tod getrieben hatte? War ich schon deshalb verdächtig, weil ich meinen Schmerz nicht mit jedem teilen und öffentlich zur Schau stellen wollte? War ich für die Öffentlichkeit nur dann ein Mensch mit Gefühlen, wenn ich tat, was andere von mir verlangten?

Es dauerte lange, bis diese Fragen mein getrübtes Bewusstsein durchdrangen. Aber als es endlich so weit war, passierte das Unausweichliche: Ich explodierte!

Wolfgang war gerade zu Besuch und Mutter wieselte um mich herum, klagte über die Schlechtigkeit der Menschen und gab Anmerkungen der Presseleute wieder, die sich bei uns scheinbar inzwischen wie zu Hause fühlten.

In diesem Augenblick richtete ich mich von meinem Ruheplatz auf und schlug mit der Faust auf den Tisch, dass es nur so krachte. Ich rieb mir die schmerzende Hand, holte tief Luft, schrie meine vor Schreck erstarrte Mutter an, brüllte Wolfgang nieder und jagte den Zeitungsmenschen aus dem Haus, der der „trauernden Bestie" ein paar Fragen stellen wollte.

Mit dem bedeutungsvollen Blick „Genauso-hab-ich-es-mir-vorgestellt" ging der Reporter hinaus und Mutter rannte heulend in die Küche, wo sie über die Undankbarkeit ihrer schrecklichen Tochter lamentierte. Nur Wolfgang blieb ruhig sitzen, betrachtete mich eine Zeit lang und seufzte dann erleichtert auf: „Gott sei Dank, endlich ist es so weit!"

„Was soll das heißen?", schnauzte ich ihn an.

„Endlich bist du wieder du selbst", meinte Wolfgang zufrieden. „Diese Lethargie – das war ja nicht zum Aushalten."

„Ich möchte den Kommissar sprechen, und zwar sofort!", verlangte ich ungeduldig. „Ich will wissen, was die Polizei nun endlich zu unternehmen gedenkt, um meine Kinder zu finden! Vielleicht sind sie gar nicht tot und warten irgendwo darauf, dass . . ."

Ein winziges Flämmchen Hoffnung begann in mir zu flackern, langsam aber stetig. Ja, solange Chiara und Marco nicht gefunden waren, bestand die Chance, dass sie noch lebten. Nein, sie konnten nicht tot sein, sie durften nicht tot sein, sie waren ja noch so jung und hatten noch das ganze Leben vor sich. Und ich half weder mir noch meinen Kindern, wenn ich mich verkroch und vor dem Leben floh. Aber was konnte ich tun? Wen konnte ich um Hilfe bitten?

Ich sah Wolfgang an und erinnerte mich an unsere Kinderzeit. Hatte er mir damals nicht dauernd erzählt, dass sein Gott alles weiß und alles kann und dass er denen hilft, die ihn darum bitten? Natürlich hatte ich das damals nicht ernst genommen, sondern mich stets mit einem dummen Witz aus der Affäre gezogen. Aber jetzt war eine andere Situation eingetreten, jetzt war mir das Witzemachen vergangen. Ob ich ihn wohl bitten durfte?

Zögernd sagte ich: „Wolfgang, du hast doch früher immer ... ich meine, du hast mal gesagt, wenn du Kummer hast, dass Gott ... dass er dann ..."

Mist, ich wusste nicht weiter, hatte keine Ahnung, wie man so etwas in Worte kleidet.

Hilfe suchend sah ich Wolfgang an. „Na, du weißt schon, was du mir früher immer erzählt hast, von wegen Gott und Hilfe und so. Glaubst du, dass er heute auch mir? Ich meine, könnte er vielleicht ..."

Wolfgang verstand mein Gestammel. „Du möchtest, dass wir Gott um Hilfe für deine Kinder bitten, nicht wahr?", fragte er freundlich.

Erleichtert nickte ich. „Kannst du das für mich tun? Ich weiß doch gar nicht, wie man mit jemandem spricht, den man nicht kennt und der so weit weg ist." Verschämt brach ich ab.

Zum Glück kam mir Wolfgang wieder zu Hilfe. „Dann lass uns doch gemeinsam für deine Kinder beten!", schlug er vor. Und als er mein verlegenes Gesicht sah, fügte er hinzu: „Ich sage es ihm laut und du leise in deinem Herzen, einverstanden?"

Ich nickte und Wolfgang betete mit so schlichten Worten, als spräche er zu einem lieben Freund. Sein Gebet war kein scheinheiliges Getue, kein salbungsvolles Gerede mit falscher Bescheidenheit, und ich spürte, dass Wolfgang seinem unsichtbaren Gegenüber wirklich vertraute.

Neugierig betrachtete ich meinen Freund, der mit geschlossenen Augen dasaß und so liebevoll von meinen verschwundenen Kindern sprach, als wären es seine eigenen. Was ging in ihm vor? War er besonders naiv oder besonders klug, weil er an eine Macht glaubte, die er zwar nicht sah, die ihm aber dennoch Kraft und Ruhe gab? Ich war verwirrt, fühlte aber, dass ein kleines bisschen dieser Kraft und Zuversicht auf mich überströmte. Und das war schon eine Menge wert.

Allerdings reichte diese Kraft nicht lange aus, denn als Kommissar Rollmann endlich erschien, fühlte ich mich schon wieder wie ein Häufchen Elend. Doch ich riss mich zusammen, denn ich wollte nicht wieder in die furchtbare Dunkelheit zurückfallen, der ich gerade entronnen war. Ich wollte daran glauben, dass meine Kinder am Leben waren und würde keine Ruhe geben, bis man sie gefunden hatte. Der Gedanke, dass sie lebten, vielleicht bei fremden Leuten oder in einem geheimen Versteck, wurde für mich immer realer. „Und solange Sie mir nicht das Gegenteil beweisen, will ich glauben, dass meine Kinder leben", erklärte ich eigensinnig dem Beamten.

Der Kommissar sah mich missmutig an und berichtete dann von den vielen Polizeiaktionen, die bereits durchgeführt worden waren. Aber alles Suchen und alle Befragungen waren umsonst gewesen. Natürlich hatten sich Leute gemeldet, die Chiara und Marco, zusammen oder einzeln, im In- oder Ausland oder an mehreren Orten gleichzeitig gesehen haben wollten. Eine Hellseherin hatte die Kinder in weißen Kleidern, mit Blumensträußen in den Händen auf dem Grund des Pazifischen Ozeans entdeckt. Eine Zeitungsleserin hatte anschaulich geschildert, dass sie Silvio beobachtet hätte, wie er in einer mondhellen Nacht auf einem Feuer speienden Pferd daherritt und seine Kinder in eine unbekannte Welt entführte. Und ein kinderloses Ehepaar bot großzügig an, Chiara und Marco zu adoptieren, falls ich sie einfach ausgesetzt hätte.

„Nichts Brauchbares dabei", bedauerte Kommissar Rollmann. „Natürlich haben wir auch das Umfeld Ihres Mannes sondiert, haben Vorgesetzte, Kollegen und Nachbarn befragt. Übrigens hat man mir bestätigt, dass Ihr Mann schon seit einiger Zeit medikamentenabhängig war und deshalb auch Probleme in seinem Beruf hatte." Er ging durchs Zimmer, blieb abrupt vor mir stehen und sagte ohne Umschweife: „Vielleicht hat Ihr Mann die Kinder aus Rache getötet, weil Sie mit Scheidung gedroht haben. Halten Sie ihn dazu für fähig?"

„Nein!", schrie ich entsetzt auf. „Silvio hat seine Kinder geliebt! Sie hätten ihn mal sehen sollen, als Chiara geboren wurde, da war er ganz aus dem Häuschen, und auch bei Marco . . . Nein, das kann ich nicht glauben, dazu war er bestimmt nicht fähig!"

„Und Sie, Frau Rizzardi – sind Sie fähig, Ihre Kinder zu töten?

Vielleicht aus Verzweiflung, weil Ihr Mann Sie verlassen hat?", fragte der Kommissar erbarmungslos weiter.

Ich spürte, wie ich kreidebleich wurde. Verdächtigte man mich tatsächlich? „Wie können Sie nur . . .?", brachte ich mühsam hervor und fuhr mit der Zunge über meine trockenen Lippen.

„Bitte, verstehen Sie das richtig." Der Beamte kannte kein Mitleid. „Ich muss Ihnen all diese Fragen stellen, denn es ist schon mehr als einmal vorgekommen, dass Eltern ihre Kinder vermisst gemeldet haben, obwohl sie selbst am besten wussten, was mit ihnen passiert war. Auch für uns ist das kein Spaß."

Allmählich gewann ich meine Fassung zurück. „Ich verstehe ja, dass Sie jeder Spur nachgehen müssen", räumte ich ein. „Aber je länger ich darüber nachdenke, desto mehr glaube ich daran, dass meine Kinder leben."

Der Beamte zuckte die Achseln. „Ich wünsche es Ihnen, sehr sogar. Aber meiner Erfahrung nach stehen die Chancen nicht besonders gut. Die Statistik sagt, dass von hundert Fällen nur . . ."

„Ich pfeif auf Ihre Statistik", gab ich heftig zurück. Doch dann lenkte ich ein. „Sie mögen ja Recht haben, aber ich fühle, dass meine Kinder leben, da tief drinnen. Wir müssen sie nur finden."

„Sicher, aber das ist einfacher gesagt als getan", gab der Kommissar zu bedenken. „Natürlich ist es möglich, dass Ihr Mann die Kinder außer Landes gebracht hat, damit er sie bei einer Scheidung nicht verliert. Deshalb haben wir auch unsere italienischen Kollegen dementsprechend informiert. Aber es ist unlogisch. Denn warum sollte Ihr Mann seine Kinder an einen geheimen Ort bringen und dann zurückkehren, um zu sterben! Es tut mir Leid, Frau Rizzardi, es tut mir wirklich Leid." Er erhob sich und streckte mir zum Abschied die Hand hin.

In meinem Kopf schrillten alle Alarmglocken. „Es tut Ihnen Leid? Wollen Sie damit sagen, dass Sie aufgeben? Das können Sie nicht machen, bitte, Sie müssen weitersuchen! Wie soll ich sie sonst jemals wiederbekommen?"

Müde hob der Kommissar die Hand. „Natürlich tun wir auch weiterhin, was in unserer Macht steht", meinte er. „Aber wissen Sie eigentlich, wie viele Kinder jedes Jahr verschwinden? Einige Fälle brauchen Jahre bis zu ihrer Aufklärung, andere bleiben für immer ein Geheimnis. Wir sind auch nur Menschen und ich kann Ihnen nichts versprechen."

Ich sah ihm nach, wie er mit hängenden Schultern zur Tür ging und fühlte die Ohnmacht des sicherlich sehr pflichtbewussten Beamten. Aber trotzdem hatte dieser Mann in ein paar Tagen alles vergessen, während auf mich ein Leben voller Leid wartete.

„Nein, ich gebe nicht auf!“, rief ich dem Kommissar nach. „Wenn Sie es nicht tun, werde ich eben selbst nach meinen Kindern suchen!“

Die müden Schultern vor mir strafften sich. Der Kommissar blieb stehen, drehte sich herum und verzog sein Gesicht zu einer Art Lächeln.

„Das traue ich Ihnen zu, Frau Rizzardi“, sagte er. „Ich wünsche Ihnen alles Glück dieser Welt. Bitte, rufen Sie mich an, wenn es so weit ist.“

„Und ich werde sie finden“, wiederholte ich eigensinnig, um mir selbst Mut zu machen. „Und wenn ich jeden Stein in dieser Welt herumdrehen muss. Ich werde meine Kinder finden!“

11

Mit meinem Erwachen aus der Apathie überschwemmten mich all die Gefühle, die durch die Medikamente so lange zurückgehalten worden waren. Ich begann Silvio zu hassen, abgrundtief zu hassen. Der Hass schüttelte mich richtiggehend, wenn ich darüber nachdachte, was Silvio mir und meinen Kindern angetan hatte. Nicht nur, dass er meine Gefühle mit Füßen getreten hatte, nein, dass er seine Kinder so erbarmungslos von ihrer Mutter weggerissen und ihnen ihr Zuhause genommen hatte, ging über meinen Verstand. Wer weiß, welchen Schaden die Ereignisse schon in den Seelen meiner Kinder angerichtet hatten und wie viel Schmerz und Heimweh ihre kleinen Herzen jetzt ertragen mussten!

An diesem Punkt angekommen, verfluchte ich Silvio. Ich wusste zwar, dass ich ihn mit meinem Hass nicht mehr erreichen konnte und dass ich mir nur selbst schadete, wenn ich meine Energie für solche Gefühle verschwendete, aber ich konnte nichts dagegen tun.

Doch mir war auch klar, dass es jetzt an der Zeit war, die Sache selbst in die Hand zu nehmen, statt mich weiter zu Hause herumzuquälen. Denn trotz meiner neuen Zuversicht beschlichen mich immer wieder entsetzliche Zweifel, die wie gefräßige kleine Tiere an mir herumknabberten. Und um nicht doch noch den Mut zu verlieren, legte ich mir schnellstens einen Plan zurecht: Ich wollte Silvios Wohnung durchsuchen, nötigenfalls jedes einzelne Stück seiner Habseligkeiten, jeden Fetzen Papier herumdrehen, ich wollte alle in Frage kommenden Nachbarn, Kollegen und Freunde befragen und keine Ruhe geben, bis ich etwas Brauchbares gefunden hatte. Aber dazu brauchte ich freie Bahn.

„Du kannst ruhig nach Hause fahren“, erklärte ich meiner Mutter, die es erstaunlich lange bei mir ausgehalten hatte. „Danke, dass du mir so geholfen hast. Aber ich komme jetzt wieder ganz gut alleine zurecht.“

Natürlich protestierte Mutter ein bisschen, wenn auch nur der Form halber. „Kann ich dich wirklich allein lassen?“, fragte sie. Dabei war sie bestimmt in Gedanken schon längst auf der Heimreise.

„Na klar. Du siehst ja, es geht mir schon viel besser und du hast lange genug für mich gesorgt“, spielte ich die Starke, obwohl ich mich gar nicht so fühlte. „Außerdem muss ich mich um Silvios Wohnung kümmern. Ich werde morgen hinfahren und mich dort umsehen.“

„Aber Kind, die Polizei hat doch alles längst durchsucht!“, Mutter seufzte und hob theatralisch die Hände. „Ach, dieser entsetzliche Silvio! Was hat er uns nur angetan! Aber ich hab ja gleich gewusst, dass mit dem was nicht stimmt! Habe ich dir nicht immer gesagt, du sollst die Finger von ihm lassen?“

„Nein, Mutter, das hast du nicht“, erwiderte ich sanft. „Im Gegenteil, du warst doch heilfroh, dass ich gut versorgt war.“

Unzufrieden brummelte Mutter vor sich hin und fragte dann neugierig: „Und, hat er das, ich meine, hat er dich denn gut versorgt, finanziell und so?“

„Alles in Ordnung“, antwortete ich abweisend. Ich hatte wirklich keine Lust, mit Mutter über so unwichtige Dinge wie Erbschafts- und Versicherungsangelegenheiten zu diskutieren. „Aber trotzdem muss ich mich um einige Dinge kümmern. Silvios Wohnung muss aufgelöst und die Möbel müssen verkauft oder eingelagert werden! Vielleicht kann ich das eine oder andere Stück hier noch unterbringen!"

„Hier? Aber Kind, du willst doch wohl nicht in diesem Haus bleiben?", fragte Mutter empört. „Für dich allein ist es viel zu groß! Nein, Sabrina, verkauf das alles hier und nimm dir eine kleine Wohnung! Dann kannst du alles vergessen und neu anfangen. Und wenn dann eines Tages ein anderer Mann kommt, dann . . ."

Typisch Mutter! Sie machte einfach über meinen Kopf hinweg Pläne für meine Zukunft und wusste mal wieder am besten, was gut und richtig für mich war.

Obwohl ich innerlich vor Empörung kochte, versuchte ich ganz ruhig zu bleiben. „Selbstverständlich bleibe ich hier. Wenn Chiara und Marco wieder da sind, brauchen sie ihre alte Umgebung. Außerdem mögen wir dieses Haus und fühlen uns hier sehr wohl."

Mutter sah mich mit einem Blick an, der deutlich zeigte, was sie davon hielt. „Mein liebes Kind", begann sie in dem nachsichtigen Tonfall eines Nervenarztes, der einen tobsüchtigen Patienten beruhigen muss. „Finde dich endlich damit ab, dass deine Kinder nicht wiederkommen werden! Sie sind tot! Verstehst du das? Dein Mann hat sie umgebracht und dann Selbstmord begangen. Alle sind dieser Meinung, auch die Polizei. Es ist nur eine Frage der Zeit, bis man ihre Leichen finden wird."

Ihre Leichen! Was für ein Ausdruck! Begriff Mutter denn nicht, dass es hier um meine Kinder ging, die das Leben noch vor sich hatten, die lachen, weinen und herumtollen konnten? Es war ja schon schlimm genug, wenn Fremde ihr Verschwinden so ohne weiteres akzeptierten, aber dass Mutter ihre Enkelkinder einfach so abschrieb, war mehr als enttäuschend.

„Sei still, sei endlich still!", rief ich gequält. Nur mit allergrößter Mühe konnte ich mich beherrschen. Tränen brannten in meiner Kehle, aber ich schluckte sie hinunter. Jetzt war nicht die Zeit zu jammern, jetzt war die Zeit zum Handeln! „Ich sage es dir noch einmal, Mutter, Chiara und Marco leben! Sie leben, verstehst du? Und ich werde sie finden, wo immer sie auch sind!"

„Aber Kind, du verrennst dich da in was. Du solltest besser hier bleiben und dich schonen", klagte Mutter weiter, als wäre sie diejenige, die gleich zu unbarmherzigen Menschen in eine kalte feindliche Welt hinausgeschickt würde.

Es war wie immer und es endete wie immer! Je mehr Mutter jammerte und sich über mich beklagte, umso sturer wurde ich. „Spar dir deine Worte, ich fahre und zwar schon morgen. Und ich werde meine Kinder finden“, wiederholte ich.

Mutter setzte ihre beleidigte Miene auf, die ich schon als Kind nicht hatte ausstehen können. „Ja ja, ich weiß!“, murmelte sie gekränkt. „Du lässt dir ja nichts sagen und von mir schon gar nicht. Wenn du dir einmal etwas in den Kopf gesetzt hast, führst du es auch aus, egal was kommt. Schon als Kind hast du immer nur das getan, was du wolltest. Das hast du von deinem Vater geerbt, und ich musste immer darunter leiden, wenn er . . .“

So ging das minutenlang weiter. Jetzt war Vater derjenige, der an allem Elend die Schuld trug. Wäre er und hätte er . . .! Ich konnte es nicht mehr hören, schließlich kannte ich das alles zur Genüge, denn schon früher hatte Mutter in Konfliktsituationen immer nur mit Vorwürfen und Anklagen reagiert. Scheinbar wollte sie mit ihrer Taktik bei ihrem Gegner erst Schuldgefühle hervorrufen, um ihn dann mit seinem schlechten Charakter zu konfrontieren und dadurch schachmatt zu setzen. Und wenn das alles nichts half, setzte sie als Krönung eine gut gespielte kleine Herzattacke obendrauf, die jedem Kontrahenten die Lust zum Streiten nahm. Auf diese Weise hatte Mutter mich und Vater oft ausgetrickst, bis wir eines Tages ihr Spiel durchschauten und nicht mehr mitmachten.

Um Mutter abzulenken und einem möglichen Herzanfall vorzubeugen, fragte ich spöttisch: „Wie geht es eigentlich deinem Herrn und Gebieter? Wartet er nicht schon sehnsüchtig auf dich?“

Im Grunde genommen interessierte es mich herzlich wenig, wie es Kurt ging, denn wir hatten uns noch nie verstanden und erst recht nicht, als er meinte, bei mir Vaters Platz einnehmen zu müssen. Er hatte den strengen Stiefvater herausgekehrt, hatte kritisiert und abgewertet und alles verboten, was mir Spaß machte. Und da Mutter immer auf seiner Seite gestanden hatte, gab es für mich schon bald nur noch den einen Gedanken: abhauen, weg von zu Hause und von den Menschen, die mich nicht verstanden, die nicht mal merkten, dass meine Selbstsicherheit nur gespielt war und dass sich hinter meiner großen Klappe eigentlich ein ängstliches kleines Mädchen verbarg, das sich nach Liebe und Geborgenheit sehnte. Und als ich dann schon mit siebzehn Jahren das Haus verließ und in einer anderen Stadt eine Ausbildung begann, war es für uns alle eine Riesenerleichterung.

Aber Mutter hatte das scheinbar alles längst vergessen, denn sie tat jetzt äußerst empört. „Ich habe dich schon oft gebeten, nicht so abfällig von Kurt zu reden. Was hat dieser Mann nicht alles für dich getan. Er hat sich immer Mühe gegeben, dir ein liebevoller Vater zu sein. Aber du . . ."

„Geschenkt!", rief ich theatralisch und hob abwehrend beide Hände hoch.

Mutter warf gekränkt den Kopf in den Nacken und ging, um ihre Sachen zu packen. Aber plötzlich tat mir meine Reaktion Leid. Nein, so konnte ich Mutter nicht gehen lassen, schließlich hatte sie mir in den letzten Tagen fürsorglich zur Seite gestanden.

„Danke, Mutter, danke für alles", sagte ich beim Abschied und hob meine Hand, um ihr zärtlich übers Gesicht zu streicheln. Verwundert sah Mutter mich an, wandte verlegen ihren Blick ab und hauchte mir mit spitzen Lippen einen Kuss auf die Wange. Das hatte sie seit vielen Jahren nicht mehr getan. Sekundenlang kämpfte ich mit der Versuchung, sie einfach in die Arme zu nehmen und fest an mich zu drücken. Aber dann ließ ich meine Arme schnell sinken.

Sobald meine Mutter fort war, rief ich Kommissar Rollmann an und fragte nach dem Schlüssel zu Silvios Wohnung. „Ich möchte dort hinfahren, denn ich kann nicht länger untätig hier herumsitzen", erklärte ich ihm.

Danach informierte ich Wolfgang über meine bevorstehende Abreise. „Du gibst wohl niemals auf?", fragte er, und in seinem Ton schwang so etwas wie Bewunderung mit. Fast verschämt fügte er hinzu. „Und genau das ist es, was ich an dir mag."

Ich wusste, was Wolfgang meinte. Auch er war kein Mensch, der sich abwartend auf den Hosenboden setzte und darüber jammerte, wie ungerecht das Leben doch war! Er liebte – ebenso wie ich – die Wahrheit und verstand, dass nichts so schlimm sein konnte wie die Ungewissheit, in der ich jetzt leben musste. Trotz seines unerschütterlichen Glaubens an einen göttlichen Plan für jedes menschliche

Leben hatte Wolfgang immer dafür plädiert, die eigene Tatkraft nicht brachliegen zu lassen, sondern sie verantwortungsvoll einzusetzen. Und wir wussten beide: Ich würde nicht eher aufgeben, bis ich die Wahrheit herausgefunden hatte, wie immer sie auch aussah.

„Ich bete für dich, Bienchen. Gott wird bei dir sein und dich beschützen", sagte der Freund meiner Kindertage. Mit diesen Worten hatte Wolfgang mich früher oft zur Weißglut gebracht, weil ich davon überzeugt war, auf mich selbst aufpassen zu können und nicht den Schutz eines unbekannten Gottes zu brauchen. Doch heute hatten seine Worte eine richtig wohl tuende Wirkung auf mich und vermittelten mir fast ein Stückchen Heimat mitten in der Fremde.

12

Als ich Silvios Wohnung betrat, beschlich mich das Gefühl, ein unerwünschter Eindringling auf der Suche nach einem dunklen Geheimnis zu sein. Aber dennoch blieb ich und ging langsam durch die modern eingerichteten Räume und betrachtete eingehend seine Möbel, Bilder und Bücher. Wie mochte sich Silvio hier gefühlt haben? Was hatte er erlebt? War er einsam gewesen und hatte sich nach mir und den Kindern gesehnt oder hatte es andere gegeben, die ...

Nein, diese Vorstellung brachte mich nicht weiter. Es war sinnlos, einer verlorenen Liebe nachzutrauern, und noch sinnloser war es, wenn ich mir durch meinen Hass den Blick verstellen ließ. Silvios Tod hatte mein Leben verändert und mich einer großen Belastungsprobe ausgesetzt. Deshalb brauchte ich jetzt alle meine Kräfte, um mich auf die einzig wichtige Frage zu konzentrieren: Wo sind meine Kinder?

Entschlossen nahm ich meine Reisetasche und trug sie ins Schlafzimmer. Auch hier wirkte alles – genau wie in den anderen Räumen – so perfekt, dass ich kaum wagte, etwas anzufassen, um nur ja keine Unordnung zu hinterlassen. Erst langsam wurde mir klar, dass niemand mehr da war, der das von mir verursachte Chaos kritisieren könnte.

Ich kam mir hilflos und allein gelassen vor und wäre am liebsten davongelaufen. Aber ich verdrängte das aufkommende Selbstmitleid und machte mich an die Arbeit. Mutig öffnete ich Schranktüren und Schubladen, strich über Silvios Kleidungsstücke und suchte in den Taschen nach irgendeinem Hinweis. Und obwohl ich es nicht wollte, rief der altvertraute Duft in seinen Kleidern Erinnerungen in mir wach, die mir Tränen in die Augen trieben.

Schnell verließ ich das Zimmer und ging in den Wohnraum, der mit seinen hellen Möbeln und vielen Büchern sehr gemütlich wirkte. Überrascht blieb ich vor einem Bild stehen, das an der Wand gegenüber dem Fenster hing. Es war mir gut bekannt, denn ich hatte es selbst gemalt und Silvio geschenkt.

Das Bild zeigt in kräftiger Farbgebung Chiara und Marco ganz klein, fast wie verloren, an einem weiten menschenleeren Sandstrand, dessen Farben von einem sanften Beige bis in ein tiefes Orangerot reichen. Die beiden Kinder auf dem Bild sind in ihr Spiel mit Sand und Wasser so vertieft, dass sie nichts anderes um sich herum wahrnehmen. Und obwohl die spielenden Kinder nur einen geringen Teil der Bildfläche einnehmen, scheinen die kleinen Gestalten zu immer größerer Bedeutung heranzuwachsen. Lässt der Betrachter dagegen den Blick über den unendlich weiten Hintergrund schweifen, verwandeln sich die Kinder in luftig-leichte Phantasiegestalten, die sich ganz zufällig in eine vereinsamte Welt verirrt haben und jetzt behutsam, aber wissbegierig von ihr Besitz ergreifen, gleichzeitig aber auch bereit sind, jederzeit davonzuschweben.

Ich betrachtete „die spielenden Engel" und fühlte wieder, was ich schon während meiner Arbeit an diesem Gemälde so stark empfunden hatte: So wie die spielenden Kinder trotz ihrer Winzigkeit völlig das Bild beherrschen und mir ein warmes, positives Lebensgefühl vermitteln, so ruft die unendliche Weite des Hintergrundes eine starke Ungewissheit über das Woher und Wohin des Menschen in mir hervor.

Silvio hatte damals ungewöhnlich begeistert reagiert. „Wunderbar!", hatte er gesagt. „Genauso vordergründig und tonangebend wie in dieser einsamen Landschaft sind die Kinder für unser Leben. Für mein Leben jedenfalls."

In meiner Freude über Silvios Kompliment hatte ich ihm dieses und ein weiteres Bild in einem ähnlichen Stil geschenkt. Kurze Zeit hatten dann die beiden Bilder nebeneinander in Silvios Arbeitszimmer gehangen, und jetzt waren sie hier.

Suchend sah ich mich nach dem zweiten Bild um, das einen Gegensatz zu dem Kinderbild darstellte, aber in seinem Stil dennoch erstaunlich ergänzend wirkte. Auf diesem Bild beherrscht ein gut aussehender, charmant lächelnder Mann den Vordergrund, während die Landschaft nur einen kleinen Teil des Bildes ausmacht. Der Mann sitzt vor einem großen Spiegel und sieht durch ihn wie durch ein Fenster auf eine fröhlich bunte Landschaft, die aber trotz ihrer harmonischen Schönheit unbedeutend bleibt. Doch das scheint nur an dem Mann zu liegen, denn dieser bemerkt nichts von der wunderbaren Umgebung, sondern starrt wie gebannt in den Spiegel, wo er etwas entdeckt, das sowohl ihm als auch dem Betrachter des Bildes eine Gänsehaut verursacht: Inmitten der Schönheit sieht der Mann die verzerrten Züge seines eigenen Gesichtes und erkennt sich als eine dunkle, tragische Gestalt. Die aus dieser Erkenntnis entstehende Verzweiflung scheint sich von einer zur anderen Person fortzupflanzen, bis keine von beiden mehr weiß, wer Original und wer Spiegelbild ist. Der Mann im Spiegel ist Silvio und der Mann vor dem Spiegel ist auch Silvio. Obwohl beide Gestalten nur wenig Ähnlichkeit miteinander haben, spürt man deutlich ihre Zusammengehörigkeit, aber auch ihre Polarität.

Ich konnte auch später nicht erklären, warum ich Silvio auf diese Weise gemalt hatte. Aber ich erinnerte mich noch genau, dass während der Arbeit in mir manchmal ein Gefühl unsäglicher Trauer aufstieg, weil mir der Mann im Spiegel einen Schmerz verursachte, den ich nicht benennen konnte, der aber dennoch vorhanden war.

Silvio hatte das Bild damals lange schweigend betrachtet und dann leise gesagt: „Manchmal siehst du viel tiefer als du ahnst. Ich habe Angst, Sabrina. Ich habe Angst, der Mann im Spiegel zu sein. Und dabei weiß ich doch nur zu genau, dass ich es bin."

Wo mochte dieses Bild jetzt sein? Die leere Stelle an der Wand zeigte mir, dass dort einmal zwei Bilder nebeneinander gehangen hatten. Hatte Silvio es abgenommen, weil er den Anblick nicht mehr ertrug?

Na egal, es gab jetzt Wichtigeres zu tun! Schließlich war ich auf der Suche nach meinen Kindern und nicht nach meinen Bildern.

Aber wo sollte ich mit meiner Suche beginnen? Bedrückt setzte ich mich an Silvios Schreibtisch, der genauso ordentlich aufgeräumt war, wie alles in dieser Wohnung, öffnete Fächer und Schubladen und sah Papiere und Schriftstücke durch. In einer abschließbaren Kassette, deren Schlüssel außen steckte, lagen ein paar Fotos, die teilweise sehr alt wirkten. Das erste Foto, das mir in die Hände fiel, zeigte ein streng aussehendes Paar in dunkler Kleidung. Die zierliche junge Frau hatte schöne gleichmäßige Züge, große dunkle Augen und einen sensiblen Mund. Das schwarze Haar war straff zurückgekämmt, was ihrem kleinen Gesicht etwas Strenges aber auch Hilfloses verlieh. Neben ihr stand ein gut aussehender Mann mit einem kleinen Bärtchen über schmalen Lippen, mit dunklen lockigen Haaren und einer kräftigen, gebogenen Nase. Da der Mann etwas kleiner war als seine Frau, reckte er sich neben ihr in die Höhe, als wolle er damit einen Ausgleich schaffen.

Silvios Eltern, ja, sicher waren das Silvios Eltern, denn die Ähnlichkeit war unverkennbar. Warum hatte Silvio mir nie ein Bild von seinen Eltern gezeigt? Und warum hatte er nie über sie gesprochen?

Es gab noch ein paar andere Fotos von ernsten, würdig aussehenden Menschen und von fremden Kindern in altmodischer Kleidung. Besonders fasziniert war ich von dem Bild eines ernsten kleinen Jungen in einem dunklen Anzug, der eine Kerze in der einen Hand hielt und in der anderen ein spitzenverziertes Buch. Vielleicht war das Silvio bei seiner Erstkommunion oder einem anderen kirchlichen Festtag. Ob der Junge, der nach dem Willen seines Vaters Priester werden sollte und bestimmt schon früh auf diese Rolle vorbereitet wurde, diese Feier als etwas ganz Besonderes erlebt hatte? Oder war er an diesem Tag schon traurig und verzweifelt, weil er wusste, dass er bald in ein Internat musste? In seinen wenigen Erzählungen hatte Silvio einmal von seiner inneren Zerrissenheit gesprochen, die ihn einerseits dazu bewegte, seinem Vater Ehre zu machen, ihm andererseits aber das Herz brach, weil er den Abschied von zu Hause nicht verkraftete.

Ich schloss die Augen und stellte mir den sensiblen kleinen Jungen vor, wie er sich angstvoll an seine schöne Mutter klammert und wie diese ihren kleinen Sohn mit Tränen in den Augen umarmt und ihm liebevolle Ermahnungen zuflüstert. Und dann sah ich das stolze Gesicht des strengen Vaters vor mir, wie er sich imposant in die Höhe reckt und seinem Sohn gebietet, der Familie keine Schande zu machen. Aber wie sehr sich der Junge auch abmüht, tapfer zu sein, es dem Vater recht zu machen und sich die Liebe der Mutter zu erhalten, es gelingt ihm nicht. Des Nachts liegt er in einem dunklen Schlafraum und weint sich vor Heimweh die Seele aus dem Leib. Alles in ihm schreit nach der Wärme der Mutter, die so unerreichbar ist, nach der würzigen Luft seiner Heimat, dem klaren Himmel mit den lustigen weißen Wölkchen, nach Sonne und nach Freiheit. Aber all das scheint für den Jungen verloren, er ist für immer einsam und allein. Nichts ist geblieben als die Sehnsucht, eine große, fast unerträgliche Sehnsucht.

Nachdenklich drehte ich das Bild herum. Auf der Rückseite erkannte ich den Stempel des Fotografen, blass und teilweise verwischt. *San Gimona* stand dort und darunter ein verwischtes Datum: 13. oder 18. Mai 19 irgendwas. San Gimona? War das der Ort, wo Silvio zur Schule gegangen war? Hatte er diesen Namen vielleicht einmal erwähnt?

Angestrengt dachte ich nach. Ich wusste nicht viel von Silvio, nur dass er in der Nähe von Florenz geboren worden war, dass aber die Familie später weiter in den Süden zog. Aber San Gimona? Nein, den Namen hatte ich nie gehört. Vielleicht war das aber auch nur der Name des Fotografen.

Ich suchte weiter und fand noch ein paar neuere Fotos von unseren Kindern, von mir und von Leuten, die ich kaum oder gar nicht kannte. Dann, auf dem Boden der Kassette, entdeckte ich ein kleines ledergebundenes Adressbuch, in dem ich ein bisschen herumblätterte.

Plötzlich stutzte ich. Da stand ein Name, der mir bekannt vorkam: Frerichs, Christian Frerichs, mit Adresse und Telefonnummer. Aha, der liebe Kollege aus dem Krankenhaus, der mich so unfreundlich abgefertigt hatte, als ich ihn um Hilfe bat. Was für ein toller Freund mochte das sein, der schon beim ersten leisen Windhauch vergaß, was Freundschaft bedeutet. Na egal, irgendwann in den nächsten Tagen würde ich ihn mal anrufen.

Mit einem Mal wurde ich hungrig, denn ich hatte den ganzen Tag noch nichts Richtiges gegessen. Also schaute ich in den Schränken nach etwas Essbarem, konnte aber nichts finden. Spontan entschloss ich mich, irgendwo einen Happen zu essen und fand nicht weit von Silvios Wohnung entfernt eine kleine Pizzeria.

Als ich das Lokal verließ, war es bereits dunkel, aber ich hatte noch keine Lust, in die einsame Wohnung zurückzukehren. Also lief ich noch ein bisschen herum und dachte dabei immer wieder an meine Kinder, die vielleicht auch schon das eine oder andere Mal durch diese Straßen gebummelt waren. Wo mochten sie jetzt sein, wie mochte es ihnen ergehen? Ob sie überhaupt noch . . .

Wieder verdrängte ich die dunklen Gedanken, wusste ich doch, dass ich mit meinen Kräften haushalten musste, wenn ich etwas erreichen wollte.

Durch das viele Herumlaufen hatte ich ein bisschen die Orientierung verloren. Unter einer Laterne blieb ich stehen und sah auf meinen Stadtplan. Als ich den Punkt gefunden hatte, wo ich mich im Augenblick befand, fiel mir der Name „Karolinenstraße" auf. Wo hatte ich ihn nur schon einmal gelesen? Ach ja, richtig, ich kannte den Namen aus Silvios Adressbuch. Schnell holte ich das kleine Lederbuch aus meiner Tasche und sah hinein. Da stand es: Dr. Christian Frerichs, Karolinenstraße 84. Hier also wohnte Silvios angeblicher Freund. Ob ich dem um diese Zeit noch einen Besuch abstatten konnte?

Da es nicht weit zu Frerichs Wohnung war, machte ich mich kurz entschlossen auf den Weg. Vor der Haustür zögerte ich jedoch, denn ich kam mir plötzlich wie ein unliebsamer Eindringling vor. Aber trotz meiner Unsicherheit drückte ich auf die Klingel.

Der Türdrücker summte und ich stieg mit klopfendem Herzen die Treppen in die zweite Etage hinauf. Durch die angelehnte Korridortür fiel ein Lichtschein in den halbdunklen Flur, aber drinnen rührte sich nichts. Ich räusperte mich laut und klopfte an die Tür.

Ein junger Mann erschien und sah mich überrascht an. „Ich möchte zur Herrn Dr. Frerichs", sagte ich und betrachtete neugierig die schlanke Gestalt. Der Mann war vielleicht Mitte bis Ende dreißig und hatte schöne blaue Augen und blondes gewelltes Haar. Er war mittelgroß, sehr schlank und modisch elegant gekleidet.

Argwöhnisch musterte er mich und rückte mit zwei Fingern sein seidenes Halstuch zurecht. „Ja bitte, Sie wünschen?", fragte er und schloss die Wohnungstür bis auf einen kleinen Spalt.

„Ich bin Sabrina Rizzardi", sagte ich mit einem unangenehmen Gefühl in meiner Magengegend. „Ich möchte mit Ihnen über meinen Mann sprechen!"

„Oh nein, nicht . . . nicht heute . . . vielleicht ein anderes Mal." Dr. Frerichs wirkte mit einem Mal sehr nervös.

Aber so schnell ließ ich mich nicht abwimmeln. „Bitte, Herr Dr. Frerichs, nur ein paar Minuten", bat ich höflich und versuchte durch die offene Tür in das Innere der Wohnung zu sehen.

„Nein, das geht jetzt nicht! Ich habe gerade Besuch und . . ."

In diesem Moment erschien ein kleiner Mann in Sportkleidung und Turnschuhen in der Tür. Er sah aus, als wollte er gerade zum Joggen. „Kommst du, Chris?", fragte er ungeduldig.

„Ja, gleich", antwortete dieser unsicher. Und zu mir gewandt: „Das . . . das ist ein Kollege. Wir arbeiten zusammen und wollten gerade . . ."

Enttäuscht blickte ich von einem zum andern. „Nun gut, dann komme ich eben morgen wieder", sagte ich und wandte mich zum Gehen. Doch während ich mich herumdrehte, bemerkte ich durch die geöffnete Tür etwas, das mich stutzen ließ: An der mir gegenüberliegenden Wand hing etwas, das mir bekannt vorkam, sehr bekannt sogar.

Ohne die beiden Männer zu beachten, rannte ich in die Wohnung und starrte auf das Bild an der Wand. Ja, es gab keinen Zweifel: Das war mein Bild „Der Mann im Spiegel"! Das Pendant zu meinem Kinderbild, das ich in Silvios Wohnung vergeblich gesucht hatte.

13

Wie eine Furie stürzte ich ins Zimmer und wollte gerade auf das Sofa klettern, um mein Bild von der Wand zu reißen, als mich eine entrüstete Stimme aufhielt.

„Es ist doch nicht zu glauben! Eine Unverschämtheit!" Die eben noch freundlich blickenden Blauaugen des jungen Arztes nahmen plötzlich einen feindseligen Ausdruck an und sein Kollege, der in seinen kurzen Radlerhosen und dem knappen Muskel-Shirt wie eine zu klein geratene Reklamefigur eines Fitness-Studios wirkte, beäugte mich misstrauisch, als erwarte er jeden Moment, dass ich eine Maschinenpistole unter meiner Jacke hervorzog, um ihnen das Lebenslicht auszupusten. Mit seinen kräftigen Sportlerbeinen umkreiste er mich lauernd, ließ eindrucksvoll seine Muskeln spielen und überlegte dabei sicherlich schon, mit welch raffinierten Griffen er mich am besten außer Gefecht setzen konnte.

Aber ich beachtete den kleinen Wichtigtuer einfach nicht, sondern fragte herausfordernd: „Woher haben Sie dieses Bild? Es gehört Silvio oder vielmehr mir!“

Der Fitnessmann hob die Hände, als wolle er sich jeden Moment auf mich stürzen und in Stücke reißen. Aber Dr. Frerichs pfiff ihn zurück. „Lass nur!“, rief er dem Kleinen lässig zu, und dieser hielt mitten in der Bewegung inne, stellte noch einmal seine eindrucksvollen Muskeln zur Schau und verzog sich dann mit fletschenden Zähnen in den Hintergrund. Hätte Frerichs noch „Braver Hund!“ oder „Platz!“ gesagt, wäre die Vorstellung komplett gewesen.

Seltsamerweise war Frerichs mit einem Mal die Freundlichkeit in Person. „Wir sollten in Ruhe miteinander reden“, bot er erstaunlich solidarisch an und nahm mit einer theatralischen Geste meine Hand. Mit leicht vibrierender Stimme und viel zu vielen Worten sprach er mir sein Beileid aus und erklärte, dass er nicht an Silvios Beerdigung teilnehmen konnte, weil . . .

Ich zog meine Hand weg und hörte gar nicht hin. Mich interessierte nicht, was Frerichs konnte oder nicht konnte, mich interessierte nur, was er mit Silvio zu schaffen hatte und ob er etwas über meine Kinder wusste.

In meiner Ungeduld stellte ich mal wieder alle Fragen auf einmal. Frerichs musterte mich abschätzend und fragte wie nebenbei: „Hat Silvio Ihnen denn nicht von mir erzählt?“

„Sollte er das?“, meinte ich patzig, ohne direkt auf seine Frage zu antworten. Dann wurde ich wieder vorsichtiger. „Aber es geht hier nicht um Sie oder Silvio, sondern nur um meine Kinder. Ich will nur wissen, ob Sie . . .“

Abwehrend hob Dr. Frerichs seine Hände und brachte mich damit zum Schweigen. „Nicht jetzt und nicht hier!“, bestimmte er kurzerhand.

„Wann und wo?“ Ich versuchte genauso scharf zu sprechen wie er, denn ich war bereit, es mit meinem Gegner aufzunehmen. Und dass dieser Frerichs mein Gegner war, war mir jetzt völlig klar.

„Morgen früh in einem Café“, schlug Frerichs vor, nannte mir Zeit und Ort und begleitete mich zur Tür.

Ich ging zurück in Silvios Wohnung, konnte aber meine Gedanken nicht abschütteln. Warum war dieser Frerichs so feindselig? Hatte er etwas zu verbergen, was sein kleiner Fitnessfreund nicht mitbekommen sollte? Oder wollten sich die beiden erst eine Strategie ausdenken, um mir etwas vorzulügen? Vielleicht waren sie ja Spitzbuben, die ihre kriminellen Machenschaften zu vertuschen suchten und vielleicht waren sie sogar schuld an Silvios Tod!

Die Einsamkeit der dunklen Nacht und die ungelösten Geheimnisse einer fremden Umgebung ließen meine Phantasie groteske Blüten treiben. Ich sah die beiden Ganoven vor mir, malte mir aus, wie der elegante Frerichs und sein kleiner Fitnessfreund in den kurzen Radlerhosen Silvio einen Besuch abstatteten und dabei das von mir gemalte Bild an der Wand bemerken. Sie glauben, eine enorme Kostbarkeit entdeckt zu haben, schlagen den armen Silvio nieder, fesseln und knebeln ihn und bringen ihn zu einer Brücke, um ihn von dort in die Tiefe zu stürzen. Und unsere armen, unschuldigen Kinder, die bis dahin friedlich in der Wohnung geschlummert hatten, werden von ihnen an einen unbekannten Ort verschleppt, damit sie niemandem etwas erzählen können.

Zum Glück siegte in diesem Moment meine Vernunft. Ich sprang auf, machte in allen Räumen Licht, wanderte auf und ab und versuchte mich zu beruhigen. Morgen würden mir meine Phantastereien bestimmt lächerlich vorkommen.

Ungeduldig wartete ich auf den neuen Tag, sah immer wieder auf die Uhr und war erleichtert, als es Zeit für meine Verabredung wurde. Ich überlegte, wie ich mich verhalten sollte, begutachtete die wenigen Kleidungsstücke in meiner Tasche. Sorgfältig machte ich mich zurecht, denn zu meinem Plan gehörte eine gepflegte und fast verführerische Erscheinung. Ich hatte mir nämlich vorgenommen, Frerichs ein bisschen den Kopf zu verdrehen, um ihn dadurch leichter zum Sprechen zu bewegen. Dieser Mann sollte das Gefühl haben, dass er ein gutes Werk tat, wenn er einer trauernden jungen Witwe helfend unter die Arme griff, weil sie ohne ihn den Schrecken dieser grausamen Welt hilflos ausgeliefert war. Jedenfalls konnte es nicht schaden, ein paar Freunde – nötigenfalls auch ein paar Feinde – zu haben, die mir bei der Suche nach meinen Kindern behilflich waren, aus welchen Gründen auch immer.

Unser Treffpunkt war ein Café in der Innenstadt. Wir waren beide überaus pünktlich und überaus höflich, aber auf eine so kühle, fast feindselige Art, dass ich gleich von Anfang an auf der Hut war. Schon Frerichs Begrüßung war für mich die reinste Provokation, denn er flötete in heuchlerischem Ton: „Ach bitte, liebe Sabrina, für Sie bin ich natürlich Christian, wie für alle meine Freunde. Schließlich waren Silvio und ich . . ., nun ja . . . immerhin darf ich sagen, dass Ihr Gatte mein guter Kollege und Freund war, mit dem ich mich blendend verstanden habe."

„Aber gerne, lieber Herr Doktor Frerichs", entgegnete ich überbetont und spürte gleich, dass ich damit das Kriegsbeil ausgegraben hatte. Jetzt wusste ich jedenfalls, dass auch Frerichs – ebenso wie ich – nur eine Rolle spielte. Aber welche?

„Was hat Silvio denn so von mir erzählt?", fragte Christian betont harmlos und versuchte, mir tief in die Augen zu sehen. Ich sah mir meinen Kontrahenten genauer an und bemerkte, dass er gar nicht so souverän war wie er tat. Ja, war da nicht sogar etwas angstvoll Lauerndes in seinen schönen blauen Augen?

„Ach, so dies und das", log ich frech und wartete gespannt auf Christians Reaktion.

Frerichs griff unsicher nach seinem seidenen Halstuch, als müsse er sich daran festhalten. Um seine Unsicherheit zu nutzen, provozierte ich ihn weiter. „Wie standen Sie denn nun wirklich zu meinem Mann, Herr Dr. Frerichs? Nach allem was war, wollen wir uns doch wohl nichts vormachen und uns dieses alberne Gerede vom lieben Freund und Kollegen ersparen. Also, wann haben Sie Silvio das letzte Mal gesehen? Wie kommt mein Bild in Ihren Besitz? Und was wissen Sie über meine Kinder?"

Frerichs tat sehr unglücklich. „Nun ja, das ist schon eine ganze

Weile her, seit ich . . ." Er beendete den Satz nicht, straffte seine Schultern, sah mir tief in die Augen und übernahm wieder die Rolle des Herzensbrechers. „Aber dass ich Sie endlich kennen lernen darf", sagte er mit schmachtender Stimme. „Ihr Bild, ich meine Silvios Bild, ist einfach wunderbar und hat mich vom ersten Augenblick an fasziniert – genauso wie jetzt die Künstlerin. Vielleicht, wenn wir uns früher getroffen hätten, dann . . ."

Geschenkt! dachte ich angewidert und schüttelte mich heimlich vor Abscheu. Aber ich ließ mir nichts anmerken, sondern sah schweigend mit großen und – wie ich hoffte – unschuldigen Augen auf meinen Gesprächspartner.

Frerichs schien nichts von meinem Spiel zu merken, denn er fuhr in demselben seidenweichen Tonfall fort: „Wenn ich mal bei Silvio hereinschaute, musste ich immer dieses Bild bewundern, so interessant fand ich die Interpretation des Mannes im Spiegel. Und als er eines Tages davon sprach, das Bild wegzugeben, weil einfach zu viele Erinnerungen daran hingen, bat ich ihn, es mir zu überlassen. Natürlich nur vorübergehend, verstehen Sie, nur solange bis Silvio darüber hinweg war, dass Sie nichts mehr von ihm wissen wollten!"

Unüberlegt rief ich aus: „Aber das stimmt doch gar nicht! Ich wollte Silvio nur dazu bringen, nicht mehr mit anderen . . . Nein, ich wollte Silvio zurückhaben. Aber das hat leider nicht funktioniert."

Erschrocken presste ich die Lippen zusammen und ärgerte mich über meine Offenheit. Aber gleich darauf kam mir ein anderer Gedanke. Wenn diese beiden Männer tatsächlich befreundet gewesen waren, musste Christian mehr über Silvios Leben wissen.

„Ach, Christian, das alles war nicht leicht für mich", sagte ich sanft wie ein Vögelchen und lächelte ihn hilflos an. „Silvio hatte sich von mir entfernt und ich nehme an, dass es da eine andere Frau gab. Hat er Ihnen denn nicht davon erzählt? Sie als sein Freund müssten es doch wissen. Vielleicht weiß diese Person etwas über meine Kinder."

Christian tat sehr überrascht und schüttelte schweigend den Kopf. Spielte er jetzt wieder seine Rolle oder reichte seine Solidarität über Silvios Tod hinaus?

Aber ich ließ nicht locker. „Hat Silvio denn nie etwas von dieser Frau erzählt? Sind Sie den beiden denn niemals begegnet?", bohrte ich weiter.

Mein Gesprächspartner lächelte so hochmütig, dass ich ihm am liebsten meinen Kaffee über den schönen Kopf geschüttet hätte. „Aber nein, natürlich nicht, Silvio war sehr diskret, bei allem, was er tat", meinte er geheimnisvoll.

Heimlich knirschte ich mit den Zähnen. Reiß dich zusammen, Sabrina! Es geht jetzt nicht um deine Empfindlichkeiten, sondern um deine Kinder! Und wenn du etwas herausbekommen willst, musst du mit deinem Feind auf gleicher Ebene kämpfen! Halt dich zurück und lass dir deine Gefühle nicht anmerken!

Ich brachte es tatsächlich fertig, ganz locker zu erwidern: „Ja ja, so war Silvio, immer diskret, immer verschwiegen. Aber was sagten Sie eben noch, wann Sie Silvio zuletzt gesehen haben?" Mein Mund brachte ein Lächeln zustande, obwohl ich am liebsten die Zähne gefletscht hätte.

„Vor ein paar Wochen vielleicht", überlegte Frerichs mit gekünstelter Gleichgültigkeit. „Wissen Sie, meine liebe Sabrina, übrigens ein wunderschöner Name, genauso wie seine Trägerin. Also, Ihre Haare, Ihre Augen und diese Figur, toll, sage ich Ihnen, wirklich toll! Aber lassen wir das jetzt. Sicher mögen Sie im Moment solche Komplimente nicht gerne hören. Nun gut, zurück zu Silvio. Um ehrlich zu sein, hatten wir in letzter Zeit kaum Kontakt miteinander, weil es da ein paar Unstimmigkeiten in der Klinik gab. Aber es war nichts Ernstes, nur eine unterschiedliche Auffassung über interne Dinge. Es ging um eine Stellenbesetzung, bei der ich benachteiligt wurde. Natürlich war ich enttäuscht, weil Silvio gegen mich war. Aber hat er Ihnen denn nichts davon erzählt?"

Unbändiger Zorn stieg in mir auf, wenn ich daran dachte, dass sich zwei Menschen wegen einer Lappalie entzweiten, während meine Kinder irgendwo da draußen allein und verzweifelt . . .

„Bisher wusste ich nicht einmal etwas von Ihrer Existenz, Herr Dr. Frerichs!", antwortete ich brutal. „Und Freund hin, Freund her! Wenn Silvio eine Entscheidung gegen Sie traf, hatte er sicherlich gute Gründe dafür!"

Frerichs Augen glitzerten kalt und verengten sich zu schmalen Schlitzen. Mir war klar, dass ich es nun gänzlich mit ihm verdorben hatte.

Dennoch versuchte ich einzulenken. „Meine Nerven, verstehen

Sie? In letzter Zeit habe ich viel mitgemacht. Das alles war nicht einfach für mich. Ihr Zerwürfnis mit Silvio geht mich ja eigentlich auch gar nichts an, aber ich muss herausfinden, wo meine Kinder sind. Bitte, Christian, helfen Sie mir! Haben Sie eine Ahnung, wo die Kinder sein könnten? Können Sie sich vorstellen, warum Silvio ... warum er sich umgebracht hat? Vielleicht ergibt sich daraus ein Hinweis, wo meine Kinder sind."

„Ich verstehe es ja auch nicht", beteuerte Frerichs. „Silvio hatte alles, was man sich nur wünschen konnte, eine schöne Frau, zwei reizende Kinder, Erfolg im Beruf, ein gutes Einkommen und was nicht sonst alles noch. Nein, dieser Mann hatte eigentlich keinen Grund sich umzubringen, es sei denn ..." Er machte eine Pause und blickte mich lauernd an.

„Es sei denn was?", fragte ich alarmiert.

„Es sei denn, dass Sie Silvio unter Druck gesetzt haben! Vielleicht war er verzweifelt, weil Sie gedroht haben, ihm die Kinder wegzunehmen."

Jetzt wollte dieses Scheusal mir die Schuld zuschieben und mich damit kaltstellen.

„Nein!", schrie ich auf. „Das wollte ich doch gar nicht! Ich habe es nur so im Zorn gesagt, um Silvio dazu zu bringen ..." Ich merkte, dass die Leute am Nebentisch zu mir herübersahen und dämpfte meine Stimme. „Verstehen Sie doch, Silvio konnte die Kinder jederzeit sehen. Er durfte mit ihnen verreisen, wann und wohin er wollte."

„Auch nach Italien?", fragte Frerichs unschuldig, aber in seinen Augen glitzerte es boshaft.

Nun geriet ich völlig aus dem Konzept. „Wieso nach Italien? Silvio hat doch nie den Wunsch geäußert, mit den Kindern nach Italien zu fahren. Er hatte doch auch gar keine Verbindungen mehr dorthin!"

„Tatsächlich?" Frerichs lächelte jetzt in einer Art, dass ich meine ganze Beherrschung aufbringen musste, um ihm nicht mit allen zehn Fingern sein schönes Gesicht zu zerkratzen. „Allerdings frage ich mich dann, warum er ...", begann er scheinbar nachdenklich und machte wieder eine lange Pause.

Mir war klar, dass er mich absichtlich zappeln ließ. Und ich hasste ihn dafür.

„Was fragen Sie sich?“, fragte ich so nebensächlich wie möglich, fühlte mich aber wie ein Fisch an der Angel.

„Ich frage mich, warum Silvio in letzter Zeit so häufig in Italien gewesen ist, wenn er dort angeblich gar keine Verbindungen mehr hatte“, vollendete mein Gesprächspartner triumphierend seinen Satz.

„Sie meinen, Silvio war kürzlich in Italien?“, begann ich erregt. Und dann hatte ich eine aberwitzige Idee. „Vielleicht in San Gimona?“

Frerichs zuckte zusammen, fing sich aber sofort wieder. „Keine Ahnung“, meinte er gleichgültig. „Vielleicht habe ich ihn auch falsch verstanden, schließlich habe ich ihn seit Wochen nicht . . .“ Er verstummte.

Wie von Furien gehetzt sprang ich auf. „Ich muss nach Italien, sofort!“, rief ich atemlos. „Vielleicht finde ich dort meine Kinder!“

„Liebste Sabrina!“ Auch Christian stand auf und lächelte hochmütig auf mich herab. „Ich glaube zwar nicht, dass das was bringt. Aber wenn ich Ihnen behilflich sein kann, können Sie mich jederzeit . . .“

Mir wurde speiübel. „Sie mich auch!“, schrie ich ihm noch entgegen und stürmte davon.

14

Gerade als ich auf die Autobahn abbiegen wollte, merkte ich, dass ich mal wieder völlig unüberlegt handelte. Ich reagierte wie eine Dampfwalze, die alles platt walzt, was sich ihr in den Weg stellt. Bestimmt war es besser, sich erst einmal einen Plan zurechtzulegen und mir Geld und ein paar Kleidungsstücke zu besorgen.

Ich kaufte mir einen Autoatlas und rief Wolfgang an. „Ich fahre nach Italien!“, erklärte ich ihm. „Vielleicht hat Silvio die Kinder dorthin gebracht!“

„Überstürze nichts, Sabrina“, meinte Wolfgang in seiner unerschütterlichen Ruhe. „Komm doch erst mal nach Hause, dann können wir in Ruhe darüber sprechen! Und wenn du willst, fahre ich gerne mit."

„Nein, Wolfgang, danke für dein Angebot. Aber das hier muss ich alleine tun", lehnte ich ab. Schließlich war es meine Vergangenheit, unter die ich einen Schlussstrich ziehen musste, so oder so. Und dabei konnte mir niemand helfen.

In Silvios Wohnung stürzte ich mich auf den neu erworbenen Autoatlas und stellte erfreut fest, dass es in Mittelitalien tatsächlich einen Ort mit Namen San Gimona gab. Jetzt hatte ich doch wenigstens ein Ziel vor Augen!

Noch einmal suchte ich in Silvios Papieren nach Hinweisen, ging sogar die Reihe der Bücher durch, die auf einem deckenhohen Regal neben dem Schreibtisch standen, zog das eine oder andere Buch hervor und blätterte ein wenig darin herum. Keine Lektüre für mich, stellte ich bald fest.

Als ich ein besonders dickes Exemplar wieder an seinen Platz stellen wollte, fiel mir ein brauner Briefumschlag auf, der hinter einigen Büchern versteckt war. Neugierig zog ich ihn hervor und öffnete ihn. Die Spannung in mir war so groß, dass meine Hände zitterten und der Inhalt des Umschlags zu Boden flatterte und unter dem Schreibtisch landete. Auf allen Vieren krabbelte ich herum, nahm die Schriftstücke in die Hand und begann noch auf dem Boden sitzend zu lesen. Vor Schreck blieb mir fast die Spucke weg.

„Mein über alles geliebter Silvio!", stand in schwungvoller Handschrift auf einem zart grünen Briefbogen. Kein Zweifel, ich hielt einen Liebesbrief in der Hand, in dem von wunderbaren Nächten mit einmaligen, lustvollen Erlebnissen die Rede war. Die Schreiberin machte ihrem Geliebten darin unmissverständlich klar, dass sie nicht mehr ohne ihn – ohne meinen Ehemann! – leben könne. „Du bist der beste und einzigartige Liebhaber dieser Welt, mein Körper und meine Seele schreien jede Sekunde meines Daseins nach dir!", teilte sie ihm in ihrer blumenreichen Sprache mit. „Mit dir allein will ich mein Leben teilen, für immer und gegen alle Widerstände!" Damit war natürlich ich gemeint, die Ehefrau, die kein Verständnis für die Geliebte ihres Mannes hatte!

Obwohl mir speiübel wurde, konnte ich nicht aufhören zu lesen. Widerlich, was für Plattheiten dieses Miststück sich hatte einfallen lassen. Ein paar Mal hatte sie sogar Kosenamen eingefügt, die ein bisschen italienisch klangen. Wahrscheinlich hatte dieses Luder mal irgendwo einen Volkshochschulkurs mitgemacht, um Silvio zu imponieren!

Mir brach der Schweiß aus allen Poren, aber ich las weiter. Am liebsten hätte ich dieses vor Schmalz triefende Papier in tausend kleine Schnipsel zerfetzt, aber ich verdrängte meinen Zorn und sah neugierig auf die Unterschrift. „In ewiger Liebe und Treue – Andrea" stand am Ende des Briefes, sonst nichts.

Mit einem Wutschrei zerknüllte ich das Papier und warf es gegen die Wand. Dann ließ ich mich auf den Boden fallen und heulte Rotz und Wasser auf den hellen Teppich. In mir wühlte ein Schmerz, der mich zu zerreißen drohte und den ich herauslassen musste, wenn ich nicht den Verstand verlieren wollte. Ich schlug mit der Stirn auf den Boden, mit den Fäusten gegen die Wand, stampfte mit den Füßen auf und schluchzte dabei so wild, dass es mich nicht gewundert hätte, wenn in den nächsten Minuten ein Polizist mit Handschellen oder einer Zwangsjacke aufgetaucht wäre.

Später hätte ich nicht mehr sagen können, wie lange es gedauert hatte, bis ich ruhiger wurde. Aber irgendwann versiegten meine Tränen. Mein Inneres fühlte sich zwar noch immer wie rohes Fleisch an, so wund und tief verletzt, aber dennoch ging es mir ein bisschen besser. Vielleicht konnte ich jetzt, nach dem ersten Ansturm des Schmerzes, beginnen, vernünftig und überlegt vorzugehen, schließlich hatte ich doch immer geahnt, dass Silvio mich betrog.

Plötzlich kam ich mir wieder minderwertig und zweitklassig vor. Diese Andrea, wer immer sie sein mochte, war bestimmt viel schöner und klüger als ich. Sicher war sie in allem perfekt, konnte besser ... hatte mehr ...

Wieder liefen mir die Tränen übers Gesicht. Nun gut, ich war nicht die einzige Frau auf dieser Welt, die von ihrem Mann betrogen wurde, und bestimmt ging es vielen Ehefrauen so wie mir, dass sie sich Gedanken darüber machten, ob ihre Rivalin besser, jünger, schöner, intelligenter oder sonst was ist. Aber wie soll eine Frau auch mit einem solchen Betrug fertig werden? Wie soll sie begreifen, was ihren Mann zu einer anderen treibt, was er an ihr sucht oder bereits gefunden hat?

Ich hatte keine Ahnung, hörte aber tief in meinem Innern wieder die Stimme, die mir unaufhörlich einredete, dass ich einfach nicht gut genug für Silvio gewesen war. Silvio hatte eine Frau gebraucht, die perfekt war, bei der jeder Handgriff saß und jedes Wort wohl überlegt war, die elegant im Hintergrund werkelte und stets seinem Geschmack und Schönheitssin entsprach. „Du dagegen mit deiner Schnoddrigkeit und deinem losen Mundwerk . . .“, flüsterte die Stimme so lange, bis ich mir ganz klein und hässlich vorkam.

Schluss mit dieser Selbstkasteiung, sagte ich mir endlich und krabbelte durchs Zimmer, um Andreas Brief aufzuheben. Sorgfältig glättete ich das zerknüllte Papier, las noch einmal aufmerksam jedes Wort meiner Rivalin, um vielleicht doch noch etwas zu erfahren, das mich weiterbringen konnte.

Leider fand ich weder einen Absender noch den dazugehörigen Briefumschlag. Vielleicht war diese Andrea ja ebenfalls verheiratet und wollte ihre Identität nicht preisgeben. Ja, zuzutrauen wäre es diesem Miststück, ihren armen Mann zu betrügen und mit meinem . . .

Ich musste mich richtig zwingen, nicht schon wieder von vorn zu beginnen. Deshalb nahm ich mit zitternden Händen die anderen Blätter aus dem braunen Umschlag und sah sie durch. Entrüstet sah ich, dass es lauter Liebesbriefe waren, handgeschriebene, süßlich-dumme Liebesbriefe in derselben Schrift, ohne Absender und ohne Briefumschläge. Ich fasste es nicht.

„Du musst sie verlassen“, verlangte Andrea in einem weiteren Brief, und es lag ja wohl klar auf der Hand, wer mit dieser „sie“ gemeint war. „Selbst die größte Liebe vergeht, wenn sie ständig das Licht des Tages scheuen muss“, klagte sie weiter. „Ich möchte öfter mit dir zusammen sein und nicht nur die wenigen Stunden der Nacht mit dir teilen. Auch wenn diese ganz besonders schön sind.“

Ja, meine liebe Andrea! Da muss ich dir zustimmen, die Zeit mit Silvio war ganz besonders schön gewesen. Auch wir hatten heiße Liebesnächte miteinander erlebt, und ich kann bestätigen, dass seine Liebe so „tief und aufwühlend wie das Meer ist“ und seine Lippen „eine Wonne vermitteln können, wie die Engel im Paradies“.

Angewidert blätterte ich das Päckchen Briefe durch und hielt plötzlich inne. Da gab es doch tatsächlich ein paar weitere Briefe in einer anderen Handschrift.

„Aha, Konkurrenz“, murmelte ich schadenfroh und nahm einen dieser Bögen zur Hand, die mit einer zierlichen Handschrift dicht beschrieben waren. Dieses Mal beklagte sich eine andere Dame über die viel zu knappe Zeit, die Silvio mit ihr verbrachte. „Denkst du noch manchmal an die wunderschönen Stunden, die wir miteinander hatten? Wenn ich dich nur sehe, dann möchte ich dich am liebsten . . .“

„Ich dich auch, du Miststück!“, sagte ich laut und drehte schnell die Seite herum. Aber auch da ging es im gleichen Stil weiter: Liebesbeteuerungen, eifersüchtige Klagen und weibisches Gejammere. Nein, das musste ich mir nicht antun! Mich interessierte nur noch, wer dieses Mal die Verfasserin war. Aber unter dem seitenlangen, vor melancholischem Herzeleid triefenden Brief stand nur ein zierliches „C“.

Bestimmt war das eine von den vielen Krankenschwestern, die dauernd in irgendeinen Arzt verliebt waren! Oder sie war eine der Studentinnen, die Silvio manchmal betreute. Diese jungen Dinger warfen sich doch den Männern so schnell an den Hals, dass sie kaum Gelegenheit hatten, sich zu wehren. Aber passte das zu Silvio? War er nicht vielmehr immer korrekt und distanziert gewesen? Oder hatte ich meinen Mann wirklich so wenig gekannt?

Ich verstand das alles nicht und war total verwirrt. Mühsam erhob ich mich, steckte die Briefe wieder in den Umschlag zurück und legte ihn in meinen Koffer. Später würde ich sie vernichten, sie mussten ja nicht unbedingt in fremde Hände gelangen.

Mit einem Mal fühlte ich mich schlapp und elend und beschloss, mich noch etwas hinzulegen. Mit letzter Kraft schleppte ich mich ins Schlafzimmer und ließ mich aufs Bett fallen. Doch als mein Gesicht das weiche Kissen berührte, sah ich plötzlich alles vor mir: Silvio zusammen mit Andrea, oder Silvio zusammen mit Carla oder Carmen oder wie immer das Biest in seinem Bett heißen mochte. Mein Mann, den ich so sehr liebte, wälzte sich mit einem fremden Weib hier auf diesem Bett und . . .

Wie von der Tarantel gestochen sprang ich auf und floh aus dem Zimmer. Im Bad übergab ich mich, stöhnte und jammerte vor mich hin. Endlich wusch ich mir das Gesicht, tupfte Creme auf meine verschwollenen Augenlider, wickelte mich in meine Jacke und hockte mich mit angezogenen Beinen in einen Sessel. So wollte ich den Rest der Nacht verbringen und danach diese Wohnung nie wieder betreten.

Das Klingeln des Telefons weckte mich. Erstaunt sah ich, dass es bereits hell war. Also war ich doch eingeschlafen. Vorsichtig stand ich auf, reckte meine steifen Glieder und riss meine vom Weinen verquollenen Augen auf.

Das Telefon läutete und läutete. Sollte da vielleicht eine von Silvios Gespielinnen nicht mitbekommen haben, dass es ihn nicht mehr gab? Am besten ich ignorierte es einfach.

Aber dann hielt ich es nicht mehr aus und nahm den Hörer ab. Inspektor Rollmann war am Apparat. „Bitte kommen Sie sofort nach Hause, Frau Rizzardi“, sagte er so gepresst, als stünde jemand hinter ihm und hielte ihm die Kehle zu. „Kommen Sie in mein Büro. Möglicherweise haben wir Ihren Sohn gefunden!“

15

Seltsam, dass Kommissar Rollmann nur von Marco sprach, Chiara aber mit keiner Silbe erwähnte. Waren die Kinder nicht zusammen gewesen oder hatte der Beamte nur vergessen, sie zu erwähnen, weil die beiden so untrennbar zueinander gehörten?

Aufgeregt wählte ich noch einmal Kommissar Rollmanns Nummer, aber er meldete sich nicht. Nun gut, vielleicht hatte er die Kinder mit in seine Wohnung genommen, weil sie ja schlecht in einem Büro übernachten konnten. Und jetzt war er schlecht gelaunt, weil er sich so früh am Morgen mit fremden Kindern abgeben musste. Bei der Vorstellung des müden Kommissars mit zwei schlafenden Kindern auf den Knien musste ich lachen. Bestimmt hatte Chiara beim Aufwachen den armen Herrn Rollmann mit ihren Wünschen nach Kakao und frischen Brötchen genervt und Marco hatte darauf bestanden, dass niemand anderer ihn anziehen dürfe als nur die Mama.

Um keine Zeit zu verlieren fuhr ich sofort los und vergaß dabei den Alptraum der vergangenen Nacht. Mit einem Mal kamen mir die Ereignisse der letzten Tage wie ein Horrorfilm vor, den ich irgendwann einmal gesehen hatte, an den ich mich aber nur noch bruchstückhaft erinnerte. Gut, dass jetzt alles vorbei war. Jetzt durfte ich mit meinen Kindern ein neues Leben beginnen, denn sie waren das Wichtigste für mich, waren meine Zukunft und mein Leben.

Als ich das Polizeigebäude erreichte und keinen freien Parkplatz fand, stellte ich mein Auto einfach auf dem Bürgersteig ab. Bestimmt würde man Verständnis dafür aufbringen und wenn nicht, war ich gerne bereit, einen oder gleich mehrere Strafzettel zu bezahlen. Heute kam es mir nicht drauf an.

Beschwingt sprang ich die Stufen des Polizeigebäudes hoch, fragte nach dem Büro des Kommissars und stand kurz darauf vor seiner Tür. Ich klopfte an und riss bereits die Tür auf, bevor von drinnen eine Antwort kam.

„Guten Morgen, Herr Rollmann! Wo sind die beiden?“ Richtig atemlos war ich von dem Gerenne über Treppen und Flure. Suchend sah ich mich um, konnte aber weder Chiara noch Marco entdecken.

Der Kommissar stand schwerfällig auf, gab mir die Hand und forderte mich steif auf, Platz zu nehmen.

„Nein!“, sagte ich eigensinnig, aber noch immer vergnügt. „Nein, ich will mich nicht setzen, ich will zu meinen Kindern. Wo sind sie?“

Wurde nun nicht das Gesicht des Beamten noch ein bisschen grauer als zuvor? Und war da nicht ein bitterer Zug um seinen Mund, als er mich mit sanftem Druck zu einem Stuhl schob?

„Liebe Frau Rizzardi“, begann er zögernd und blickte dabei an mir vorbei. „Wir haben keine guten Nachrichten für Sie.“

Was sollte dieses Gerede? Warum holte der Mann nicht einfach meine Kinder und ließ uns dann gehen?

„Ich muss Ihnen leider sagen, dass wir die Leiche eines Kindes gefunden haben“, erklärte der Kommissar sachlich. „Es ist gut möglich, dass es sich dabei um Ihren kleinen Sohn handelt.“

Verständnislos starrte ich den Mann an, öffnete den Mund, um etwas zu sagen, brachte aber keinen Ton hervor. „Die Leiche eines Kindes!“ Ich hörte die Worte, konnte sie aber nicht mit meinem quicklebendigen kleinen Marco zusammenbringen. Nein, ausgeschlossen, die kleine Leiche konnte nichts mit meinem Kind zu tun haben!

„Verstehen Sie mich, Frau Rizzardi? Das Kind ist durch Fremdeinwirkung ums Leben gekommen und hat schon einige Zeit im Wald gelegen. Deshalb sind wir nicht sicher, ob es tatsächlich Ihr Sohn ist. Jedenfalls könnte die Beschreibung passen."

Noch immer war ich wie gelähmt und brachte keinen Ton hervor. Der Kommissar sah mich besorgt an, wiederholte seine Worte und fragte dann, ob er einen Arzt holen solle.

Ohne auf sein Angebot einzugehen, würgte ich mühsam hervor: „Und Chiara? Hat man sie auch . . .?" In diesem Moment war mir, als müsse mein Inneres zerbersten. Mein ganzer Körper schmerzte von den Haarwurzeln bis zu den Zehenspitzen, ja selbst die Zähne taten mir weh.

„Es tut mir Leid", sagte der Kommissar und hielt mir ein Glas Wasser hin. „Von Ihrer Tochter haben wir bisher keine Spur. Aber es ist ja nicht sicher, dass es sich wirklich um Ihren Sohn handelt. Wir brauchen jetzt Ihre Hilfe, um das herauszufinden."

Was für ein Hoffnungsschimmer.

„Und worauf warten wir dann noch?", presste ich mühsam hervor.

Wieder sah mich der Kommissar mit diesem seltsamen Blick an. „Das Kind ist schon . . . nun, ich will sagen, es ist kein schöner Anblick, weil es schon einige Zeit tot im Wald gelegen hat. Sie könnten natürlich auch anhand der Kleidungsstücke eine Identifizierung vornehmen, oder fühlen Sie sich stark genug, den Leichnam . . . Sollen wir nicht doch besser einen Arzt dazuholen?"

In meinen Ohren gellten Geräusche, die alle anderen Töne um mich herum überlagerten. Nur wie aus weiter Ferne drangen die Worte des Kommissars zu mir durch, bis ich begriff, dass ich selbst es war, die diese Laute von sich gab. Mein Körper bewegte sich wie in Trance vor und zurück und mein Mund öffnete und schloss sich, ohne jedoch richtige Worte zu bilden. Begann ich nun meinen Verstand zu verlieren?

Wie betäubt nahm ich das Glas Wasser, das der Kommissar vor mir auf den Schreibtisch gestellt hatte, trank es in einem Zug leer und atmete mehrmals tief durch. „Ich will das Kind sehen!", hörte ich mich mit fremder Stimme krächzen und folgte dem Kommissar wie ein Nachtwandler, der nicht weiß, was er tut. Und Minuten später stand ich in einem penetrant riechenden Raum vor einem kleinen Metallbehälter, den ein Mann in einem weißen Kittel gebracht hatte.

„Ich hätte Ihnen das wirklich gerne erspart“, meinte Kommissar Rollmann ungewöhnlich mitfühlend und sah mich prüfend an. „Sind Sie bereit?“

Ich wusste, dass ich mir jetzt keinerlei Gefühle erlauben durfte, weil ich sonst wirklich meinen Verstand verlieren würde. Das hier konnte ich nur ertragen, wenn ich meinen augenblicklichen Zustand der Unwirklichkeit und Gefühllosigkeit aufrecht hielt.

Dennoch prallte ich entsetzt zurück, als ich das tote Kind zu Gesicht bekam. Der Anblick des kleinen, schon in Verwesung übergegangenen Körpers schockte mich so sehr, dass ich ein lautes „Oh, mein Gott!“ ausstieß und schnell meine Hände vors Gesicht schlug. Dieses Grauen erregende Häufchen Elend war einmal ein lebendiges Menschlein gewesen. Wer um Himmels willen brachte es fertig, ein so verheißungsvolles junges Leben einfach auszulöschen?

Vorsichtig lockerte ich meine Finger und sah noch einmal auf das Kind. Wieder erschütterte mich der Anblick, aber gleichzeitig ergriff mich auch ein Gefühl unendlicher Erleichterung.

Nein, dieses Kind war nicht mein Kind! Dieses Kind war nicht Marco!

„Nein“, flüsterte ich dem Kommissar zu. „Nein, das ist nicht mein Sohn.“ Dabei weinte ich unaufhörlich, weinte um den armen kleinen Jungen, der jetzt nur noch ein Häufchen verwesenden Fleisches war, weinte um seine Mutter, die vielleicht morgen hier stehen würde und dasselbe durchmachen musste wie ich. Ich drehte mich um und lief davon.

„Warum heult die denn so, wenn es gar nicht ihres ist?“, hörte ich den Weißkittel hinter mir fragen.

Entrüstet blieb ich stehen. „Das da, das war einmal ein Kind, ein lebendiges, fröhliches Kind. Und das Kind hatte eine Mutter, die jetzt vielleicht . . .“

Ich konnte nicht weitersprechen und brach in lautes Schluchzen aus. Kommissar Rollmann fasste meinen Arm und führte mich nach draußen. Im Flur setzten wir uns nebeneinander auf eine Bank.

„Bitte, entschuldigen Sie“, flüsterte ich, als ich mich etwas beruhigt hatte. „Es ist furchtbar. Aber natürlich bin ich auch froh, dass es nicht Marco ist."

Ich fühlte mich gleichzeitig erleichtert und verängstigt. Jetzt hatte ich zwar wieder Hoffnung, meine Kinder lebendig zu finden, aber würde ich nicht von nun an ständig das grausame Bild des kleinen Jungen vor mir haben? Könnte ich es überhaupt ertragen, wenn man mir eines Tages meine eigenen Kinder in diesem Zustand zeigen würde?

„Das sind die Augenblicke, in denen ich meinen Beruf am liebsten an den Nagel hängen würde", sagte der Kommissar leise und wirkte mit einem Mal uralt.

Wir gingen in sein Büro zurück und tranken an seinem Schreibtisch eine Tasse Kaffee. Ich war nun ruhig genug, um mit Kommissar Rollmann zu sprechen.

„Wer kann denn einem Kind nur so etwas Schreckliches antun?", fragte ich ratlos.

Der Kommissar hob die Schultern. „Nun ja, da kommt jeder in Frage: Nachbarn, Freunde, Bekannte, ja sogar die nächsten Angehörigen. Wissen Sie, je länger ich in diesem Beruf arbeite, umso mehr erkenne ich, wozu wir Menschen fähig sind. In jedem von uns lauert etwas, von dem wir manchmal gar nicht wissen, dass es da ist, das aber jederzeit zum Ausbruch kommen kann. Wenn in unserem armseligen Menschenleben nur genügend zusammenkommt an Problemen, Enttäuschungen, an Wut und Demütigungen, dann sind wir alle zu einer solchen Tat fähig, auch Sie und ich. Vielleicht wurde dieser kleine Junge sogar von jemandem getötet, der ihm sehr nahe stand."

„Von seinem Vater vielleicht?", fragte ich erschrocken.

„Möglich", erwiderte der Kommissar. „Vielleicht auch von seiner Mutter oder von beiden zusammen. Manchmal sind die Täter selber Opfer, wenn auch auf eine andere Weise. Aber ich bin ja nur dazu da, die Dinge aufzuklären, um die Gerechtigkeit müssen sich schon andere kümmern."

Er stand auf, um sich zu verabschieden. „Leider sind wir in Ihrem Fall nicht weitergekommen", meinte er. „Oder haben Sie etwas über die Motive Ihres Mannes herausgefunden?"

Ich wollte schon ablehnend den Kopf schütteln, überlegte es mir dann aber anders und erzählte von den Briefen, die ich in Silvios Wohnung gefunden hatte.

„Ehebruch ist zwar kein Grund, sich umzubringen", murmelte der Kommissar gedankenverloren, „aber solche Verhältnisse sind schon so manchem über den Kopf gewachsen. Wenn wir wüssten, mit wem Ihr Mann zusammen war, könnten wir vielleicht . . ."

„Nein, das würde zu viel Zeit kosten", fiel ich ihm ins Wort. „Ich werde nach Italien fahren und meine Kinder suchen."

„In dieser Richtung haben wir natürlich auch Nachforschungen angestellt", erklärte Kommissar Rollmann, ohne auf meinen Plan einzugehen. „Wenn Ihr Mann wirklich vorhatte, mit Ihren Kindern unterzutauchen, hätte er dann nicht wenigstens einen Teil seines Eigentums in Sicherheit gebracht, vielleicht seine Wohnung verkauft?"

„Aber warum sollte er seine Wohnung verkaufen und dann Selbstmord begehen?", hielt ich dagegen.

„Eben! Warum sollte Ihr Mann seine Kinder in Sicherheit bringen und dann Selbstmord begehen?", fragte der Kommissar weiter. „Ich sage es nicht gerne, Frau Rizzardi, aber ich vermute, dass Ihr Mann unter dem Einfluss von Drogen seine Kinder getötet hat und erst später – als er die Tragweite seiner Tat erkannte – sich selbst."

„Nein, das glaube ich nicht! Silvio war ein Betrüger und Ehebrecher aber kein Mörder. Er liebte seine Kinder und was immer er getan haben mag, das sicher nicht", beharrte ich.

„Und wenn Ihr Mann krank war? Wenn er für seine Handlungen gar nicht verantwortlich war?"

„Trotzdem!" Ich blieb störrisch, obwohl ich mir gar nicht mehr so sicher war. „Solange man meine Kinder nicht gefunden hat, will ich daran glauben, dass sie leben! Ich werde nach Italien fahren und sie suchen und niemand wird mich davon abhalten."

Der Kommissar sah mich aufmerksam an. „Als Polizeibeamter muss ich Ihnen davon abraten, denn es kommt immer wieder vor, dass Kinder von einem Elternteil ins Ausland entführt werden, ohne dass wir eine Möglichkeit des Eingreifens haben", meinte er ernst. „Aber als Vater sage ich Ihnen, fahren Sie, fahren Sie nach Italien und suchen Sie Ihre Kinder. Vielleicht erreichen Sie etwas, vielleicht auch nicht. Jedenfalls wird es Ihnen gut tun, es wenigstens versucht zu haben. Ich wünsche Ihnen alles Glück der Welt!"

Wir reichten uns die Hände und verabschiedeten uns wie zwei gute Bekannte.

16

Bedrückt verließ ich das Büro und schlich durch die Straßen. Waren wir Menschen wirklich so, wie der Kommissar es behauptete? War auch ich fähig, jemanden zu töten, „wenn nur genügend zusammenkam", wie der Kommissar es ausgedrückt hatte? Wie gut kannte ich mich selbst und wie gut kannte ich meine Mitmenschen? Was wusste ich schon von Silvio, von seinem Leben, von seinen Gedanken und Wünschen? Welche Nöte hatten ihn zum Selbstmord getrieben? Und wenn er fähig war, sein eigenes Leben so achtlos wegzuwerfen, war er dann nicht auch fähig, seine Kinder gleich mitzunehmen?

Ich versuchte meinen Gedanken zu entkommen, aber es gelang mir nicht. Im Gegenteil! Eine immer tiefer werdende Verzweiflung breitete sich in mir aus. Ich fühlte mich deprimiert und hilflos; ich hatte Angst vor meiner Reise ins Unbekannte und sehnte sie gleichzeitig herbei. Was mochte mich in Italien erwarten? Würde ich etwas über Chiara und Marco erfahren oder lief ich nur einem Hirngespinst hinterher?

Als ich in einiger Entfernung eine Kirche entdeckte, steuerte ich zögernd auf sie zu. Wie schlecht musste es mir gehen, wenn ich freiwillig an einem solchen Ort Hilfe suchte! Ich legte meine Hand auf den eisernen Griff der schweren Holztür und blieb misstrauisch stehen. Würde ich nicht meine Freiheit und Selbständigkeit einbüßen, wenn ich mich dem Einfluss eines Gottes aussetzte, der für sich in Anspruch nahm, das Schicksal aller Menschen zu lenken? Sollte ich in Zukunft einen Unsichtbaren für mich planen und entscheiden lassen und meinen Willen jemandem unterordnen, von dem ich nicht einmal wusste, ob er es gut mit mir meinte? War ich dann nicht nur noch eine Marionette, deren Fäden von eiserner Hand gezogen wurden, ohne dass sie sich dagegen wehren konnte? Andererseits, wenn ich bedachte, wie frei und harmonisch Wolfgang unter der Herrschaft dieses Gottes lebte, musste ich mich fragen, wer von uns beiden mehr Freiheit besaß.

Also nahm ich all meinen Mut zusammen und ging langsam durch das stille Gebäude. Staunend sah ich mich um, denn alles war so ganz anders, als ich es erwartet hatte. Statt des mystisch-muffigen Halbdunkels war der hohe Raum mit seinem ornamentverzierten Deckengewölbe lichtdurchflutet und wirkte mit seinen bunten Glasfenstern, dem hellen Steinfußboden und den glänzenden Holzbänken richtig einladend. An den Seitenwänden entdeckte ich Malereien und Bilder von Heiligenfiguren, die milde lächelnd auf mich herabsahen.

Obwohl ich die einzige Besucherin war, ging ich auf Zehenspitzen durch die Kirche und blieb vor dem blumengeschmückten Altar aus hellem Marmor stehen, auf dem ein kleines rotes Licht in einem goldgefassten Gefäß still vor sich hin brannte. Neben dem Altar stand auf einem Sockel eine fast lebensgroße Statue einer jungen Frau in einem hellblauen, golddurchwirkten Mantel. Die Frau trug ein pausbäckiges Kind auf dem Arm und lächelte es zärtlich, aber auch ein wenig melancholisch an.

„*Wie mein kleiner Marco*“, dachte ich beim Anblick des kleinen Lockenkopfes und setzte mich in die vorderste Reihe, um die Figur in Ruhe betrachten zu können. Der Ausdruck innigster Liebe zwischen der Frau und ihrem Kind faszinierte mich und rührte etwas in mir an, von dem ich nicht genau wusste, was es war. Aber dann tauchte ein anderes Bild in meiner Erinnerung auf: Eine Frau betrachtet mit schmerzerfülltem Gesicht ihren Sohn, den man leblos und zerschunden in ihren Schoß gebettet hat. Ja richtig, die junge Frau erinnerte mich an die Pietà von Michelangelo aus dem Petersdom in Rom. Scheinbar waren es die gleichen Frauen und die gleichen Kinder, es waren Maria und ihr Sohn Jesus. Ob die junge Mutter von damals schon ahnte, welche Schmerzen ihr einmal der Anblick des von tödlichen Wunden übersäten Körpers ihres Sohnes bereiten würde? Und überhaupt, die grausame Geschichte mit der Kreuzigung, wer konnte sie verstehen? Ich jedenfalls nicht und diese junge Mutter bestimmt auch nicht.

Nachdenklich betrachtete ich das Kreuz über dem Altar, an dem ein sterbender Mann hing. Auf seinen zur Seite geneigten Kopf war ein hässlicher Kranz aus einem Dornengeflecht gedrückt, der tiefe Wunden in sein Fleisch gerissen hatte. Sein Mund war verzerrt und wie zu einem letzten Schrei halb geöffnet und die Augen bereits im Tode gebrochen.

Eigentlich ein Schreckenssymbol, dieses Kreuz. Aber seltsam, je länger ich es anblickte, umso mehr verlor es seine grauenhafte Bedeutung. Ja, plötzlich war mir, als würde mir der Sterbende ein tröstliches „Komm, Sabrina!“ zuflüstern und mir seine ausgebreiteten Arme entgegenstrecken.

Verwirrt wandte ich den Blick ab. Was ich in meiner Verzweiflung nicht alles zu sehen glaubte! Bestimmt spielten mir meine Nerven schon wieder einen Streich. Dennoch blieb ich sitzen und starrte weiter auf das Kreuz. Und ganz plötzlich entschloss ich mich, meine Sache dem Kreuzesmann anzuvertrauen, wie auch seine Anhänger es taten. Schließlich hatte ich nichts zu verlieren aber alles zu gewinnen.

Gedacht, getan. Eifrig flüsterte ich in die Stille hinein, erklärte dem Kreuzesmann, dass meine Kinder verschwunden seien und ich sie unbedingt wiederhaben wollte.

„Bitte hilf mir, sie zu finden“, bat ich eindringlich. „Weißt du, ich habe sonst niemanden, an den ich mich wenden kann, und ich fühle mich zurzeit verdammt allein!“

Sofort fiel mir ein, dass dieses Wort hier sicher fehl am Platz war, und entschuldigte mich dafür. Dann flüsterte ich weiter: „Ich gehöre zwar nicht zu deinen Leuten, aber du musst es auch nicht umsonst tun. Vielleicht können wir miteinander ins Geschäft kommen. Also, wenn du mir hilfst, meine Kinder gesund wiederzubekommen, dann ... ja, was kann ich dir als Gegenleistung bieten? Ich habe nicht viel, unser Häuschen ist nur gemietet, aber die Einrichtung ist noch ganz ordentlich. Ach ja, ich könnte mein Auto verkaufen, wenn es auch schon ein paar Jahre auf dem Buckel hat.“ Ich hielt inne. Irgendwie fühlte ich, dass das alles nicht das Richtige war, wollte aber auch nicht zu viel versprechen. Doch dann nahm ich meinen ganzen Mut zusammen. „Wenn du willst, werde ich regelmäßig herkommen und dir Blumen oder Kerzen bringen. Ja, ich bin sogar bereit, auf meine Freiheit zu verzichten und alles zu tun, was du willst! Ist das okay, Kreuzesmann?“

Mein Flüstern kam wie ein Echo von den verzierten Deckengewölben zurück. Ich lauschte fasziniert, konnte aber keine eindeutige Antwort hören. Dennoch war mir, als ob mich der Kreuzesmann eine Sekunde lang freundlich angeschaut hätte. Und auch die schöne junge Frau mit dem Kind auf dem Arm lächelte mir aufmunternd zu. Bestimmt konnte sie meine Ängste besonders gut verstehen.

„Danke vielmals“, sagte ich zu ihr und lächelte zurück.

Neben dem Altar öffnete sich eine Tür und ein weißhaariger alter Mann kam mit langsamen Schritten heraus. Vor dem Kreuz blieb er stehen, machte eine tiefe Verbeugung und schlurfte dann weiter durch die Kirche. Als er an mir vorbeikam, nickte er mir freundlich zu, sah mich aufmerksam an und setzte sich dann einfach neben mich.

„Haben Sie Kummer, meine Tochter?", fragte er mitfühlend.

Ich wollte den Alten gerade darüber aufklären, dass ich meinen Vater zwar schon seit vielen Jahren nicht mehr gesehen hatte, aber durchaus noch in der Lage sei, ihn wieder zu erkennen. Aber als ich in das alte, von tausend Falten durchzogene Gesicht sah und in die gütigsten Augen blickte, die ich jemals gesehen hatte, verging mir augenblicklich der Spott. Denn ich merkte, dass ich hier einen ganz besonderen Menschen vor mir hatte, einen zutiefst ehrlichen und von übermenschlicher Liebe erfüllten Menschen.

„Ja!", gab ich einfach zu und hätte fast die Anrede „lieber Vater" hinzugefügt. Aber das traute ich mich dann doch nicht.

„Sie sind auf der Suche, nicht wahr?", fragte der alte Pfarrer weiter, und es wunderte mich schon gar nicht mehr, dass er auch das wusste. Als ich wortlos nickte, fuhr er fort: „Das ist gut, sehr gut sogar! Denn Gott lässt die Suchenden niemals im Stich!"

Er wies mit der Hand auf den Mann am Kreuz. „Er, Jesus Christus, wird Ihnen bei Ihrer Suche helfen, denn er selbst hat gesagt, wer suchet, der findet und wer anklopft, dem wird aufgetan."

Mir kam der Verdacht, dass wir beide von ganz unterschiedlichen Dingen sprachen. Aber ich sagte nichts, sondern sah den alten Mann nur erwartungsvoll an.

„Verlassen Sie sich nicht auf Wagen und Rosse, sondern auf Gott, den Allmächtigen!", fuhr der Alte geheimnisvoll fort.

Was meinte er denn damit? Ich fuhr zwar einen Kleinwagen, aber dass man die Motorstärke früher in Rossen berechnet hatte, war mir nicht bekannt. Ob ich ihn darüber aufklären sollte, dass man das heute PS nannte?

Aber noch bevor ich den Mund auftun konnte, sprach der alte Pfarrer schon weiter: „Die Sehnsucht nach Trost und Geborgenheit wird nur in der persönlichen Begegnung mit Gott gestillt. Mit ihm können Sie reden, denn er kennt Ihre Situation genau. Und er wird Ihnen helfen, wenn Sie ihm vertrauen!"

„Das versuche ich ja gerade", gab ich kläglich zurück. Und dann – ich wusste selbst nicht recht, wie mir geschah – erzählte ich dem fremden Alten die ganze schreckliche Geschichte von Silvios Tod und dem Verschwinden meiner Kinder.

„Was soll ich jetzt bloß tun? Ich weiß ja gar nicht, ob meine Kinder noch leben", fragte ich kläglich.

Der Alte sah mir fest in die Augen. „Tun Sie es, suchen Sie Ihre Kinder! Gott wird mit Ihnen sein", sagte er ruhig.

Verwirrt schwieg ich. Eigentlich hatte ich damit gerechnet, dass mir mein Gesprächspartner eine lange Predigt über den unerforschlichen Willen Gottes halten und mir raten würde, mich demütig in mein furchtbares Schicksal zu fügen. Aber nein, er riet mir, die Dinge selbst in die Hand zu nehmen! Passte das denn in das Konzept seines Gottes?

„Wirklich?", fragte ich unsicher. „Wieso sollte Gott mit mir sein, wo er mich doch gar nicht kennt?"

„Niemand kennt Sie so gut wie unser Gott!" Ein zartes Lächeln huschte über das faltige Gesicht des Alten, die schmalen, fast farblosen Lippen zitterten ein wenig, aber in den rot geränderten Augen strahlte plötzlich ein so helles Licht auf, dass ich nur staunen konnte. „Machen Sie sich auf und Sie werden finden, was Sie suchen!", wiederholte er.

„Glauben Sie, dass ich Glück habe und meine Kinder wieder finden werde?", fragte ich töricht.

„Glück?", meinte der Alte. „Ach, mein liebes Kind, suchen Sie nicht das Glück! Suchen Sie den, in dem das Glück verborgen liegt."

Verständnislos fragte ich: „Und wer ist das? In wem liegt das Glück verborgen?"

„Er, unser Herr Jesus Christus", sagte der alte Mann und wies auf den Kreuzesmann.

„Ein Toter?" Ich war enttäuscht. Wie konnte man einen zum Tode Verurteilten als Glück bezeichnen? War der Mann am Kreuz nicht eher ein Verlierer?

Als hätte mein Gesprächspartner meine Gedanken erraten, fuhr er fort: „Christus hat aus Liebe den Kreuzestod auf sich genommen, um das Lösegeld für uns Gefangene zu bezahlen. Aber er musste nicht sterben, weil er ein Verlierer war, sondern weil er uns Verlorene zu

Gewinnern machen will. Und wer sich dem Sohn Gottes anvertraut, ist in jedem Fall ein Gewinner."

„Und was kann ich dabei gewinnen?", fragte ich und fügte in Gedanken hinzu: „Außer dem Verlust meiner Freiheit und jeglicher Freude und Lebensqualität."

„Sie werden das Leben gewinnen, das wahre, freie Leben. Weil Christus den Tod überwunden hat und lebt, will er, dass auch Sie und Ihre Kinder mit ihm leben, denn er liebt Sie über alles!"

Mich lieben? Na, ich weiß nicht! Knüpft Gott nicht vielmehr bestimmte Bedingungen an seine Liebe? Verlangt er nicht Gegenleistung und Unterwerfung und beurteilt alles mit seiner strengen, unbeeinflussbaren Gerechtigkeit? Ist Gott nicht ein kühler, distanzierter Beobachter, bei dem man sich nicht den kleinsten Schnitzer erlauben darf, ohne strengstens bestraft zu werden?

Hatte ich meine Gedanken laut ausgesprochen? Ich wusste es nicht genau. Jedenfalls antwortete der alte Pfarrer: „Gott liebt nicht in so engen Grenzen, wie wir Menschen es tun. Nein, Gott ist die Liebe selbst, sie gehört zu ihm, zu seinem Wesen. Er liebt Sie, ohne dass Sie etwas dafür leisten müssen, liebt sie, wenn Sie verzweifelt und zornig sind und nicht weiterwissen. Ja, er hat Sie schon geliebt, lange bevor Sie sich auf den Weg zu ihm gemacht haben."

Er fasste in seine Tasche und reichte mir ein kleines Buch. „Das hier, das ist die Hoffnung der Welt. Lesen Sie darin, denn es ist Gottes Wort, das er uns zur Orientierung gegeben hat! Vielleicht wird es einige Zeit dauern, bis es zu Ihrem Herzen vordringen und Ihr Denken und Fühlen beeinflussen kann. Aber geben Sie nicht auf, sondern machen Sie sich auf den Weg, dann wird Gott Ihnen begegnen!"

Er erklärte nicht weiter, welchen Weg er meinte, nickte mir nur noch einmal zu und schlurfte davon.

Ich blieb noch einige Zeit sitzen und dachte über die seltsame Begegnung nach. Neugierig blätterte ich in dem Büchlein herum und las Worte, die geheimnisvoll und verwirrend waren. Ich begriff nicht, um was es ging und wollte das Buch schon enttäuscht weglegen, als mir ein Satz ins Auge fiel, der irgendwie zu meiner Situation zu passen schien. „Gott will, dass allen Menschen geholfen wird und sie zur Erkenntnis der Wahrheit kommen!"

Nun gut, wenn Gott wirklich alle Menschen meinte, auch mich

und meine Kinder, dann war er vielleicht wirklich bereit, mir zu helfen. Aber von welcher Wahrheit war hier wohl die Rede?

Fragend sah ich wieder auf den Kreuzesmann. Und von einer Sekunde zur anderen entschloss ich mich, es zu wagen, mich ihm anzuvertrauen und mich mit ihm gemeinsam auf den Weg zu machen. Und was immer an schlimmen Wahrheiten auf mich zukommen würde, wollte ich ihm in die Hände legen. Vielleicht würde ich dann von ihm die Kraft bekommen, damit fertig zu werden.

17

Als ich die Kirche verließ, wurde ich so sehr vom Licht geblendet, dass ich einen Moment lang die Augen schließen musste. Ungläubig blinzelte ich in die helle Sonne und sah mich erstaunt um. Scheinbar hatten mich die schlimmen Ereignisse so stark gefesselt und eine so tiefe Dunkelheit in mir hervorgerufen, dass ich gar nicht mitbekommen hatte, was draußen passierte. Und jetzt war es wie ein Erwachen nach einer langen dunklen Nacht. Erstaunt bemerkte ich, dass es Frühling war. Die Luft war seidenweich und roch würzig und frisch. Die Sonne strahlte von einem mattblauen Himmel herab und schien so warm auf meine Haut, als versuchte sie bis in den äußersten Winkel meines erfrorenen Innern vorzudringen.

Ich hielt mein Gesicht der Sonne entgegen und genoss für ein paar Augenblicke ihre wärmenden Strahlen. Seltsam, mit einem Mal fühlte ich mich richtig wohl und war voller Kraft und Tatendrang. Meine eben noch depressive Stimmung war verschwunden und machte einer ruhigen Zuversicht Platz.

In Italien könnte es jetzt schon richtig warm sein, dachte ich und überlegte, was ich mit auf die Reise nehmen sollte. Interessiert sah ich mir die Auslagen der Geschäfte an, in denen die bunte und pastellfarbene Frühjahrsgarderobe angeboten wurde. Ob ich vielleicht mal ...

Zögernd betrat ich ein Geschäft, sah mich erst vorsichtig um und wurde dann immer mutiger. Ich probierte ein paar Stücke an und genoss es, mich ganz allein auf meinen eigenen Geschmack verlassen zu dürfen. Schließlich erstand ich ein Sommerkleid mit einem kleinen runden Ausschnitt und dazu passende bequeme Leinenschuhe.

„Sehr schön", meinte die Frau in der Umkleidekabine neben mir. „Wie für Sie gemacht. Bei Ihrer Figur wirkt so ein Kleid erst richtig!"

Von ihrem Kompliment beflügelt kaufte ich gleich noch ein sportliches sandfarbenes Leinenkleid mit breitem, die Taille betonendem Gürtel und dunkelgrünen Paspelierungen an Ärmeln und Taschen.

„Hübsch, wirklich sehr hübsch", bemerkte auch ein älterer Mann wohlwollend, der wartend auf einem Hocker vor einer Kabine saß und mich vergnügt anlächelte.

„Danke!" Ich lächelte zurück und spürte bis tief in meine Seele hinein, wie gut es mir tat, einfach mal wieder froh und unbeschwert zu sein, wenn auch nur für kurze Zeit. Ich staunte, wie freundlich und gut gelaunt die Leute heute waren. Lag das an dem schönen Wetter oder hatte ich mich verändert?

Ich stellte mich vor den großen Spiegel und betrachtete mich aufmerksam. Nein, die Frau mit den langen honigblonden Haaren sah äußerlich so aus wie immer, war vielleicht ein bisschen blasser und dünner als sonst, was nach all ihrem Kummer ja auch kein Wunder war. Aber halt! Gab es da nicht einen Ausdruck in ihren Augen, der Ernsthaftigkeit aber auch Zuversicht ausdrückte? Und war da nicht ein neuer Zug um ihren Mund, der von ehrlichen, aber auch leidvollen Erfahrungen sprach?

Mit einem Mal spürte ich ganz deutlich, dass es die Sabrina von einst nicht mehr gab, dass sie sich veränderte, langsam aber stetig. Sie war nicht mehr die gleiche Frau wie noch vor wenigen Wochen, denn sie war durch eine dunkle Tiefe gegangen, die sie reifer und ernster aber auch weniger oberflächlich sein ließ. Vielleicht musste sie noch viel Schweres erleben, vielleicht noch manch bittere Stunde durchleiden, aber sie konnte lernen, in der richtigen Weise damit umzugehen. Ihr Leben würde weitergehen, so oder so, und wenn es noch so schwer war, sie würde nicht aufgeben. Denn sie hatte alle Möglichkeiten sich weiterzuentwickeln, zu lernen und gute oder auch weniger gute Dinge zu tun. Sie durfte Fehler machen und deren Bedeutung erkennen und letztendlich aus allem ihre Konsequenzen ziehen. Bestimmt war sie noch lange nicht am Ende ihres Weges und ahnte heute nicht einmal, was noch alles auf sie zukommen konnte. Aber irgendwann würde sie die Werte ihres Lebens richtig einschätzen und neu ordnen können und es mit Sinn und Inhalt füllen. Was für eine Chance!

Plötzlich fühlte ich mich richtig wohl in mir selbst und war gewiss, dass ich meinen Platz in dieser Welt finden würde. Zwar war mir, als reiste ich ohne Straßenkarte durch ein fremdes Gebiet, aber ich war dennoch bereit, mich auf das Abenteuer einzulassen. Doch gleichzeitig hoffte ich, dass mir viele Wegweiser die richtige Richtung zeigen würden.

Plötzlich fühlte ich das Bedürfnis, meine Veränderung auch äußerlich sichtbar zu machen. Nein, ich wollte nie mehr den Erwartungen anderer entsprechen, wollte nie mehr Kopie sondern nur noch Original sein. Und dazu gehörte auch mein Aussehen.

Kurzentschlossen steuerte ich den nächsten Friseursalon an, zeigte auf meine langen Haare und verlangte: „Abschneiden, alles abschneiden!"

Die junge Frau am Empfang reagierte nicht auf meinen Wunsch, sondern fragte nach meiner Terminvereinbarung.

„Ich brauche keinen Termin", erwiderte ich eigensinnig und blickte mich in dem fast leeren Raum um. „Ich will meine Haare abschneiden lassen, jetzt und hier!"

„Sie meinen sicher die Spitzen schneiden, nicht wahr?", fragte die junge Dame mit hochgezogenen Brauen.

„Nein, richtig abschneiden, so kurz!" Mit Daumen und Zeigefinger zeigte ich eine Länge von etwa drei Zentimetern.

Wichtigtuerisch blätterte die junge Frau in einem Terminkalender, besprach sich dann mit dem Chef des Hauses und gestattete mir endlich, ihre Dienste in Anspruch zu nehmen. Ich wurde an einen leeren Platz in die hinterste Ecke des Salons bugsiert und erst einmal mit Kaffee versorgt. Kurz darauf eilte der Chef selbst herbei und zeigte mir haufenweise Photos phantasiereicher Frisuren, die mir aber alle nicht zusagten. Daraufhin machte er weitere Vorschläge, legte mein Haar mal rechts, mal links um meinen Kopf oder türmte es zu einem Berg auf. Sein Gesicht bekam immer stärkere Kummerfalten, je häufiger ich ablehnte und stur verlangte: „Abschneiden, alles abschneiden!“ Endlich ergab sich der Haarkünstler seufzend in sein schweres Schicksal und einigte sich mit mir auf eine mittlere Kurzhaarfrisur, bei der das Haar einfach locker durchgebürstet wurde und weich um den Kopf fiel.

Nach mehr als zwei Stunden betrachtete der Maestro begeistert sein Werk. „Exzellent, Madame!“, rief er aus. „Wirklich exzellent!“ Dabei sprach er das Wort so aus, dass es sich nach einer französischen Käsesorte anhörte.

Als ich mich später zu Hause im Spiegel betrachtete, kam ich mir doch reichlich fremd vor. Aber ich musste zugeben, dass mich die neue Frisur wirklich gut kleidete und sie außerdem ungemein praktisch war. Hätte Silvio mich jetzt so gesehen, dann hätte er bestimmt ... Schnell wischte ich den Gedanken beiseite. Silvio war tot und ich wollte mich nicht von einem Toten oder seinem Schatten beeinflussen lassen.

Später fuhr ich noch bei Wolfgang vorbei, um ihm meinen Hausschlüssel zu geben und ihn zu bitten, sich bis zu meiner Rückkehr um alles zu kümmern. Wahrscheinlich würde er mir auch gleich noch haufenweise Ermahnungen mit auf den Weg geben, die ich mir heute ausnahmsweise geduldig anhören würde.

Als Wolfgang mir die Tür öffnete, staunte er nicht schlecht. „Wie du aussiehst“, sagte er und hob die Hand, als wolle er prüfen, ob ich es wirklich sei. Dann ließ er sie schnell wieder sinken und murmelte: „Prima, Sabrina! Ich wusste gar nicht, dass dich kurzes Haar noch hübscher macht.“ Er räusperte sich verlegen und auch ich war plötzlich richtig befangen.

Während unseres Gesprächs sah Wolfgang mich immer wieder prüfend von der Seite an. „Du bist heute ganz anders als sonst“, sagte er endlich so vorsichtig, als erwarte er im nächsten Augenblick prasselnde Ohrfeigen oder wenigstens einen mittelschweren Tobsuchtsanfall von mir. „Ich meine, du bist so ... so gelassen, ja richtig geduldig. Das kenne ich gar nicht an dir!“

„Armer Wolfgang!“ Trotz meines Elends musste ich lachen. „Du hast mit mir aber auch wirklich schon allerhand durchgemacht, nicht wahr? Aber es stimmt, ich war immer viel zu ungeduldig und es wird höchste Zeit, dass ich meine Lektion lerne und etwas für mich tue.“

Wolfgang war verblüfft. Aber mit einem Mal begann er zu strahlen. „Ich glaube, du bist auf dem richtigen Weg, Sabrina“, meinte er.

„Was ihr nur heute alle mit dem richtigen Weg habt“, wunderte ich mich. „Das hat der alte Pfarrer auch gesagt.“ Ich erzählte von meiner Begegnung mit dem alten Mann, der mir geraten hatte, mich auf die Suche nach den Kindern zu machen.

Ich schwieg nachdenklich und begann dann von neuem über die Begegnung in der Kirche zu reden. „Der Alte hat etwas Seltsames über das Glück gesagt. Ich verstehe es nicht, aber wenn Gott es wirklich gut mit uns meint, warum gibt er dann nicht jedem so viel Glück wie er will? Wäre es denn nicht schön, immer glücklich zu sein?“

„Nein“, meinte Wolfgang lapidar, „das wäre ja nicht zu ertragen.“

„Typisch Wolfgang!“, ärgerte ich mich. „Wie kannst du nur so etwas sagen? Aber klar, in deinem Leben war immer alles so geradlinig und vernünftig. Du hast niemals . . .“

Aber Wolfgang ließ sich nicht beirren: „Wenn uns niemals im Leben Leid oder Schmerz zugefügt würde, wenn das Glück jede Minute auf unserer Seite wäre, könnte es dann immer noch so kostbar sein? Nein, Sabrina, wirklich kostbar sind nur die kurzen Augenblicke, die wunderschönen Momente, die einmal da sind und wieder vergehen und die du nicht festhalten kannst, an die du dich aber immer gerne erinnerst. Sieh mal, gerade das Glück ist eine Sache, über die oft so oberflächlich geredet wird. Häufig wünschen wir uns gedankenlos gegenseitig Glück und meinen damit nur ein oberflächliches, nichtssagendes Leben, ohne wirkliche Tiefe. Aber Glück kann viel mehr sein als nur die Abwesenheit von Unglück und Schmerz, es kann mehr sein als das Gefühl, mit sich und der Welt zufrieden zu sein.“

So kannte ich meinen Freund ja gar nicht. Gespannt sah ich Wolfgang an und wartete darauf, dass er weitersprach.

„Glück kann auch bedeuten, traurige Zeiten zu durchleben und diese zu bejahen. Es kann bedeuten, die Grenzen des eigenen Ichs zu erkennen und zu akzeptieren. Und es kann bedeuten, Menschen zu begegnen, die nicht nur schöne leere Dinge sagen oder dich in einer Flut von Worten ertränken, sondern auch mit dir schweigen und leiden und – wenn nötig – dich sogar korrigieren.“

Um meine Verlegenheit zu verbergen, wurde ich mal wieder ironisch. „Aber, Herr Direktor, ich staune. Lernt man solche Dinge in deiner Bank?“, fragte ich spöttisch.

Wolfgang ging auf meinen Ton nicht ein. „Das hat das Leben mich gelehrt“, erwiderte er ernst. „Auch in meinem Leben war nicht immer alles leicht, auch ich musste lernen, mit Leid umzugehen und die kurzen Augenblicke des Glücks festzuhalten, sie gleichermaßen für die schweren Zeiten zu konservieren. Meinst du, dass nicht auch ich einsam gewesen bin und mich verletzt und unverstanden gefühlt habe? Aber ich habe mich nicht in meinen Schmollwinkel zurückgezogen und meine Wunden geleckt, sondern versucht sie heilen zu lassen. Und dann gab es immer wieder Momente in meinem Leben, die mich glücklich sein ließen und mir zeigten, dass ich auf dem richtigen Weg war.“

„Du kannst dich doch nun wirklich nicht beschweren, du hast doch immer so ein einfaches Leben gehabt“, meinte ich und spürte sofort, wie oberflächlich meine Vermutung war. Wolfgang hatte zwar nie viel von sich erzählt, aber vielleicht gab es auch in seinem Leben Enttäuschungen, von denen ich nichts wusste. Doch nun war mein Interesse erwacht. „Hast du eigentlich nie daran gedacht, zu heiraten und eine Familie zu gründen?“, fragte ich neugierig.

„Oh doch, das habe ich“, erwiderte Wolfgang ernst.

„Und?“, fragte ich gespannt und wartete darauf, dass Wolfgang mir gestand, dass ich die einzige Liebe seines Lebens gewesen sei und er nur meinetwegen auf eine andere Beziehung verzichtet habe.

Aber Pustekuchen! Wolfgang erwiderte nüchtern: „Ich habe einmal eine Frau geliebt, von der ich glaubte . . . Na, kurz und gut, es hat nicht geklappt!“ Es klang sehr prosaisch, doch als ich Wolfgang genauer ansah, erkannte ich in seinen Augen einen tiefen Schmerz, der mich wie ein Stich der Eifersucht durchfuhr.

Schadenfroh meinte ich: „Dass dir das auch passieren kann!“ Aber dann taten mir meine unsensiblen Worte Leid. „Vielleicht solltest du einfach mal mehr Gefühl und Phantasie einsetzen, ein bisschen Romantik, eine stimmungsvolle Umgebung und was eine Frau sich sonst noch so wünscht“, schlug ich versöhnlich vor. „Vielleicht solltest du einfach mal unvernünftig und übermütig sein.“

Ein Lächeln huschte über Wolfgangs Gesicht. „Wie wenig du mich kennst, Sabrina. Hast du dir eigentlich schon jemals die Mühe gemacht, hinter die Dinge zu sehen? Wird es nicht langsam Zeit, deine Oberflächlichkeit abzulegen?“

Das saß! Beschämt sah ich Wolfgang an und betrachtete ihn plötzlich mit ganz anderen Augen. Warum hatte diese Frau ihn wohl verlassen? War sie auch so dumm wie ich gewesen und hatte ihn als bieder und langweilig empfunden? Dabei müsste es für eine Frau doch eigentlich sehr reizvoll sein, diesen disziplinierten und sachlichen Mann einmal so richtig aus der Reserve locken zu können. Wenn ich mir vorstellte, wie es wäre, wenn Wolfgang und ich . . . wenn wir beide . . . Ja, wenn ich noch einmal zu wählen hätte, dann . . .

„Leider gehen wir Menschen oft an dem Guten vorbei“, dozierte Wolfgang jetzt wieder mit seiner nüchternen Geschäftsstimme. „Häufig sehen wir das Naheliegende nicht und merken nicht einmal, wo unser wirkliches Glück liegt, bis wir mit der Nase darauf gestoßen werden.“

„Ja, und das, was wir als unser vermeintliches Glück ansehen, stellt sich später dann oft als ein riesengroßes Unglück heraus“, ergänzte ich.

„Und umgekehrt auch“, meinte Wolfgang trocken. „Es gibt Menschen, die suchen nach dem Glück, ohne zu sehen, dass es direkt vor ihren Füßen liegt und sie es nur aufheben müssen.“

„Ganz schön dumm, diese Leute“, bemerkte ich.

„Oh ja“, bestätigte Wolfgang mit einem seltsamen Lächeln. „Ganz schön dumm, diese Leute.“

18

Bei meiner Fahrt durch die phantastische Landschaft Norditaliens hätte ich zeitweise den Grund meiner Reise fast vergessen können. Auf dem leicht hügeligen Land reihten sich Obstbäume aneinander, die den größten Teil ihrer Blüten bereits abgeworfen hatten und jetzt im ersten zarten Grün des beginnenden Sommers erstrahlten. Ich konnte mich nicht satt sehen an wogenden Getreidefeldern, die noch grün und unreif waren, deren Farbenspiel jedoch mit dem Silbergrau der Ölbäume und dem Dunkelgrün vereinzelter Säulenzypressen wetteiferte.

Meine Malerseele schwelgte in dieser Schönheit und meine Augen sogen überwältigt die Farbenpracht in sich hinein, um so viel wie möglich aufzunehmen und zu speichern. Immer wieder hielt ich an und betrachtete begeistert die manchmal karge, dann wieder verschwenderisch üppige Landschaft. Angesichts dieser Herrlichkeiten vergaß ich manchmal für Minuten meine Sorgen um Chiara und Marco, fühlte dann aber plötzlich eine so tiefe Sehnsucht nach ihnen, dass ich sie wie einen stechenden Schmerz in meinem Körper spürte. Aber ich erkannte, dass ich diesen Schmerz immer wieder spüren und dann auch wieder loslassen musste, um mich erneut der Freude öffnen zu können. Ja, ich ahnte, dass mir dadurch sogar ein reicheres und tieferes Leben zuteil werden konnte.

An einigen besonders schönen Stellen fertigte ich sogar ein paar Skizzen an. Aber ich merkte schnell, dass ich viel zu ungeschickt war, um die einzigartige Atmosphäre dieser stimmungsvollen Landschaft wirklich wiedergeben zu können. Das, was meine Hände produzierten, war die reinste Stümperei gegenüber dem Original. Also packte ich kurz entschlossen meine Sachen weg und versuchte mit all meinen Sinnen die Bilder einzufangen und festzuhalten, um sie später auf meine eigene Art zu reproduzieren.

Und was für Gedanken mir plötzlich durch den Kopf gingen! Zum ersten Mal in meinem Leben überlegte ich ernsthaft, ob all diese Schönheiten durch Zufall oder gar durch Menschenhände entstanden sein konnten. Nein, das schien mir jetzt unvorstellbar. Hinter diesem großartigen Werk konnte nur ein überwältigender Künstler, ein kreativer Schöpfer stehen, der mit unseren menschlichen Sinnen nicht zu begreifen war. Was mochte dieser großartige Schöpfer beim Anblick seines Werkes wohl empfinden? War es stolze Zufriedenheit oder stilles Glück oder fühlte er eine große, innige Liebe zu seinem Werk, das so vollkommen war, jedenfalls solange der Mensch sein Zerstörungswerk noch nicht begonnen hatte?

Ich kannte mich selbst nicht wieder. Was für Gedanken bestimmten mich mit einem Mal? Und wieso fühlte ich mich trotz meiner ungeklärten Situation fast geborgen und sicher?

Als ich gegen Abend ein kleines Hotel, die Villa Natalina, ansteuerte, spürte ich noch immer diese tiefe Ruhe und Gelassenheit. Fröhlich betrat ich das Haus. „Buona sera! Vorrei avere una camera con bagno?“, erkundigte ich mich bei der Frau am Empfang nach einem Zimmer.

Diese nickte mir freundlich zu, fragte mich, ob ich eine „tedesca“, eine Deutsche, sei und unterhielt sich dann mit mir, als wäre es ganz selbstverständlich, dass ich ihre Sprache verstand. Wie froh war ich jetzt, dass ich nie aufgehört hatte, Silvios Muttersprache zu erlernen und auch mit Silvio und den Kindern oft italienisch gesprochen hatte. Ich verhaspelte mich zwar manchmal oder brauchte etwas mehr Zeit, weil mir nicht immer gleich die richtigen Worte einfielen, dafür verstand ich aber das meiste, was gesprochen wurde.

Trotz des üppigen Essens – natürlich lauter italienische Köstlichkeiten – schlief ich in dieser Nacht tief und fest. Und als ich am nächsten Morgen weiterfuhr, fühlte ich mich frisch und ausgeruht und genoss den Anblick der Toskana mit ihren von Feldern und Weinhängen bedeckten sanften Bergkuppen und den typischen Gruppen schlanker Zypressen.

Während der Weiterfahrt überlegte ich mir, ob ich vielleicht in einer der schönen toskanischen Städte Station machen sollte. Bisher war meine Reise zügig vorangegangen und bis nach San Gimona war es nicht mehr weit, so dass ich mir ruhig ein paar Stunden Pause gönnen konnte.

Gedacht, getan! Florenz, die Stadt mit dem Beinamen „La Bella“ und dem alles überragenden mächtigen Dom, gefiel mir bereits, als ich sie von weitem erblickte. Vom „Campanile“, dem mit farbigem Marmor verkleideten Glockenturm, genoss ich den herrlichen Rundblick über die Stadt.

Aus meinem Reiseführer wusste ich, dass während der Renaissance in Florenz die Blüte der italienischen Sprache, Kunst und Literatur geherrscht hatte und dass so berühmte Namen wie Dante, Boccaccio, Petrarca und Medici mit Florenz in Verbindung standen. Trotz der nur kurzen Zeit besuchte ich den *Palazzo Vecchio* und die *Galleria degli Uffizi*, eine der größten Kunstsammlungen der Welt, und betrachtete ehrfürchtig Botticellis weltberühmtes Gemälde „Geburt der Venus".

Abends suchte ich mir ein Hotelzimmer und nahm mir vor, früh am nächsten Morgen wieder abzureisen. Voraussichtlich würde ich dann gegen Mittag in San Gimona ankommen.

Bei dem Gedanken an San Gimona überfiel mich plötzlich eine große Unruhe. Wie sollte ich dort vorgehen, an wen sollte ich mich wenden? Ich konnte doch nicht einfach durch die Stadt rennen und laut nach meinen Kindern rufen oder wildfremde Leute nach der Familie Rizzardi ausfragen. Wenn Silvio die beiden wirklich dorthin gebracht hatte – was ja immerhin sehr fraglich war –, dann doch sicher zu Leuten, denen er vertrauen konnte. Und warum sollten die ausgerechnet mir, einer Fremden, helfen? Überhaupt, würden sich die Einwohner der Stadt nicht mit ihrem Landsmann solidarisch erklären und die Kinder vor mir verstecken? Hatte nicht auch Kommissar Rollmann mich ausdrücklich darauf hingewiesen, dass es in fremden Ländern ungemein schwer sei, die vom anderen Elternteil entführten Kinder wieder zu finden? Und bestimmt gab es in Italien genügend einsame Orte, an denen Kinder jahrelang versteckt werden konnten, ohne dass staatliche Institutionen jemals davon erfuhren.

An diesem Punkt angekommen, war es mit meiner Ruhe endgültig vorbei und an Schlaf nicht mehr zu denken. Also ging ich in die Hotelbar, um mich ein bisschen abzulenken.

Obwohl es schon fast Mitternacht war, herrschte in der Bar noch reger Betrieb. Ich bestellte mir einen Campari Soda und nach kurzem Kampf eine Packung Zigaretten. Unentschlossen öffnete ich die Schachtel, zog eines der weißen Stäbchen heraus, schob es wieder zurück und begann das Spiel von neuem.

Plötzlich flammte ein Feuerzeug neben mir auf. Ein ältlicher Mann mit tiefschwarzem Haar und sonnengebräunter Gesichtsfarbe grinste mich mit einem auffällig weißen Gebiss an. *Bestimmt seine dritten Zähne*, dachte ich, ließ mir aber vollkommen überrumpelt Feuer geben und merkte es erst richtig, als der Rauch schon unangenehm in meiner Kehle brannte. Die Zigarette beruhigte mich aber keineswegs, denn nach zwei weiteren Zügen war mir zwar schwindelig, aber meine Nervosität war nach wie vor da.

Ungefragt setzte sich der Fremde neben mich, grinste mich fortwährend an und zeigte dabei stolz seine falschen Zähne. „Loro sono della Germania, vero, Signora?", fragte er und rückte unangenehm nah an mich heran.

Ich hatte keine Lust seine Frage, ob ich aus Deutschland käme, zu beantworten. Also guckte ich möglichst dumm aus der Wäsche und tat so, als verstünde ich kein Wort. Nein, ich wollte jetzt nicht reden, und schon gar nicht mit diesem aufdringlichen Typ.

Aber Signore Superzahn – wie ich ihn bei mir nannte – gab nicht so schnell auf. „Do you speak English?" und „Parlez vous francais?" waren seine nächsten Versuche mit mir anzubandeln. Doch jedes Mal riss ich nur erstaunt die Augen auf, öffnete verwundert den Mund und schüttelte begriffsstutzig den Kopf. Dann starrte ich wieder vor mich hin, um Superzahn den Mut für weitere Versuche zu nehmen.

Aber es funktionierte nicht, denn nun kam ein zweiter Mann dazu, setzte sich ungefragt an meine andere Seite und unterhielt sich über meinen Kopf hinweg mit Signore Superzahn. Der Neuangekommene war klein und rundlich, hatte eine spiegelblanke Glatze, die wie ein Ei geformt war, mit einem dunklen Haarkranz drumherum.

Die beiden schienen Freunde oder Ähnliches zu sein, das konnte ich aus ihrem Gespräch erkennen. Aber Signore Eierkopf war noch ein bisschen aufdringlicher als Signore Superzahn, er redete wie ein Maschinengewehr auf mich ein und unterhielt sich gleichzeitig mit seinem Freund. Dabei sprach er so schnell, dass ich anfangs nicht viel verstand, was sich aber änderte, nachdem ich mich an seinen Tonfall gewöhnt hatte.

Die plumpe Anmache der beiden Charmeure ging mir schlichtweg auf den Wecker. Doch als sie sich von meiner „Begriffsstutzigkeit" nicht abhalten ließen, erwachte mit einem Mal der Spieltrieb in mir. Nun gut, die beiden sollten ihren Spaß haben, aber wer zuletzt lacht, lacht am besten!

Also spielte ich die Rolle des naiven Dummchen, das auf ein schnelles Abenteuer aus war. Ich tat, als verstünde ich die Obszönitäten meiner Begleiter nicht, sah sie bewundernd an und kicherte albern.

„Die ist genau das, was wir brauchen, schön und blöd", sagte Superzahn und riss seinen Mund vor Lachen so weit auf, dass ich schadenfroh darauf wartete, sein teures Gebiss herausfallen zu sehen.

„Scheint eine ganz heiße Braut zu sein, die nur darauf wartet, dass jemand wie wir sie vernaschen."

„Nun gut, das kann sie haben, das blonde Dummchen", anworte-te Eierkopf großzügig. „Ist zwar ein bisschen mager und 'nen richtigen Busen hat sie auch nicht, aber sonst ganz niedlich. Also, für so eine kann man schon mal eine Nacht opfern."

Mein Blut war kurz vor dem Siedepunkt, aber ich grinste die beiden weiterhin einfältig an. Mit unschuldigem Augenaufschlag nuschelte ich undeutlich: „Ihr blöden Lackaffen, wenn ihr wüsstet, wie widerlich ihr seid."

Die beiden lachten geschmeichelt. „Die dummen Weiber sind doch immer noch die besten", erklärte Superzahn wichtigtuerisch. „Ist gar nicht so schlecht, wenn so eine heiße Mieze kein Wort versteht. Im Bett muss man dann nicht reden und später gibt es keine Verwicklungen von wegen Name und Adresse und so. Da kommt mir so ein blondes Dummchen gerade recht."

Ich lächelte mein bezauberndstes Lächeln und flötete: „Und ihr seid noch viel dämlicher als alle Blondinen der Welt zusammen."

Superzahn grinste und säuselte honigsüß: „Komm, du wilde Puppe, ich geh mit dir auf dein Zimmer und zeig dir mal, was ein richtiger Mann ist. Wir zwei, wir genießen das süße Leben. La Dolce Vita!"

Wenn jetzt sein Gebiss tatsächlich herausgefallen wäre, hätte ich sicher mit Wonne darauf herum getrampelt und auf ihm gleich mit. Aber stattdessen strahlte ich ihn wieder verständnislos an, nickte begeistert mit dem Kopf und wiederholte mit piepsender Stimme: „La Dolce Vita! Si, si, la Dolce Vita!" Meine beiden Begleiter sollten glauben, dass dieser Augenblick der absolute Höhepunkt meines bisherigen Lebens sei.

„Siehst du!", rief Eierkopf ohne jede Vorsicht aus. „Diese Weiber sind alle gleich und wollen immer nur das Eine!" Er erging sich weiter in Obszönitäten und überlegte dann laut, ob er gleich mit mir und seinem Freund zusammen auf mein Zimmer gehen oder lieber später nachkommen solle. Gleichzeitig ereiferte sich dieser nette Zeitgenosse über die schlechte Moral der ausländischen Frauen, die alle immer nur hinter ihnen, den temperamentvollen Südländern, her waren.

Mit einem Mal hatte ich genug von diesem Spiel.

Angewidert stand ich auf, sah hochmütig auf die beiden kleinen

Männer herab und sagte in perfektem Italienisch so laut, dass alle Umstehenden es hören mussten: „Signori, Sie beide sind viel dümmer als die Polizei es erlaubt! Sie glauben doch wohl nicht, dass ich so einen schlechten Geschmack habe und einen von Ihnen auch nur mit der Kneifzange anfassen würde! Sie ekeln mich an, Signori!"

Ohne sie weiter zu beachten, rief ich den Barkeeper, bezahlte meine Rechnung und winkte den verdatterten Möchtegern-Playboys noch ein munteres „Buona notte!" zu. Bevor ich schließlich hoheitsvoll entschwand, warf ich noch einen Blick auf die anderen Gäste und registrierte zufrieden deren schadenfrohe Gesichter.

In meinem Zimmer öffnete ich die Tür zu dem kleinen Balkon und blickte in die sternklare Nacht hinaus. Trotz meines triumphalen Abganges hatte in mir die Szene in der Bar einen faden Geschmack hinterlassen. Nein, derartige Spiele waren nichts mehr für mich, stellte ich erstaunt fest.

Ich blieb noch einige Zeit auf dem Balkon stehen, starrte auf das Lichtermeer der Stadt, das durch die Dunkelheit zu mir herauf blitzte, und hörte hier und da das Hupen eines Autos, ein paar Musikfetzen oder Stimmen fremder Menschen.

Wie unendlich einsam ich doch war, in diesem fremden Hotelzimmer genauso wie im wirklichen Leben. Zum ersten Mal wurde mir so richtig bewusst, dass es keinen einzigen Menschen gab, der zu mir gehörte und dem ich vertrauen konnte. Silvio war tot, meine Kinder waren spurlos verschwunden, mit Mutter gab es immer nur Streit und Vater hatte ich seit der Scheidung nur einmal kurz zu Gesicht bekommen. Nun gut, es gab noch ein paar lose Bekannte und Freundinnen, die bei Festen ganz unterhaltsam waren, mit denen ich auch schon mal einen Einkaufsbummel oder Restaurantbesuch machen konnte. Aber wie wenig belastbar diese Freundschaften waren, hatte ich schnell zu spüren bekommen, als Silvio ausgezogen war. Einige der treuesten Busenfreundinnen, die mir so verdächtig oft ihre Loyalität versichert hatten, erwischte ich dabei, wie sie über mich tratschten, statt wie bisher gemeinsam mit mir über andere herzuziehen!

Aber da war ja noch Wolfgang, dachte ich plötzlich. Ob ich ihn wohl anrufen sollte?

Spontan griff ich zum Telefon und wählte seine Nummer. Aber dann legte ich schnell wieder auf. Nein, es war besser, mich nicht zu sehr an Wolfgang zu hängen. Er war ein freier Mann und konnte tun und lassen, was er wollte.

Voller Selbstmitleid warf ich mich auf mein Bett und schluchzte herzzerreißend in die Kissen. Ich kam mir ausgestoßen und verlassen vor und fühlte mich von Gott und der Welt ungerecht behandelt. Niemand war da, der mich liebte, niemand, dem es etwas bedeutete, ob es mir gut oder schlecht ging. Ich war allein, ganz allein auf dieser grausamen Welt, und wenn ich plötzlich vom Erdboden verschwände, würde mir bestimmt niemand eine Träne nachweinen.

Trotz dieser nicht gerade erholsamen Nacht wachte ich am nächsten Morgen zeitig auf und fühlte mich erstaunlich frisch. Während ich duschte und mich anzog, dachte ich an mein kindisches Verhalten der letzten Nacht und stellte fest, dass es gar nicht so leicht ist, sich wirklich zu ändern. Scheinbar hatte ich noch ein gutes Stück Arbeit vor mir.

Im Frühstücksraum begegnete ich noch einmal den beiden Abenteurern aus der Bar. Provozierend rief ich ihnen ein freundliches „Buon giorno, Signori!“ zu, worauf sich die beiden hastig abwandten und scheinbar ganz wichtige Dinge miteinander zu besprechen hatten. Unbefangen ging ich zu ihrem Tisch und wünschte ihnen in grammatikalisch einwandfreien Sätzen einen angenehmen Aufenthalt und mehr Erfolg bei ihrer Jagd nach dummen Blondinen.

Die beiden waren schlechte Verlierer. Statt auf meinen Scherz einzugehen, starrten sie mich böse an und sagten etwas, das ich nicht verstand. Zu meinem Glück wahrscheinlich, denn der Tonfall ließ vermuten, dass es durchaus kein Kompliment war.

19

Je näher ich meinem Reiseziel kam, umso nervöser wurde ich. Um mich etwas abzulenken, konzentrierte ich mich auf die schöne weiträumige Landschaft mit den sanften Bergketten im Hintergrund

und den dazwischen liegenden fruchtbaren Senken mit Getreide, Obst, Wein und Oliven. Ich fuhr an einem See mit grünen Berghängen vorbei, sah verschlafene kleine Orte und lebhaftere Städte mit manchmal schlichten, manchmal pompös wirkenden Gebäuden im italienischen Baustil. Das alles war wunderschön anzusehen und doch konnte ich den Anblick nicht genießen, denn die Spannung in mir nahm immer mehr zu.

Wenige Kilometer vor San Gimona entschloss ich mich eine letzte Pause einzulegen. Also verließ ich die Hauptstraße, bog in einen schmalen Feldweg ein und vertrat mir die Beine. Krampfhaft überlegte ich, was ich tun sollte, wenn ich in San Gimona angekommen war. Sollte ich die Polizei einschalten, den Bürgermeister des Ortes aufsuchen oder einfach abwarten und dem Zufall vertrauen?

Während ich noch nachdachte, stoppte ein Auto an der Hauptstraße, fuhr ein paar Meter zurück und bog dann zu mir in den Feldweg ein.

„Fahr einfach weiter und lass mich in Ruhe!“, murmelte ich genervt. Aber der Fahrer, ein älterer Mann mit eindrucksvoller Leibesfülle, dichtem grau melierten Haar und einem ebensolchen Schnurrbart, ließ sich nicht abschrecken, sondern er blickte prüfend auf das Nummernschild meines Wagens und fragte: „Lei è tedesca?“

„Schlaumeier!“, murmelte ich und nickte nur kurz, weil ich hoffte, durch meine abweisende Haltung den neugierigen Zeitgenossen schnell wieder loszuwerden. Doch der wieselte erstaunlich flink um mein Auto herum, besah sich das Fahrzeug von allen Seiten, klopfte prüfend gegen die Reifen und fragte eifrig: „E tutto a posto?“

Mir blieb wohl nichts anderes übrig, als zu bestätigen, dass mit mir und dem Auto alles in Ordnung war. „Si, si, grazie“, erwiderte ich ungeduldig.

Doch auch davon ließ mein Wohltäter sich nicht beirren. „Lei è contento di essere in Italia?“, fragte er wissbegierig.

Obwohl ich eigentlich nicht einsah, was es ihn anging, ob ich froh darüber war, in Italien zu sein oder nicht, antwortete ich schnell: „Si, si! Grazie, Signore!“

So was Blödes! Erst jetzt fiel mir auf, dass ich mich bereits in ein Gespräch hatte verwickeln lassen, was ich eigentlich gar nicht wollte. Aber durch meine spontanen Antworten hatte mein Gesprächspartner natürlich längst herausbekommen, dass ich seine Sprache verstand. Nun gab es kein Zurück mehr.

Also fügte ich mich in das Unvermeidliche und nannte dem Fremden auf seine weiteren Fragen sogar mein Reiseziel. Daraufhin strahlte er plötzlich übers ganze Gesicht.

„San Gimona! Oh, bene, molto bene!", rief er begeistert aus. „Sie machen Urlaub in unserer wunderschönen kleinen Stadt? Das ist eine gute Idee, Signora, eine sehr gute Idee sogar! Haben Sie schon ein Zimmer oder darf ich Ihnen ein ausgezeichnetes kleines Hotel empfehlen? Das *Albergo Sole Castello* ist das beste Haus am Platz, gut eingerichtet und gemütlich und dabei gar nicht teuer! Ach ja, und ganz zufällig gehört es mir. Bitte, gestatten Sie, dass ich mich vorstelle: Ich bin Umberto Merlino, Hotelier!"

Er lachte ausgiebig und laut, als habe er einen einzigartigen Witz gemacht. Wortreich pries er weiter sein Hotel und die dazugehörige Stadt an und wies auf die freundlichen Menschen, das gute Essen und die Sehenswürdigkeiten der Umgebung hin. Es war, als würde er gerade seine Reiseleiter-Prüfung ablegen.

Ich überlegte nur kurz und erklärte mich dann einverstanden. Wahrscheinlich war das die beste Lösung, denn so konnte ich mich erst mal ein bisschen in der Stadt umsehen und umhören, bevor ich mich auf die Suche nach Chiara und Marco machte.

Schon kurze Zeit später erreichten wir ein kleines bezauberndes Städtchen. Hier gab es noch ein paar alte ehemalige Adelspaläste mit verblassten Fassadenmalereien und abblätterndem Putz, aber auch schlichte, fast armselig wirkende Behausungen der weniger Begüterten und gediegene Bürgerhäuser in hellen Farbtönen, die einen ganz ansehnlichen Mittelstand der Bevölkerung ahnen ließen. Viele Fensterläden waren um diese Mittagsstunde geschlossen und verliehen der Stadt ein etwas verschlafenes Aussehen.

Im Zentrum San Gimonas gab es einen kleinen Marktplatz, die Piazza della Republica, die wir mit dem Auto halb umrundeten. Auf der anderen Seite des Platzes entdeckte ich eine schöne weiße Kirche, deren Portal einladend offen stand.

Wir überquerten eine breitere Straße mit ein paar Geschäften und bogen dann in eine schmale Gasse ein, an deren Ende eine in zwei Absätzen ansteigende Freitreppe nach oben führte. Neben der Treppe stand ein älteres, aber freundlich wirkendes Gebäude mit der Aufschrift *Albergo Sole Castello*.

Signore Merlino stieg aus, kam zu meinem Wagen und sagte mit stolzer Geschäftigkeit: „Bitte sehr, Signora, wir sind angekommen. Das da ist das *Albergo Sole Castello*. Ich hoffe, dass Sie sich in meinem Hause wohl fühlen werden. Ihren Wagen lassen Sie einfach hier stehen. Unser Hausboy wird ihn gleich auf den Parkplatz fahren und sich um das Gepäck kümmern. Bitte, kommen Sie!"

Über eine kleine Treppe gelangten wir in das Haus, das nicht sehr groß war, aber mit seinem zartgelben Anstrich, den dunkelgrünen Fensterläden und den schmiedeeisernen Balkongittern dennoch stattlich und einladend wirkte.

An der Rezeption stand eine junge Frau mit tiefschwarzen Haaren und ebensolchen Augen. Ihre Ähnlichkeit mit Signore Merlino war unverkennbar, obwohl sie – im Gegensatz zu ihm – zart und zerbrechlich wirkte.

„Meine Tochter Rosa", stellte Signore Merlino vor. Rosa lächelte mich freundlich an und schob mir ein Anmeldeformular zu.

„Herzlich willkommen, Signora! Wie ist Ihr Name, bitte?", fragte sie in ausgezeichnetem Deutsch. Als ich sie erstaunt ansah und undeutlich meinen Namen nuschelte, erklärte sie: „Ich habe einige Zeit in Deutschland gelebt und dort eine Ausbildung gemacht." Mit einem vorsichtigen Blick auf ihren Vater fuhr sie fort: „Es war eine schöne Zeit, aber mein Vater braucht mich hier! Nun ja, so ist das eben bei einem Familienbetrieb." Sie seufzte und reichte mir einen Kugelschreiber, damit ich das Anmeldepapier ausfüllen konnte. „Ihr Zimmer ist in der ersten Etage, mein Vater wird Sie gleich hinaufbringen und Ihnen alles zeigen. Wenn Sie möchten, können Sie hier bei uns im Haus zu Abend essen. Dort drüben haben wir ein kleines Restaurant."

„Danke!" Ich nickte und nahm zögernd den Kugelschreiber zur Hand. Und plötzlich entschloss ich mich, mit offenen Karten zu spielen. Ich holte meinen Ausweis aus der Tasche, legte ihn neben das Anmeldeformular und sagte laut: „Il mio nome è Sabrina Rizzardi." Dabei ließ ich meine Gastgeber nicht aus den Augen.

Und wirklich, die Gesichter vor mir veränderten sich. „Rizzardi?", fragte Signore Merlino verblüfft und musterte mich von Kopf bis

Fuß. Aber war nun sein Gesicht nicht plötzlich ein wenig kühler und sein geschäftstüchtiges Lächeln weniger jovial als vorher?

„Si, Signore Merlino“, bestätigte ich. „Rizzardi, Sabrina Rizzardi! Mein Mann war Silvio Rizzardi! Seine Familie hat früher mal hier in der Gegend gelebt! Kannten sie ihn vielleicht?“

Umberto Merlino hob die Schultern. „Möglich“, meinte er betont gleichgültig und musterte mich mit flinken Augen. „Aber das hat nichts zu bedeuten, denn den Namen Rizzardi gibt es in unserer Gegend häufiger.“

„Aber Vater, das ist doch . . .“, mischte Rosa sich ein. Noch immer hielt sie meinen Ausweis in Händen und blickte unentschlossen von mir zu ihrem Vater.

Mit einer Handbewegung schnitt Umberto Merlino seiner Tochter das Wort ab und sagte etwas Unverständliches. Rosa antwortete höchst aufgebracht und so ging es mehrmals hin und her. Neugierig sah ich von einem zum andern, begriff aber nicht, um was es ging.

Bevor ich fragen konnte, kam ein junger Mann mit meinem Gepäck herein und ging auf Anweisung seines Chefs mit mir nach oben, um mir das Zimmer zu zeigen. Mir blieb nichts anderes übrig, als ihm zu folgen und mein Gespräch mit Rosa auf später zu verschieben.

Im Badezimmer wusch ich mir Hände und Gesicht und blieb noch einige Zeit nachdenklich auf dem Wannenrand sitzen. Das alles hier, die Stadt und das Haus, die fremden Menschen und meine verworrene Situation, kam mir so unrealistisch vor, dass ich mich wie in einem Traum fühlte.

Mit einem Mal war ich entsetzlich kraftlos. Aber das war ja auch kein Wunder, denn ich hatte seit dem Frühstück nichts mehr zu mir genommen. Ich aß etwas von dem Obst, das in einer Schale auf dem Tisch stand, und ließ mich dann müde auf das Bett fallen. Nur ein paar Minuten ausruhen, gleich würde ich wieder fit genug sein, um mich auf die Suche nach Chiara und Marco zu machen.

Aber ich irrte mich, denn ich schlief in Sekundenschnelle ein. Erst durch Kinderstimmen und laute Rufe von draußen wurde ich geweckt. Ich sah mich verwirrt um und wusste einen Moment lang nicht, wo ich war, ob ich wachte oder träumte. Angestrengt lauschte ich auf die Kinderstimmen. Da, war das nicht Marcos helles Stimmchen? Und hörte ich nicht auch Chiaras unverkennbares Lachen?

Ich sprang so schnell aus dem Bett, dass mir schwindlig wurde und ich mich am Schreibtisch festhalten musste. Mit zitternden Händen öffnete ich die Balkontür, stürzte hinaus und blickte mich suchend um.

Unter mir erstreckte sich eine große Rasenfläche mit Kinderspielgeräten, auf denen fünf oder sechs kleinere Kinder herumtollten. „Chiara! Marco!", schrie ich hinunter, und als die Kinder nicht reagierten, noch einmal lauter: „Chiara, Marco! Hier bin ich, hier oben!"

Erstaunte Kindergesichter sahen mich an. Verzweifelt suchte ich nach etwas Vertrautem, nach Augen, die ich kannte, nach einem Näschen, das ich schon einmal geputzt oder einem Mündchen, das ich schon einmal abgewischt hatte. Aber nichts! Es waren lauter fremde Gesichter, die sich kurz und erstaunt zu mir emporhoben und sich dann wieder ihrem Spiel zuwandten.

Ein so heftiger Schmerz durchzuckte mich, dass ich unwillkürlich die Luft anhielt und wie eine Schlafwandelnde ins Zimmer zurückwankte. Ich setzte mich an den Schreibtisch und starrte ratlos in den Spiegel.

„Was hast du denn erwartet?", fragte ich die blasse Frau, die mir mit rot umrandeten Augen und vor Schmerz zusammengepressten Lippen aus dem Spiegel entgegenstarrte. „Dachtest du etwa, du könntest deine Kinder hier einfach von der Straße auflesen und mit nach Hause nehmen?"

Neben meinem blassen Gesicht erschien im Spiegel ein zweites, schön geschnittenes Gesicht mit dunklen, blitzenden Augen und einer kräftigen, gebogenen Nase. Der Mann im Spiegel war Silvio, mein Mann Silvio! Er lächelte mich an, so wie ein Sieger lächelt, aber auch kühl und geheimnisvoll.

„Du elender Schuft, gib mir meine Kinder zurück! Du hast sie mir gestohlen, du hast mir meine Kinder weggenommen!", schrie ich erregt und warf eine Orange mitten in das lächelnde Spiegelgesicht. Die Orange zerplatzte. Saft lief an dem Glas herunter, beschmutzte aber nicht die seltsame Erscheinung, sondern ließ sie einfach verschwinden, so wie sie gekommen war, lächelnd und unbeeindruckt.

Ich wusste, dass mir meine Phantasie mal wieder einen Streich gespielt hatte. Aber der Schmerz in meinem Innern war so real, dass er mir fast das Herz zerriss. Ich fühlte mich in meiner Sorge um die

Kinder so hilflos und allein, dass ich die Tränen nicht länger zurückhalten konnte. Wieder und wieder flüsterte ich ihre Namen vor mich hin: „Chiara und Marco. Marco und Chiara."

Wieso war ich überhaupt hierher gefahren? Hatte meine Suche denn noch einen Sinn oder waren Chiara und Marco längst tot? Sie konnten genauso gut irgendwo auf dem Grund eines tiefen Sees liegen oder längst in der dunklen Erde vermodern.

Bitterkeit und Hass stiegen wieder in mir auf. Hass auf Silvio, der mir das alles angetan hatte, und Bitterkeit auf den alten Pfarrer, der mir mit seiner Behauptung „Gott wird mit Ihnen sein!" diese Reise eingeredet hatte. Zornig dachte ich daran, dass ich nahezu bereit gewesen war, alle meine Grundsätze über den Haufen zu werfen, meine Freiheit aufzugeben und dem Mann am Kreuz zu vertrauen. Aber jetzt musste ich enttäuscht feststellen, dass er es scheinbar vorzog, in der harmonischen Stille seiner Kirche zu bleiben und sich von ein paar alten Weibern etwas vorbeten zu lassen, statt mir zu helfen. Scheinbar war der Kreuzesmann doch nicht der Sieger, der die Verlierer zu Gewinnern machen kann, sondern nur ein gebrochener Mann, der ohne jeglichen Sinn an einem Stück Holz verblutet war.

Ich stellte ihn mir vor, rief mir die Qual auf seinem Gesicht in Erinnerung und fühlte mich in seiner und meiner Einsamkeit einen winzigen Moment lang tief mit ihm verbunden. In meiner Not hob ich beide Hände zu ihm empor und schrie innerlich: „Wenn dir wirklich etwas an mir liegt, Kreuzesmann, dann hilf mir doch! Warte nicht länger, denn ich weiß nicht weiter. Tu es jetzt und sofort, ich bitte dich so sehr!"

Ein leises Klopfen an der Tür ließ mich innehalten. Bestimmt irrte ich mich, wer sollte in diesem fremden Land etwas von mir wollen? Doch es klopfte wieder, dieses Mal lauter und fordernder. Sollte das vielleicht schon die Antwort auf mein verzweifeltes Gebet sein?

Langsam, fast ängstlich ging ich zur Tür und öffnete sie einen kleinen Spalt. Draußen stand Rosa, betrachtete mein verweintes Gesicht und sagte leise: „Signora Rizzardi, bitte, entschuldigen Sie die Störung, aber ich möchte Ihnen gern helfen."

Vorsichtig blickte sie sich nach allen Seiten um. „Suchen Sie . . .?" In diesem Moment wurde sie von ihrem Vater unterbrochen, der von unten laut ihren Namen rief.

„Gehen Sie in die Kirche San Antonio, vielleicht kann man Ihnen dort weiterhelfen! Und . . . und fragen Sie nach Andrea", flüsterte Rosa hastig. Schon war die schmale Gestalt wieder verschwunden.

20

Meine Augen waren vom Weinen noch ganz verschwollen, dennoch ging ich zum Abendessen ins Restaurant hinunter. Ich hoffte, Rosa dort zu treffen und ihr ein paar Fragen stellen zu können. Aber leider war sie nicht zu sehen.

Das Essen war ausgezeichnet, aber ich konnte all die Köstlichkeiten beim besten Willen nicht genießen, sondern dachte ständig an Rosas Worte. Meine Gedanken schlugen Purzelbäume. Schon wieder diese Andrea. Scheinbar hatte das grässliche Miststück Silvio sogar bis nach San Gimona verfolgt. Woher sonst hätte Rosa von ihr wissen können?

Hass stieg in mir auf. Wenn ich dieses Weib jemals in die Finger bekommen sollte, dann gnade ihr Gott. Dann würde ich ihr die Augen auskratzen, ihr den Hals umdrehen, sie in tausend Stücke zerreißen und . . . und . . .

Aber in diese Überlegungen mischte sich mit einem Mal ein ganz neuer Gedanke: Hoffentlich ist sie wenigstens gut zu den Kindern, hoffentlich passt sie auf, dass Chiara ordentlich isst und genügend Schlaf bekommt und dass die Kinderzimmertür abends aufbleibt, weil Marco sich im Dunkeln fürchtet. Hoffentlich spielt sie mit ihnen, erzählt ihnen Geschichten und nimmt sie in die Arme, wenn sie nicht einschlafen können.

Ich wurde in meinen Gedanken von Signore Merlino unterbrochen, der mit stolz geschwellter Brust von einem Tisch zum andern ging und die wenigen Gäste begrüßte. Schnell fasste ich die Gelegenheit beim Schopf, lobte überschwänglich das gute Essen und fragte dann so ganz nebenbei: „Ist Ihre Tochter denn heute Abend nicht da?"

„Es freut mich, dass es Ihnen geschmeckt hat, Signora Rizzardi", erwiderte Umberto Merlino lächelnd, ohne auf meine Frage einzugehen. „Darf ich Ihnen noch einen Espresso servieren? Oder mögen Sie lieber etwas Obst?"

„Nein, danke. Aber ich würde mich gerne mit Ihrer Tochter unterhalten, Signore Merlino. Wissen Sie, es ist einfach schön, wenn man im Ausland jemanden trifft, mit dem man in seiner Heimatsprache reden kann. Mein Italienisch ist einfach noch zu schlecht."

„Aber nein, Signora! Ganz im Gegenteil!" Umberto Merlino versprühte seinen ganzen Charme. „Sie sprechen unsere Sprache hervorragend!"

Nun gut, auf diese Weise kam ich scheinbar nicht an Rosa heran. Also probierte ich eine neue Taktik. „Danke für das Kompliment", erwiderte ich, tat ein bisschen verschämt, klimperte mit den Augenlidern und versuchte mein schönstes Lächeln. „Bitte setzen Sie sich doch ein paar Minuten zu mir. Ich brauche dringend einen fachmännischen Rat."

Signore Merlino sah sich um und schien einzusehen, dass bei den wenigen Gästen eine Ausrede nicht sehr glaubhaft klingen würde. Also fügte er sich in sein Schicksal und setzte sich mir gegenüber auf einen Stuhl.

„Morgen möchte ich die Stadt und die Umgebung besichtigen", begann ich mein Gespräch und beschränkte mich – zumindest vorerst – auf rein touristische Fragen. „Wissen Sie, Signore Merlino, ich bin Malerin und möchte so viel wie möglich sehen. Was können Sie mir raten?"

„Malerin? Sie sind Malerin?" Der Hotelier schlug vor lauter Begeisterung die Hände zusammen. Das musste man ihm lassen, im Austeilen von Komplimenten war er große Klasse. „Ich habe ja gleich gewusst, dass Sie nicht nur eine schöne, sondern auch eine ganz besondere Frau sind. Und ich täusche mich selten, wenn ich einem Menschen begegne und . . ."

Ungeduldig hörte ich zu, wie der Hotelier seine überragende Menschenkenntnis lobte. Dann schwenkte er plötzlich um und erklärte mir wortreich, dass sich außerhalb der Stadt ein altes Castello befinde, in dem interessante Kunstschätze aus der Renaissancezeit zu sehen seien. „Ein Leckerbissen für eine Künstlerin wie Sie!", jubelte er geradezu und pries als Nächstes ein entzückendes Schloss mit einer höchst bemerkenswerten Bildergalerie in einem anderen, noch weiter entfernten Ort an.

„Und was gibt es in San Gimona zu sehen?“, fragte ich scheinheilig.

Signore Merlinos Begeisterung über seine Heimatstadt hielt sich sichtlich in Grenzen. „Ach, San Gimona ist eine ganz uninteressante Kleinstadt, in der es nicht viel zu sehen gibt. Den Marktplatz und die kleine Altstadt haben Sie ja bereits vom Auto aus gesehen, und der neuere Stadtteil ist noch kaum entwickelt. Hier ist wirklich nichts los.“

Dass er noch vor kurzem San Gimona als ein touristisches Kleinod angepriesen hatte, schien er nun vergessen zu haben. Wollte er mich etwa von San Gimona fernhalten? Und wenn ja, warum?

„Wir sind heute Mittag an einer kleinen Kirche vorbeigekommen“, begann ich erneut.

„Ach ja, San Antonio“, meinte Merlino mit einer wegwerfenden Handbewegung. „Diese Kirche ist wirklich nichts Besonderes und hat überhaupt keine Kunstschätze oder bedeutende Malereien. Für eine Künstlerin ist San Antonio vollkommen uninteressant. Da kann ich Ihnen etwas viel Besseres empfehlen. Auf dem Weg nach Travisso, nur eine gute Stunde von hier entfernt, gibt es das Kloster San Vincenco, das sollten Sie sich unbedingt ansehen. Es liegt wunderschön inmitten von Weinbergen, die von den Mönchen bearbeitet werden. Sie keltern ihre Weine selbst und verkaufen sie in alle Welt. In der Kirche dort gibt es einen berühmten Altar mit wunderschönen Malereien und Fresken, die Ihr Künstlerherz bestimmt erfreuen werden.“

Ich bedankte mich überschwänglich, ließ mir noch einmal den Weg dorthin beschreiben und fragte dann nach den Menschen in San Gimona. „In so einer kleinen Stadt kennt doch sicher jeder jeden, nicht wahr?“, tastete ich mich allmählich in die Richtung vor, in die ich wollte.

„Mehr oder weniger“, murmelte Umberto Merlino reserviert.

„Dann haben Sie doch bestimmt auch meinen Mann oder seine Familie gekannt?“, fragte ich ohne Umschweife und fixierte scharf mein Gegenüber.

Merlino wand sich unbehaglich unter meinem Blick. „Möglich“, zögerte er. „Vielleicht haben sie mal hier in der Umgebung gewohnt. Ich erinnere mich nicht. Schließlich habe ich genug mit meinem eigenen Haus zu tun, da kann ich mich nicht auch noch um andere Leute kümmern. Aber bitte, Signora, jetzt müssen Sie mich entschuldigen. Ich werde gebraucht.“ Er machte eine höfliche Verbeugung und verschwand.

Die milde Luft draußen lud so richtig zu einem Abendbummel ein. Also verließ ich das *Albergo Sole Castello* und ging zur Piazza della Republica. Vor den Häusern um den Platz herum genossen die Leute ihren Feierabend, hockten auf Mauern und Treppenstufen und unterhielten sich miteinander, während einige Kinder um sie herumliefen und spielten. Ein Bild wie aus einem Ferienkatalog.

Langsam schlenderte ich an dem kleinen Café vorbei, aus dem Musik und Gelächter zu mir herüberklang. Sicher hielten mich die Leute für eine eigenbrötlerische Touristin, die sich unverständlicherweise diese unbedeutende Kleinstadt als Urlaubsort ausgesucht hatte, statt in einem der mondänen Badeorte das Nachtleben zu genießen.

Fast automatisch führte mich mein Weg zur Kirche San Antonio. Nur kurz überlegte ich, ob ich die frische Nachtluft gegen die weihrauchgeschwängerte Luft der Kirche eintauschen sollte. Natürlich siegte meine Neugier, denn ich wurde das Gefühl nicht los, dass Umberto Merlino mich von hier fernhalten wollte, während Rosa das Gegenteil beabsichtigte. Aber als ich auf den Eingang zuging, merkte ich, dass die Kirche geschlossen war.

Nun, dann eben nicht, dachte ich enttäuscht und wollte gerade wieder gehen, als aus einer Seitentür eine gebeugte, dunkel gekleidete Gestalt auf mich zukam. Im Näherkommen erkannte ich eine alte Frau mit dunklem Kopftuch und einem von vielen Runzeln durchzogenen Gesicht. Sie blieb vor mir stehen und sah mich mit lebhaften Augen an, die auch im hohen Alter nichts von ihrem Glanz verloren hatten.

„Buona sera, Signora“, sagte sie mit erstaunlich kräftiger Stimme. „Leider ist die Kirche heute Abend schon geschlossen. Bitte, kommen Sie doch morgen wieder, dann werden Sie bestimmt finden, was Sie suchen!“

Sie lächelte mir zu, hob ihre knochige Hand und malte mit ihrem Daumen ein Kreuzeszeichen auf meine Stirn. „Christus wird Sie segnen, Signora, Sie und Ihre Kinder“, sagte sie feierlich und wies mit der Hand in den Himmel. „Er ist der Sieger. Immer und überall.“

Erstaunt hatte ich stillgehalten und sah dann der Alten verwirrt nach, wie sie davonhumpelte, ohne sich noch einmal nach mir umzudrehen. Was für seltsame Dinge passierten in dieser Stadt! Woher wusste die Frau, dass ich auf der Suche war? Und warum speiste sie mich ebenso wie Rosa nur mit Andeutungen ab?

Ich ging zurück ins Hotel und dachte noch lange an die seltsame Begegnung, bis ich endlich in einen unruhigen Schlaf fiel. Ich träumte wirres Zeug, sah Silvio mit einer fremden Frau, die kein Gesicht hatte, eng umschlugen auf einer großen Wiese sitzen und beobachtete eifersüchtig, wie Silvios Hände unablässig den Rücken seiner Geliebten streichelten. Doch plötzlich verwandelte sich die fremde Frau in Signore Superzahn, der seinen Mund weit aufriss, dabei riesengroße weiße Zähne zeigte und lachend rief: „Diese Touristinnen sind doch alle gleich, sie wollen immer nur das Eine!"

In meinem Traum kamen Marco und Chiara über die Wiese auf mich zugelaufen, winkten mir schon von weitem zu und riefen: „Andrea, hallo, Andrea!" Aber als ich ihnen sagte, dass ich Sabrina, ihre Mutter, sei, sahen sie mich nur verständnislos an und liefen vor mir weg. Ich schrie mir fast die Lunge aus dem Leib, schluchzte und weinte, aber meine Kinder hörten mich nicht. In meiner Verzweiflung versuchte ich hinter ihnen her zu laufen, doch meine Beine waren wie festgeklebt und ließen sich nicht vom Boden lösen. Und meine Arme waren so müde und schwer, dass sie bei jeder Bewegung kraftlos herunterfielen. Meine Not war so groß, dass ich mir nicht anders zu helfen wusste, als Silvio um Hilfe anzuflehen. Dieser wandte sich daraufhin zu mir um, ganz langsam, Millimeter um Millimeter, bis ich sein Gesicht sehen konnte und zutiefst erschrak. Sein Gesicht war leblos und fremd und wirkte irgendwie zerstört. Der Fremde reichte mir ein weißes Tuch und sagte mit seltsam hohl klingender Stimme: „Wisch das ab, das hast du doch gar nicht nötig!" Dann nahm er meine Kinder an die Hand und ging mit ihnen davon, während mir die gesichtslose Frau höhnisch zurief: „Wir sind auf dem richtigen Weg!"

Ich erwachte mit einem unbeschreiblichen Gefühl der Trauer. Und weil ich sowieso nicht mehr schlafen konnte, stand ich auf, öffnete die Balkontür und ließ die frühe Morgensonne auf mein Gesicht scheinen. Wie gut das tat! Fast war mir so, als würden die Sonnenstrahlen bis tief in meine Seele reichen und die Kälte meines schrecklichen Traumes verscheuchen. Um mich abzulenken, holte ich das Büchlein aus meiner Tasche, das mir der alte Pastor geschenkt hatte, und betrachtete es nun genauer. „Hoffnung für alle“ stand auf dem Umschlag. Also genau das Richtige für mich.

Ein bisschen gelangweilt schlug ich das Buch auf. „Dies ist die gute Nachricht von Gottes Barmherzigkeit“ stand auf der ersten Seite, und dann folgte eine Erklärung, dass dieses Buch denjenigen Hoffnung bringen wolle, die bisher der Bibel verständnislos gegenüber gestanden hätten. Und da das bei mir genau den Nagel auf den Kopf traf, blätterte ich weiter und entdeckte ein Inhaltsverzeichnis mit den Namen der verschiedenen Autoren, die mir aber alle nichts sagten.

„Nun gut, dann nehme ich mir mal den Bericht dieses Herrn Lukas vor“, murmelte ich entschlossen und las von dem Kind Jesus, das in einem Stall geboren und von einer Schar Engel als der „lang ersehnte Retter“ bezeichnet wurde. Ja, richtig, so eine ähnliche Geschichte hatte ich schon in meiner Kinderzeit gehört, sie aber später als romantisches Weihnachtsmärchen abgetan. Doch hier in diesem Buch wurden die Dinge so geschildert, als seien sie tatsächlich passiert. Wie erstaunlich!

Aha, nach einiger Zeit wurde es richtig spannend! Ich las von dem erwachsenen Mann Jesus, der ein Prediger geworden war und durch sein Land reiste, um kranke Menschen gesund zu machen und ihnen seine gute Nachricht zu bringen.

„Glücklich seid ihr, die ihr jetzt weint, denn ihr werdet bald vor Freude jubeln!“, stand da schwarz auf weiß. Diesen Satz musste ich immer wieder lesen, um es wirklich zu glauben. Was für tolle Aussichten hatte ich doch, wenn das der Wahrheit entsprach.

Aber plötzlich hielt ich entrüstet inne. „Liebet eure Feinde!“, verlangte Jesus nur wenige Zeilen weiter. „Und bittet für die, die euch Böses tun und euch beleidigen!“

Das ist ja ein starkes Stück, mein lieber Jesus! Was erwartest du denn von mir? Meinst du damit vielleicht, dass ich Silvio für seine feige Tat auch noch lieben und für Andrea bitten soll, wo die beiden doch mein Leben zerstört haben? Unmöglich, Jesus, unmöglich, dafür werde ich die beiden bis an mein Lebensende hassen!

Enttäuscht legte ich das Buch weg, zog mich an und ging zum

Frühstück hinunter. Aber weder Rosa noch Umberto Merlino waren zu sehen. Ich wurde von einer älteren, sehr dicken Frau mit einem mächtigen schwarzen Haarknoten bedient, die mit erstaunlicher Behändigkeit zwischen den Tischen hin- und herwieselte und dabei unablässig in einer mir unverständlichen Sprache redete. Sie machte den Eindruck allergrößter Geschäftigkeit, obwohl außer mir nur noch ein älteres Ehepaar anwesend war. Leider bekam ich keine Gelegenheit, auch nur einen einzigen Satz loszuwerden, und weil mich die enorme Wortfülle der geschäftigen Frau regelrecht erschlug, suchte ich gleich nach dem Frühstück das Weite.

Wie sollte ich nun am besten vorgehen? Sollte ich zum Einwohnermeldeamt gehen und nachfragen, ob noch Mitglieder der Rizzardi-Familie in San Gimona lebten? Oder war es besser, zur Polizei zu gehen und dort um Hilfe zu bitten? Vielleicht konnte ich auch den Bürgermeister, Ärzte, Lehrer oder Pfarrer fragen, denn die kannten die Leute in ihrer Stadt doch eigentlich am besten.

Voll Eifer machte ich mich auf den Weg, ging als Erstes zum Rathausplatz und fragte mich durch etliche Instanzen durch. Fast war meine Geduld schon am Ende, als ich endlich nach vielen Irrwegen in dem Vorzimmer des Amtsleiters landete. Die Sekretärin war eine streng blickende Frau mittleren Alters, die mich nur argwöhnisch musterte, als ich mein Anliegen vorbrachte. Und weil ich glaubte, dass sie mich nicht verstanden hatte, versuchte ich es gleich noch einmal. Doch schon nach wenigen Worten unterbrach sie mich unfreundlich. „Torno domani, Signora!“, sagte sie in einem Ton, der keinen Widerspruch duldete.

Aber ich wollte nicht morgen wiederkommen, ich wollte jetzt und hier angehört werden. Starrköpfig wiederholte ich mein Anliegen, was mein Gegenüber nur noch mehr verärgerte. Sie speiste mich mit dem knappen Hinweis ab, dass der zuständige Beamte im Moment nicht erreichbar sei.

Stur wie ich nun einmal bin, gab ich dennoch nicht auf, bat die Unnahbare, doch einfach in ihren Akten nachzusehen und schon sei sie mich wieder los. Daraufhin machte die Karteihüterin so ein entsetztes Gesicht, als habe ich ihr einen unsittlichen Antrag gemacht und wies mich mit scharfen Worten aus dem Büro. Als ich dann immer noch nicht sofort ging, wandte sie sich demonstrativ ihrer

Arbeit zu und beachtete mich nicht mehr, bis ich schließlich wie ein geprügelter Hund davonschlich.

Nach dieser Niederlage lief ich erst einmal planlos durch die Gegend, um für den nächsten Angriff neue Kräfte zu sammeln. Und diese Möglichkeit ergab sich schon bald, denn ich entdeckte an der Eingangstür eines schönen alten Hauses das Schild „Medico“, nahm daraufhin all meinen Mut zusammen und ging hinein. Eine junge Frau in einer Schwesterntracht saß hinter einer Schreibtheke, blickte mich lächelnd an und fragte nach meinen Wünschen. Angetan von so viel Freundlichkeit bat ich sie, ein paar Minuten mit dem Arzt sprechen zu dürfen. „Ich bin nicht krank“, erklärte ich ihr, „ich möchte den Doktor nur etwas fragen. Bitte, es ist äußerst wichtig.“

Die junge Schwester nickte zuvorkommend und führte mich in einen Warteraum, in dem nur wenige Leute saßen. Dort ließ sie mich über eine Stunde lang schmoren, bis ich endlich in das Allerheiligste geführt wurde. Der Dottore, ein gut aussehender, sportlicher Mann mittleren Alters, thronte hinter einem mächtigen Schreibtisch. Ohne aufzusehen wies er mit der Hand auf einen Stuhl und beschäftigte sich weiter mit seinen Papieren.

Ich setzte mich und begann sofort meine Bitte vorzutragen, schließlich hatte ich schon genug Zeit verloren. Doch der Dottore hob seine Hand, als wolle er meine Worte aus der Luft wegwischen und brachte mich damit zum Schweigen. Noch immer sah er mich nicht an, sondern schrieb weiter an seinen Notizen. Nervös wartete ich einige Zeit und räusperte mich dann laut, um mein Gegenüber daran zu erinnern, dass es mich noch gab. Endlich erhielt ich – mit einer ähnlichen Handbewegung wie eben – die gnädige Erlaubnis zu sprechen.

„Io serco i miei figli!“, brach es aus mir heraus. Als der Arzt mich ansah, als habe er eine entsprungene Irre vor sich, entschuldigte ich mich und erklärte ihm so knapp wie möglich, dass ich auf der Suche nach möglichen Mitgliedern der Familie Rizzardi sei, weil ich bei ihnen meine verschwundenen Kinder vermutete.

„Bitte, helfen Sie mir!“, bat ich ihn eindringlich. „Silvio Rizzardi war mein Ehemann. Er lebt nicht mehr, aber es muss doch irgendwo noch Angehörige geben, die vielleicht etwas über meine Kinder wissen. Und Sie kennen doch sicher viele Leute hier in der Umgebung.“

Mein Gegenüber musterte mich schweigend und stoppte meine Erklärungen einfach, indem er aufstand und mir mit knappen Worten erklärte, dass er Arzt und kein Auskunftsbüro sei. Meine weiteren Versuche wehrte er mit dem Hinweis auf die ärztliche Schweigepflicht ab, ging dann einfach zur Tür und hielt mir diese bedeutungsvoll auf.

Mit hochrotem Kopf schlich ich hinaus, knallte der Arzthelferin einen Geldschein auf den Tisch und bedankte mich für „die gute Behandlung".

Ich fühlte mich hundeelend und war den Tränen nahe. Es war ein schöner Frühsommertag, der Himmel leuchtete in einem tiefen Blau, und um mich herum blühte und grünte es. Aber wie sah es dagegen in mir aus! Niedergeschlagenheit machte sich in mir breit. Wie sollte ich nur jemals meine Kinder wieder finden, wenn alles und alle gegen mich waren?

Trotz meiner Weltuntergangsstimmung zog mich das bunte Leben in den Straßen magisch an. Fast neidisch beobachtete ich das geschäftige Treiben auf dem Platz vor dem Rathaus, wo jetzt Marktstände und Verkaufsbuden aufgebaut waren. Es gab Obst, Gemüse und Blumen in Hülle und Fülle aber auch Kleidungsstücke, Haushaltwaren und allerlei Krimskrams.

Langsam schlenderte ich durch die Reihen, hörte, wie die Verkäufer lautstark ihre Waren anpriesen und beobachtete die Leute, die miteinander verhandelten, lachten und gestikulierten. Aber trotz des Betriebes um mich herum fühlte ich mich einsam und verlassen und meilenweit vom wirklichen Leben entfernt. Ja, hier auf diesem schönen Rathausplatz, inmitten der geschäftigen Menschen, wurde mir so richtig klar, wie allein ich war, mutterseelenallein. Und daran konnte auch das bunte Treiben um mich herum nichts ändern. Diese Erkenntnis schmerzte so sehr, dass mir fast schon wieder die Tränen kamen.

Ob auch nur ein Einziger dieser Marktbesucher ähnliche Probleme hatte wie ich? Ob sich die junge Frau da vorn mit den zwei quengelnden Kindern im Schlepptau wohl bewusst war, wie gut sie es hatte, weil ihre kleinen Quälgeister bei ihr waren?

Wie gerne würde ich jetzt meine Kinder an der Hand halten, würde mit Wonne hinter Chiara herlaufen, weil sie im Gewühl eine

Freundin entdeckt hatte und ihr brühwarm den neuesten Klatsch aus dem Kindergarten berichten musste. Wie gerne würde ich Marco ermahnen, nicht alles auf einmal haben zu wollen oder mit seinen klebrigen Fingerchen nicht alles anzufassen, was er sah. Ich würde liebend gern in Kauf nehmen, dass meine Kinder etwas herunterrissen, was natürlich sofort in tausend Stücke zersprang, oder nach einem Eis verlangten, das ihnen dann in Sekundenschnelle am Kinn herunterlief und auf den gerade frisch gewaschenen Pulli tropfte. Voll Freude würde ich die verschmierten Mäulchen abwischen, ihnen einen herzhaften Kuss auf die runden Bäckchen drücken und dankbar sein, dass es diese kleinen Racker gab.

Wenn meine Kinder nur bei mir wären! Oder wenn ich wenigstens die Gewissheit hätte, dass sie noch am Leben sind! Was würde ich dafür geben! Es schmerzte so furchtbar, hier zu stehen und fremden Kindern zuzusehen, ohne etwas über das Schicksal der eigenen zu wissen.

Die Rufe einer genervten Mutter rissen mich aus meinen traurigen Gedanken.

„Andrea!“, rief eine junge Frau mit vor Aufregung schriller Stimme. „Andrea, komm sofort her!“

Die kleine Andrea schien nicht im Traum daran zu denken, den Worten ihrer Mutter Folge zu leisten. Gespannt blieb ich stehen und beobachtete die Szene, denn ich wollte wissen, wie die Geschichte ausging.

Jetzt hatte die Mutter ihr Kind erreicht, packte es am Arm und drehte es zu sich herum. Wie vom Donner gerührt stand ich da und starrte auf das Kind. Meine Gedanken wirbelten durcheinander wie Federn im Wind. Mein Mund öffnete sich, als wolle er einen Schrei ausstoßen, brachte aber keinen Ton hervor.

Ich starrte und starrte unentwegt auf dieses Kind und traute meinen Augen kaum, bis mein Verstand es endlich realisiert hatte: Andrea war ein Junge!

21

Andrea war ein Junge! Andrea war ein Mann!

Wie Schuppen fiel es mir von den Augen. Wenn Silvios Geliebte ein Mann war, dann ... ja, dann war Silvio homosexuell gewesen. Ein Schwuler, eine Schwuchtel, eine Tunte oder wie immer man das nannte!

Die Gedanken wirbelten durch meinen Kopf, ohne dass ich sie aufhalten konnte. Ich lief los, als ob ich vor meiner Erkenntnis davonlaufen müsste, rannte und rannte und wusste später nicht einmal mehr, wie ich in mein Zimmer gekommen war. Mein Mund war ausgedörrt und mein Magen fühlte sich an, als hätte jemand einen glühenden Gegenstand in ihn hineingerammt. Ich bekam kaum Luft und konnte nur in kleinen, flachen Stößen atmen. Wie erstarrt saß ich auf meinem Bett, den Oberkörper gerade aufgerichtet und versuchte mit dem Schmerz fertig zu werden.

Es dauerte lange, bis das Brennen in meinem Magen so weit nachließ, dass ich wieder einigermaßen denken konnte. Silvio homosexuell? Sollte es wirklich möglich gewesen sein, dass Silvio in all den Jahren Männer geliebt hatte, während er mit mir ...? Es war nicht zu fassen! Oder irrte ich mich doch?

Weil ich die Ungewissheit nicht länger ertragen konnte, ging ich nach unten und fragte an der Rezeption nach Rosa Merlino. Als man mir sagte, dass Rosa nicht im Haus sei, war es mit meiner Beherrschung vollends vorbei und ich verlangte lautstark nach dem Hausherrn. Und tatsächlich, mein Verhalten verfehlte seine Wirkung nicht, denn schon kurz darauf erschien Signore Merlino höchstpersönlich und begrüßte mich mit seinem gekonnt strahlenden Lächeln.

Fest entschlossen, mich dieses Mal nicht abweisen zu lassen, verlangte ich: „Ich möchte Ihre Tochter sprechen, sofort!“

Natürlich hatte Merlino wieder allerlei Ausreden parat und lud mich – geschäftstüchtig wie er nun mal war – zu Kaffee und Kuchen in sein Restaurant ein.

„Ich will weder Kaffee noch Kuchen, ich will Rosa sprechen!“, brüllte ich derart laut, dass Signore Merlino befürchten musste, die anderen Gäste könnten auf uns aufmerksam werden. Er musterte mich kurz und überlegte scheinbar, ob er mich eher mit Samthandschuhen anfassen oder doch lieber wie ein gefährliches Tier behandeln sollte.

„Kennen Sie Andrea? Hat sie . . . hat er sich hier mit meinem Mann getroffen?", ging ich geradewegs auf mein Ziel los. Damit hatte der Hotelier wohl nicht gerechnet, denn er wand sich sichtlich vor Verlegenheit. Um den Überraschungseffekt noch weiter auszunutzen, schob ich die nächste Frage gleich hinterher: „Und wo ist Andrea jetzt, wo finde ich ihn?"

Umbertos Gesicht sprach Bände. „Sie wissen von Andrea? Aber ich dachte, dass Sie . . . Dabei habe ich Rosa ausdrücklich gesagt, dass sie sich da raushalten soll. Mit solch heiklen Dingen können wir uns hier nicht abgeben, das schadet nur dem Geschäft. Wie konnte sie Ihnen nur davon erzählen!"

Um Rosa keine Schwierigkeiten zu machen, erklärte ich dem Signore, dass ich schon länger von Andrea wüsste, was ja auch der Wahrheit entsprach.

„Aber er ist nicht mehr hier, er ist noch vor Ihrem Mann abgereist!", versicherte Merlino nun eilig. „Wirklich, Signora! Ich schwöre es Ihnen bei allem, was mir heilig ist. Dieser Andrea Lombardo ist schon seit längerer Zeit aus San Gimona verschwunden und ich weiß nicht, wohin!"

„Hatte er . . . waren vielleicht . . . ich meine . . .!" Jetzt durfte ich mir keinen Patzer erlauben, sondern ich musste äußerst diplomatisch vorgehen. Aber ganz gegen meine Absicht fiel ich dann doch mit der Tür ins Haus und stellte die Frage, die mir zutiefst auf der Seele brannte. „Hatte Andrea vielleicht zwei Kinder bei sich, ein Mädchen und einen kleinen Jungen, ungefähr so groß?" Mit der Hand zeigte ich Chiaras und Marcos Größe.

„Kinder? Andrea und Kinder? Aber nein, Signora, das ganz bestimmt nicht!" Das Gesicht des Hoteliers wirkte so ehrlich verblüfft, dass ich ihm seine Aussage ohne weiteres abnahm. Aber scheinbar hatte er jetzt beschlossen, endlich mit der Wahrheit herauszurücken, wenn auch nur stückweise, denn er fuhr fort: „Ja, Andrea Lombardo war eine Zeit lang Gast in unserem Haus. Er war so ein netter und kultivierter junger Mann – wenigstens am Anfang –, und Rosa hatte ihn sehr . . . Nun ja, das spielt jetzt keine Rolle, das ist eine andere Geschichte. Jedenfalls, als herauskam, dass er und Signore Rizzardi . . . also, dass die beiden . . . Sie verstehen? So etwas konnte ich in meinem Haus doch nicht dulden, schon gar nicht wegen Rosa! Schließlich hat sie in ihrem Leben schon genug durchgemacht! Also, es gab einen Heidenkrach und kurz darauf ist Andrea abgereist. Wohin, das weiß ich nicht, und ich will es auch gar nicht wissen. Das alles war schon schlimm genug. Mehr kann ich Ihnen leider auch nicht sagen."

Enttäuscht ging ich in mein Zimmer zurück, setzte mich aufs Bett und überlegte fieberhaft.

Was für ein elendes Spiel hatte mein Ehemann da jahrelang mit mir getrieben. Das also war sein Geheimnis gewesen: Der Mann, der eigentlich gar kein richtiger Mann war, liebte Männer! Was für ein Hohn! Und ich, das naive gutgläubige Dummchen, hatte es nicht einmal gemerkt! Voller Bitterkeit lachte ich laut auf und schlug hysterisch auf mein Kopfkissen ein. Ich war nun wirklich nicht prüde und mir lag es fern, den moralischen Zeigefinger zu erheben, wenn es um das Intimleben eines Menschen ging. Aber dass mein eigener Ehemann sich mit Männern abgab, dass er mir einen Tritt gab und sich stattdessen so ein tuntiges Geschöpf ins Bett holte, schlug dem Fass den Boden aus. Ich hatte ja mit allem gerechnet, aber das, das war zu viel!

Vor Empörung über meine Blindheit trommelte ich mit beiden Fäusten gegen meine Stirn. Was für eine alberne Närrin war ich gewesen. Da hatte Silvio mich jahrelang als sein Alibi, sein Aushängeschild benutzt und hatte es sogar fertig gebracht, mir Liebe vorzuspielen und zwei Kinder mit mir zu zeugen. Damit hatte er dann aller Welt seine scheinbare „Normalität" präsentieren können und ich Esel, ich unglaublich dummer Esel, hatte nicht einmal gemerkt, dass er eine Scheinwelt um uns herum aufgebaut hatte. Während ich mich um unsere Beziehung sorgte und so dumm gewesen war, diesen Mann wirklich zu lieben, hatte er gut lachen gehabt! Denn mit einer kompletten Familie im Hintergrund hatte er ungehindert seiner heimlichen Neigung nachgehen können und sich auf diese Weise Spott und Diffamierungen erspart. Auch in seinem Beruf hatte er dadurch keinerlei Nachteile in Kauf nehmen müssen.

Also war unsere Ehe nur auf Lug und Trug aufgebaut gewesen? Hatte Silvio sich überhaupt je etwas aus mir gemacht oder hatte meine Liebessehnsucht ihn sogar angewidert? Ja, vielleicht hatte Silvio seinem jeweiligen Bettgenossen von meinen plumpen Annäherungsversuchen erzählt, und gemeinsam hatten die beiden dann über meine beispiellose Dummheit gelacht, hatten ihre Witze über die ach so blöde Ehefrau gerissen, die nicht einmal merkte, dass ihr Mann sich gar nichts aus ihr machte.

Bei dieser Vorstellung wäre ich am liebsten an die Decke gegangen. Aber stattdessen presste ich mein Gesicht in das Kopfkissen und heulte meine Enttäuschung hinein, bearbeitete mit meinen Fäusten das Bett, riss wutentbrannt an den Laken herum und schlug blindlings auf die Matratze ein. Hilflos war ich diesen Gefühlen der tiefsten Erniedrigung ausgeliefert. Und wer immer sich jetzt in meine Nähe gewagt hätte, hätte es bitter bereut!

Erst viele Stunden später hatten sich mein Zorn und meine Enttäuschung erschöpft und ich saß nur noch wie ein Häufchen Elend auf meinem zerwühlten Bett. Dabei umklammerte ich das mit Tränen und Wimperntusche verschmierte Kopfkissen wie einen Rettungsanker und dachte nach. Langsam und stetig fügte sich eines der Puzzlestücke an das andere. In meiner Erinnerung stiegen all die Ungereimtheiten unserer Ehe wieder auf und ließen so manche Situation in einem ganz neuen Licht erscheinen. Es war nicht viel, was ich von Silvios Leben wusste, eigentlich waren es nur Bruchstücke, die sich jetzt aber mehr und mehr in das Gesamtbild einfügten. Eines dieser Puzzlestücke war das Kind Silvio, das von seiner Familie dazu „auserwählt" worden war, eine große Karriere als Priester zu machen.

In Gedanken stellte ich mir den kleinen Jungen vor, wie er heimwehkrank in seinem Internatsbett liegt und sich nach den Zärtlichkeiten seiner Mutter sehnt. Vielleicht hat er sich damals so ähnlich gefühlt, wie ich mich jetzt in diesem Moment fühlte, so ratlos, so verzweifelt und so vollkommen allein! Dann sah ich auch den Lehrer, den der kleine Junge so bewundert und in seiner Einsamkeit fest in sein Herz schließt. Dieser erkennt schnell die Zuneigung des Kindes, liebkost und streichelt es und schlüpft gleichzeitig in die Rolle des verständnisvollen Vaters und der liebenden Mutter. Dass er dabei mal so ganz zufällig eine intime Stelle des kindlichen Körpers berührt, spielt für den sensiblen Jungen zu diesem Zeitpunkt noch keine Rolle. Denn er hat keine Ahnung, was diese Zärtlichkeiten bedeuten, sondern tadelt sich sogar für seine immer größer werdende Empfindsamkeit. Schweigend erträgt er die Berührungen seines vermeintlichen Freundes, weil er Angst hat, sonst dessen Zuneigung zu verlieren. Gleichzeitig fühlt er sich aber so elend, dass er oft weder ein noch aus weiß. Seine Abneigung gegen den jungen Lehrer wird immer größer, ruft aber zugleich Schuldgefühle in ihm hervor, die er wiederum dadurch kompensiert, dass er noch gefügiger wird, sich niemals wehrt und nicht einmal in Erwägung zieht, sich einem Außenstehenden anzuvertrauen. Und aus diesem Teufelskreis findet das Kind nicht mehr heraus. Es schweigt und leidet und wehrt sich nicht.

„Ich habe ihm vertraut, ohne zu wissen, dass sich dadurch mein Elend noch vergrößern würde", hatte Silvio mir damals unter Tränen gesagt. Und ich hatte keine Ahnung gehabt, wovon er sprach, hatte nichts verstanden, sondern einfach nur angenommen, dass sein Heimweh dadurch noch stärker geworden sei.

Mir war nicht bekannt, wie die Geschichte weitergegangen war, ich wusste nur, dass Silvio irgendwann in ein anderes Internat gekommen war. Aber auch dort hatte er sich scheinbar nicht wohl gefühlt, denn er wechselte noch mehrmals die Schule und wurde dann später mit Schimpf und Schande verjagt. Genau an dieser Stelle klaffte die Lücke in meinem Puzzle, denn Silvio hatte nie über den Grund seines Rauswurfes gesprochen. War er vielleicht schon damals „anders" gewesen? Aber wenn es so war, dann war er doch eigentlich das Opfer!

Das nächste Puzzlestück fügte sich wieder nahtlos in die Geschichte ein. Silvio war nach Deutschland gegangen, damit Gras über die Sache wachsen konnte. Und da sein Vater ihm die „Schande" nicht verzeihen konnte, riss der Kontakt zu seiner Familie völlig ab. Also blieb Silvio in seiner neuen Heimat, erst recht als seine Mutter und sein Vater kurz hintereinander starben, ohne dass eine Versöhnung stattgefunden hatte. Aber was war mit seinen Geschwistern, warum hatten sie zu Silvio keinen Kontakt gesucht?

Ich versuchte aus all diesen Teilen logische Schlussfolgerungen zu ziehen. Wenn Silvio mit seinem „Makel" unglücklich gewesen war, dann hatte er vielleicht in einer Eheschließung die Chance gesehen, seiner Familie seine „Besserung" zu beweisen. Also heiratete Silvio eine naive, unerfahrene Frau ohne Familienbindung, die ihn zudem so sehr bewunderte, dass sie für die Realität blind und taub war. Deshalb hatten wir sicher auch etwas überstürzt geheiratet und deshalb hatte er diesen starken Wunsch nach Kindern gehabt. Silvio wollte sich der Welt als stinknormaler Ehemann und Familienvater präsentieren, was ihm ja auch hervorragend gelungen war, denn scheinbar hatte niemand Verdacht geschöpft. Wie mag er heimlich triumphiert haben, als ich mit Chiara und später mit Marco schwanger war. Vermutlich hatte er sich dann auch noch selbst und seinen Freunden auf die Schultern geklopft und sich zu diesem raffinierten Schachzug gratuliert.

Aber unerfreulicherweise hatte die junge Ehefrau in diesem elenden Spiel ganz anders reagiert, als Silvio es erwartet hatte. Dummerweise liebte sie nämlich ihren Mann wirklich und stellte Ansprüche, die er nicht so ohne weiteres erfüllen konnte. Was mag es ihn für eine Überwindung gekostet haben, hin und wieder mal ein bisschen zärtlich mit ihr zu sein, um nur ja keinen Verdacht zu erregen. Was für Ausreden bezüglich Arbeitsüberlastung, Tagungen oder Fortbildungsseminaren waren nötig gewesen, um von zu Hause wegzukommen. Aber all das hatte letztendlich nichts geholfen, denn die Ehefrau schöpfte eines Tages trotz aller Vorsichtsmaßnahmen Verdacht, wenn auch in die falsche Richtung. Dass ihre Rivalin ein Mann sein könnte, darauf wäre sie natürlich nie gekommen.

„Ich Idiot! Ich Esel! Ich schafsäugige Ziege!", beschimpfte ich mich laut. Ich hatte nicht nur geglaubt, mit „weiblichen Tricks" um meinen Mann kämpfen zu müssen und mich dadurch zum Hanswurst gemacht. Nein, hinzu kam noch, dass ich Silvio so sehr geliebt und unter seiner vermeintlichen Untreue so sehr gelitten hatte, dass ich lange Zeit von schlimmen Selbstzweifeln geplagt worden war und mich selbst in Frage gestellt hatte. Denn ich war scheinbar nicht in der Lage gewesen, länger als zwei oder drei Nächte für meinen Mann interessant zu sein. Diese Zweifel hatten mir zeitweise so sehr zugesetzt, dass mein Selbstwertgefühl ganz tief in den Keller gerutscht war. Erst nach unserer Trennung hatte ich dann allmählich gelernt, den Fehler nicht allein bei mir zu suchen und sorgsamer mit mir selbst umzugehen. Zwar sehnte ich mich weiter nach Silvios Liebe, aber dennoch lernte ich, die Realität anzunehmen und mich nicht länger von dem beherrschen zu lassen, was Silvio mir vorenthielt.

Aber was mochte in Silvio vorgegangen sein? Hatte auch er unter Schuldgefühlen und Selbstvorwürfen gelitten, war auch er an sich selbst verzweifelt und hatte sich als Außenseiter gefühlt, der das Licht des Tages scheute? Hatte er sich deshalb Lebensfreude in Pillenform verabreichen müssen, weil er seine Lebensweise sonst nicht ertragen hätte?

Als ich mir Silvios Gefühle der Zerrissenheit vorstellte, spürte ich fast so etwas wie Mitleid für den Mann, der mein Leben zerstört hatte. Ich erinnerte mich an sein unglückliches Gesicht, wenn ich ihn mal wieder mit Vorwürfen überhäuft hatte, und ich sah noch einmal die Qual in seinen Augen, als ich ihm schließlich die Tür gewiesen hatte. Ja, Silvio war nicht zu beneiden gewesen, denn er hatte sich nie zu seinem Lebensstil bekennen können, es aber genauso wenig fertig gebracht, seine Gefühle zu verändern. Und das hatte ihn letztendlich zu dem zerrissenen Menschen gemacht, der in die Anonymität der Dunkelheit flüchten musste.

War das Silvios Krankheit gewesen, die ihn in immer tiefere Depressionen hatte sinken lassen und schließlich zum Selbstmord geführt hatte? Aber warum hatte er sich mir nie anvertraut? Warum hatte er mir nicht erklärt, was mit ihm passiert war und ihn von mir wegtrieb? Vielleicht hätte ich seine Ängste weglieben und ihm helfen können, die Schatten seiner Vergangenheit zu vertreiben! Wenn ich gewusst hätte, was mit Silvio los gewesen ist, dann hätte ich doch ... Ja, was dann? Wie hätte ich reagiert?

Nein, ich erkannte nun ganz deutlich, daß ich Silvio nicht hätte helfen können. Im Gegenteil, ich mit meiner Ungeduld hätte ihn wahrscheinlich nicht einmal ausreden lassen, sondern ihm einfach meine Verachtung ins Gesicht geschleudert. Und das wäre für Silvio, der schon die Verachtung seiner Familie hatte ertragen müssen, sicher der Todesstoß gewesen.

Aber wer sonst hätte ihm helfen können? Gab es denn niemanden, der einen Menschen in solchen Situationen vor sich selbst beschützt? Gab es nicht einen, der all die verschlungenen Wege unseres menschlichen Wesens kennt, der die Irrwege der Gefühle und die vielen unerfüllten Wünsche unseres Herzens versteht, der von all unseren Fehlern weiß und uns dennoch mit großer Barmherzigkeit ansieht? Ja, hätte Gott Silvio nicht auffangen können, bevor er von der Brücke sprang und unter den Rädern eines heranbrausenden Zuges endete? Hätte er ihm nicht Verständnis und ein Stückchen Geborgenheit schenken können, wo sich doch schon so viele seiner Mitmenschen verständnislos von ihm abgewandt hatten?

Ich spürte, wie ich mich langsam von meinem Hass auf Silvio entfernte. Nein, ich verstand sein Handeln noch immer nicht, aber noch weniger verstand ich seine Eltern, die ihr Kind so unbarmherzig aus dem Haus gewiesen hatten, weil sein Wesen und Handeln nicht ihren Vorstellungen entsprach. Was waren das für Menschen, die für Außenstehende nach christlichen Maßstäben lebten, deren Glaube aber längst zu reiner Tradition erstarrt war? War ihre Schuld nicht größer als die, die ihr Sohn durch seine „Verfehlungen" auf sich geladen hatte? Durften sie einen Maßstab anlegen, an dem ein Mensch bis in den Tod hinein zerbrach?

„Auch du nicht, Sabrina!", sagte ich laut. „Auch du nicht!"

Erstaunt lauschte ich auf meine eigene Stimme. Was für wirres Zeug kam da aus meinem Mund? Hatte ich nicht eben noch Silvio verdammt und mir geschworen, ihm niemals zu verzeihen?

Mein Blick fiel auf die Bibel, die noch genauso auf dem Schreibtisch lag, wie ich sie hingelegt hatte. Ich griff nach ihr und suchte die Stelle, die mich gestern so empört hatte, weil mir die Forderung: „Liebet eure Feinde!" völlig unmöglich erschienen war. Mal sehen, was als Nächstes von mir erwartet wurde.

„Seid barmherzig, wie euer Vater im Himmel barmherzig ist!", las ich mit gemischten Gefühlen. Und weiter: „Richtet nicht über andere, dann wird Gott auch nicht über euch richten! Verurteilt keinen Menschen, dann wird Gott euch auch nicht verurteilen. Wenn ihr anderen vergebt, dann wird Gott auch euch vergeben!"

Bestand Gott im Ernst darauf, dass ich das praktizierte? Erwartete er von mir, dass ich Silvio all das Böse vergab, das er mir und meinen Kindern angetan hatte? Und wenn ich es fertig brachte, würde Gott mir dann als Gegenleistung meine Kinder zurückgeben?

Noch vor ein paar Tagen hätte ich keine Bedenken gehabt, Gott einen solchen Kuhhandel vorzuschlagen. Doch jetzt fühlte ich, dass das mit Gott nicht zu machen war. Gott lebte auf einer anderen Ebene als ich und war nicht mit meinem Maßstab zu messen. Aber mit welchem Maßstab maß er?

Wie eine Antwort auf meine Frage las ich in meinem Buch: „Mit dem Maßstab, den ihr an anderen anlegt, wird Gott euch messen."

„Ja, wenn das so ist", murmelte ich nachdenklich.

Ja, wenn das so war, wenn Gott mich wirklich mit dem gleichen Maßstab maß, den ich bei Silvio anlegte, dann . . . ja, dann gnade mir Gott! Dann war es unbedingt notwendig, dass ich Silvio vergab.

Ich horchte in mich hinein. „Ich würde es ja gerne", murmelte ich bedrückt, „aber ich . . . ich kann nicht!"

Nein, meine Gefühle spielten da nicht mit! Ich konnte Silvio nicht vergeben. Es war zu viel, was er mir angetan hatte.

Aber irgendwie war ich dabei nicht glücklich, denn tief in meinem Herzen spürte ich, dass Gott etwas anderes von mir erwartete.

22

Die Nacht war furchtbar. Ich quälte mich im Bett herum, stand auf, lief unruhig hin und her, legte mich wieder hin und konnte doch nicht schlafen. Die Gedanken in meinem Kopf rotierten und ließen mich nicht zur Ruhe kommen.

Hatte Silvio sich vielleicht wegen seiner Homosexualität umgebracht? Und war es dann nicht nahe liegend, dass er seine Kinder mit sich nahm, weil er sie der Mutter nicht gönnte? Aber andererseits, wer bringt sich heutzutage schon wegen einer Veranlagung um, die fast schon als gesellschaftsfähig gilt? Außerdem hatte Silvio jahrelang mit seinem Geheimnis gelebt und scheinbar gut gelebt. Warum sollte er dann nach so langer Zeit nicht damit weiterleben können?

Verzweifelt wälzten sich die Gedanken durch meinen Kopf. Was sollte ich jetzt tun? Wohin konnte ich mich wenden? Was würde Wolfgang sagen, wenn er wüsste . . .

Wolfgang! Wie elektrisiert fuhr ich hoch. Seit Tagen hatte ich Wolfgang aus meinem Gedächtnis gestrichen. Ich stand auf, sah auf die Uhr und wählte trotz der frühen Morgenstunde Wolfgangs Nummer.

„Hallo, hier Schiller!“, hörte ich seine verschlafene Stimme.

„Wolfgang? Hier ist Sabrina! Gibt es etwas Neues in Deutschland? Hast du schon was von Kommissar Rollmann gehört? Gibt es eine Spur von unseren Kindern?“

Am anderen Ende der Leitung hörte ich Wolfgang leise lachen.

„Was ist denn?“, fragte ich ärgerlich. „Warum lachst du?“

„Langsam, Sabrina, nicht alles auf einmal“, meinte Wolfgang. „Du lässt mich ja gar nicht zu Wort kommen. Weißt du übrigens, dass du gerade ‚unsere Kinder‘ gesagt hast? Ich wusste ja gar nicht, dass deine Kinder auch meine Kinder sind.“ Wieder lachte er. „Aber schön, dass du dich mal meldest!“

Nachdem Wolfgang mir berichtet hatte, dass es im „Fall Rizzardi“ nichts Neues gäbe, erzählte ich von San Gimona. „Aber ich bin noch nicht weitergekommen“, wich ich vorerst aus, denn ich brachte es noch nicht fertig, über Silvio und sein Geheimnis zu sprechen.

Traurig blieb ich noch einige Zeit vor dem Telefon sitzen, zog mich dann lustlos an und ging zum Frühstück ins Restaurant hinunter, wo wieder die korpulente Kellnerin bediente. Schade! Ich hatte gehofft, endlich einmal mit Rosa sprechen zu können und vielleicht doch noch ein paar Dinge über Andrea Lombardo zu erfahren. Aber scheinbar hatte Umberto Merlino sie weggeschickt, damit sie mir nicht noch einmal über den Weg lief.

Ich verließ das Hotel, schlenderte unentschlossen herum, schleppte mich mutlos durch die malerischen engen Gassen der Altstadt, ohne einen Blick für ihre Schönheit, stieg steile Treppen hinauf und hinunter und stand schließlich vor der Kirche San Antonio.

Eigentlich könnte ich mir jetzt die Kirche ansehen und gleichzeitig Rosas geheimnisvolle Andeutung und den Rat der alten Frau unter einen Hut bringen, überlegte ich und ging näher. Aus dem Innern der Kirche klang leises Gemurmel, und gleich darauf setzte die Orgel ein. Scheinbar fand gerade ein Gottesdienst oder so etwas Ähnliches statt. Ob ich trotzdem hineingehen sollte?

Neugierig betrat ich die Kirche und ging auf Zehenspitzen über die Steinfliesen, um niemanden zu stören. Zuerst konnte ich nicht viel erkennen, denn meine Augen mussten sich erst allmählich an die neuen Lichtverhältnisse gewöhnen. Also blieb ich erst einmal stehen, um mich zu orientieren. Auf der rechten Seite neben dem Eingang entdeckte ich einen blumengeschmückten Altartisch, auf dem eine Marienfigur mit einer goldenen Krone auf dem Kopf und einem Kind auf dem Arm stand. Vor dem Altartisch befand sich eine flache Schale, in der viele dünne Kerzen brannten, deren Lichter im Luftzug der halb geöffneten Tür flackerten. Zerlaufenes Kerzenwachs tropfte auf den Boden der Schale und erstarrte dort zu kuriosen Figuren.

Auf der hölzernen Bank vor der Kerzenschale kniete eine alte Frau mit einem Kopftuch. Ihr tief über die gefalteten Hände geneigter Kopf drückte Demut und Ehrfurcht aus, ja selbst ihr gebeugter Rücken schien diese Haltung fortzusetzen. Jetzt richtete sie sich auf, warf eine Geldmünze in einen kleinen Kasten neben der Kerzenschale, nahm eine neue Kerze aus dem Behälter, zündete diese an und stellte sie zu den anderen. Dann kniete sie erneut auf der Bank nieder, ließ einen Perlenkranz durch ihre Finger gleiten und bewegte dabei die Lippen in einem lautlosen Gebet.

Verständnislos beobachtete ich das geheimnisvolle Treiben. Ich wollte gerade weitergehen, als sich die Frau zu mir herumdrehte und mir so freudig zunickte, als hätte sie mich bereits erwartet. Erst jetzt erkannte ich die alte Frau vom Abend zuvor, die sich so sonderbar benommen hatte. Gespannt wartete ich auf ihre weitere Reaktion, aber sie wandte sich wieder dem Altar zu und versank in ihrem lautlosen Gebet.

Also war das gestern Abend doch nur das Geschwätz einer senilen Alten gewesen! Enttäuscht ging ich weiter durch die Kirche, setzte mich in eine der Holzbänke und betrachtete die viel zu bunten Heiligenfiguren, die in den kleinen Nischen der Seitenwände standen. Umberto Merlino hatte Recht: Hier gab es wirklich nichts Besonderes zu sehen! Aber egal, jetzt war ich nunmal hier und konnte einfach die harmonische Atmosphäre einer Kirche genießen und dabei beobachten, wie ein Gottesdienst abläuft.

Erstaunlich! Schon nach kurzer Zeit fühlte ich mich ruhig und entspannt. Ja, mir war, als wäre ich von der Welt da draußen meilenweit entfernt und als würden die Schwierigkeiten, mit denen ich zu kämpfen hatte, kleiner und kleiner. War dieser wohl tuende Friede das ganze Geheimnis der Christen und ihres Gottes? Hatte Rosa mich deshalb in die Kirche geschickt, weil sie glaubte, dass ich hier Ruhe und Frieden für meine Seele finden könnte? Und hatte die geheimnisvolle Aussage der alten Frau von gestern Abend nur deshalb zugetroffen, weil diese mir mein Unglück angesehen und daraus kombiniert hatte, dass ich etwas suchen würde, was auch immer es sei?

Siehst du, Sabrina, es gibt für alles eine logische Erklärung, flüsterte mir meine innere Stimme zu. *Du deutest das Benehmen der Leute nur deshalb falsch, weil du überall Geheimnisse witterst. Erwartest du vielleicht, dass dir gleich einer der hier Anwesenden sagt, wo deine Kinder sind, oder dass Chiara und Marco höchstpersönlich aus irgendeiner Ecke auftauchen? Du bist eine Traumtänzerin, Sabrina, hier findest du sicher nicht, was du suchst!*

Vorsichtig sah ich mich nach allen Seiten um, betrachtete eingehend die wenigen Leute, zumeist ältere Frauen, die leise ihre Gebete murmelten und mit dünnen Stimmen versuchten, dem Orgelspieler zu folgen. Nein, keines dieser Gesichter kam mir bekannt vor. Bestimmt vergeudete ich hier nur meine Zeit.

Während ich noch überlegte, ob ich nicht besser gehen sollte, fiel mein Blick auf den Priester in seinem hellen, schön bestickten Gewand, der vor einem mit Blumen und brennenden Kerzen geschmückten Altar stand. Er hatte uns den Rücken zugewandt und verbeugte sich vor dem Altar, kniete nieder und stand wieder auf.

Ich verstand nichts von all den geheimnisvollen Dingen, die da vor sich gingen. Eigentlich wollte ich auch längst weg sein, aber irgendetwas hielt mich zurück. Fasziniert blieb ich auf meiner Bank sitzen und lauschte auf die Stimme des Priesters, die mir eine Gänsehaut verursachte, ohne dass ich den Grund dafür wusste.

Nun hob der Priester einen goldenen Becher in die Höhe und sagte wieder etwas mit seiner weichen, dunklen Stimme, die mir irgendwie bekannt vorkam. Die Frauen im Kirchenraum antworteten ihm leise, und so ging es noch einige Male hin und her. Dann stellte der Priester den Becher auf den Altar, breitete seine Arme aus, als wolle er uns umarmen und drehte sich um.

Ich stand da und starrte nach vorne. Eisesschauer liefen mir über den Rücken und meine Knie wurden so weich, dass ich Angst hatte, zu Boden zu stürzen. Mein Mund öffnete sich zu einem Schrei des Entsetzens, aber ich presste rasch eine Hand auf meine Lippen und starrte weiter ungläubig auf den Mann im Priestergewand.

Der Mann war Silvio! Mein toter Mann Silvio!

23

Wie von Furien gehetzt sprang ich auf und lief davon. Jetzt war ich wirklich dabei, den Verstand zu verlieren, denn das, was ich gesehen hatte, konnte nicht sein! Silvio war tot, wirklich und wahrhaftig tot! Ich hatte mit eigenen Augen gesehen, wie er dagelegen hatte, so fremd und kalt, so weit entfernt von mir und dem Leben. Ich hatte ihn identifiziert und war zusammen mit vielen anderen Menschen bei seinem Begräbnis dabei gewesen.

Oder sollte ich mich geirrt haben? Lag vielleicht ein Unbekannter in Silvios Grab? Lebte er womöglich hier unter einer falschen Identität weiter? Immerhin würde das so manches erklären!

Ich rannte wie eine Verrückte weiter und weiter. In meinem Kopf hämmerte es und mein Puls raste so sehr, dass ich Angst hatte, gleich tot umzufallen. Tränen des Entsetzens liefen über mein Gesicht, sie vermischten sich mit dem Schweiß, der mir vor lauter Anstrengung aus allen Poren quoll. Erst als ich in einen einsamen Feldweg eingebogen war und nicht mehr weiterkonnte, sank ich erschöpft auf den Boden. Da hockte ich nun wie ein Häufchen Elend und ließ meinen Tränen freien Lauf.

Es dauerte eine ganze Zeit, bis sich meine aufgewühlten Nerven so weit beruhigten, dass ich wieder einigermaßen vernünftig denken konnte. Aber schließlich erhob ich mich, klopfte den Staub aus meiner Kleidung, ging ein bisschen hin und her und setzte mich dann in den Schatten eines Baumes.

„Ruhig, Sabrina!“, befahl ich mir halblaut. „Du hast dich geirrt! Deine Nerven sind überstrapaziert und haben dir einen dummen Streich gespielt!“

Aber war es denn verwunderlich, wenn ich in Silvios Heimatland jeden, der ihm auch nur im Entferntesten ähnlich sah, für meinen Mann hielt? Seit Silvios Tod hatte ich nichts anderes mehr im Kopf gehabt, beschäftigte mich ständig mit seiner Person und träumte Tag und Nacht von ihm. Also war es doch nur logisch, dass mir Silvios Gesicht auf Schritt und Tritt folgte. Schließlich hatte ich ja auch schon völlig fremde Kinder für Chiara und Marco gehalten, weil mich die Sorge um sie nicht mehr klar denken ließ. Nein, nach allem, was ich durchgemacht hatte, war es durchaus denkbar, dass ich Dinge sah, die es in Wirklichkeit gar nicht gab!

Möglicherweise hatte der Pfarrer auch tatsächlich ein wenig Ähnlichkeit mit Silvio. Oder mein Unterbewusstsein projizierte Silvios Bild auf das des Priesters, weil auch Silvio einmal diesen Beruf hatte ergreifen wollen. Außerdem war es möglich, dass die Entdeckung von Silvios Homosexualität mich so verwirrt hatte, dass ich im Dämmerlicht der Kirche ganz einfach einem Trugbild aufgesessen war. Wäre ich noch länger geblieben, hätte ich womöglich Chiara und Marco irgendwo auf einem Sockel als kleine Heiligenfiguren gesehen oder in einer dunklen Ecke Gespenster mit Ketten rasseln hören!

„Es gibt eine logische Erklärung dafür, ganz bestimmt", murmelte ich und wiederholte es gleich mehrmals, um es auch wirklich zu glauben.

Trotzdem fühlte ich mich hundeelend. Mutlos blickte ich in den Himmel, der sich hoch und weit dahinzog. Ob es in dieser Unendlichkeit wirklich jemanden gab, der mich jetzt und hier in meinem Elend sah? Und wenn ja, was half es mir, wenn dieser Jemand da oben zufrieden in seinem Himmel thronte, während ich hier unten – ganz tief unten – vergeblich auf sein Eingreifen wartete? Machte ich mir nicht etwas vor, wenn ich glaubte, dass Gott mir wohlgesinnt war?

„Oh Gott, dann rede doch zu mir!", rief ich verzweifelt, hob mein Gesicht in den schweigenden Himmel und blickte forschend in die blaue Weite, als erwartete ich dort oben tatsächlich jemanden, der mir freundlich zunickte. Aber nichts geschah.

Wie leer die Welt doch war, wie leer und wie sinnlos! Da war niemand, der mir half, niemand, der ein gutes Wort für mich hatte! Ich war allein, völlig allein! Und selbst Gott hatte mich im Stich gelassen, wo ich doch gerade erst angefangen hatte, an ihn zu glauben. Hatte es überhaupt Sinn, ihn um Hilfe zu bitten?

Trotz meiner Zweifel begann ich wieder zu flüstern, wurde immer lauter und drängender und schilderte schließlich Gott all meine Enttäuschungen und Schwierigkeiten. Doch plötzlich hielt ich inne, weil mir bewusst wurde, dass ich mich längst mit jemandem im Gespräch befand, dessen Existenz mir eben noch sehr fragwürdig erschienen war.

Also war ich doch nicht mehr richtig bei Verstand? Sollte ich mich nicht besser auf meinen Geisteszustand untersuchen lassen? Verängstigt begann ich von neuem zu weinen.

Aber mit einem Mal war mir, als spräche jemand zu mir! Ich lauschte auf die Stimme, war mir aber nicht sicher, ob ich es nicht selbst war, die so seltsame Worte murmelte. Na egal! Ich schloss einfach die Augen und wiederholte das Gehörte: „Kommt zu mir, die ihr euch abmüht und unter eurer Last leidet. Ich werde euch Frieden geben!" Und gleich noch einmal: „Komm zu mir. Ich werde dir Frieden geben!"

„Ja", flüsterte ich mit geschlossenen Augen, „ja, ich komme, denn ich leide unter einer riesigen Last."

Meine Umgebung schien sich nun zu verändern. Erschrocken riss ich die Augen auf und sah mich um, aber alles war wie vorher. Die grünen Felder und die sanften Berge lagen im leichten Dunst der mittäglichen Sonne und darüber erhob sich der hohe blaue Himmel. Dennoch war etwas Neues da, etwas Unbegreifliches, das ich fühlen, aber nicht sehen konnte. Ja, ich spürte es genau, jemand war in meiner Nähe, den ich aber optisch nicht wahrnehmen konnte.

„Kreuzesmann?", stammelte ich blind vor Tränen und atemlos vor Schreck. „Wenn du wirklich da bist, dann . . . dann lass mich dich erkennen! Du bist so furchtbar weit weg, aber ich brauche deine Nähe und deine Hilfe! Bitte, bleib bei mir, denn ohne dich bin ich am Ende!"

Ich spürte, dass etwas Seltsames mit mir geschah! Hier in einem fremden Land, allein, verzweifelt und ohne Perspektive, begann sich etwas in mir zu verändern. Mit einem Mal begriff ich, was mir bisher verborgen geblieben war: Es gibt einen Gott, der mich liebt und mir den Weg zeigt, auch wenn ich es bisher nicht gemerkt hatte und auch nicht merken wollte. Ich hatte nichts getan, um mir diese Liebe zu verdienen, hatte vielmehr alles versucht, sie von mir fern zu halten! Aber jetzt streckte Gott seine Hände nach mir aus und bot mir seinen Schutz und seine Liebe an. Und dieses Angebot war etwas Einmaliges, Kostbares, das ich nicht ausschlagen konnte.

„Du musst nichts weiter tun als Gott zu vertrauen", hörte ich eine feine Stimme in meinem Herzen.

Doch sofort widersprach eine andere: „Das muss aber ein sehr einfältiger Gott sein, der sich mit so etwas zufrieden gibt", raunte mir meine Vernunft zu. „Komm zurück auf den Boden der Tatsachen."

Aber in meiner Verzweiflung brachte ich diese Stimme zum Schweigen, hob einfach meine Hände zum Himmel und griff voller Hoffnung nach etwas, das ich nicht sehen oder greifen konnte, das aber mein ganzes Leben umkrempeln sollte. „Ja, ich will es, ich will zu dir kommen und mein Leben an dich ausliefern! Gott, ich will dir gehören, mit allen Konsequenzen“, versprach ich laut und feierlich.

Gespannt wartete ich darauf, dass etwas Außerordentliches geschah, ein kleines Erdbeben vielleicht oder wenigstens ein feuriger Vulkanausbruch oder ein paar kräftige Gewitterschläge. Doch alles blieb ruhig. Und dennoch spürte ich, dass etwas mit mir geschehen war, denn ich wurde von einem tiefen Frieden und einer fast heiteren Gelassenheit ergriffen. Zwar hatte sich an meiner Situation nichts geändert, aber ich fühlte mich nicht mehr so hilflos und enttäuscht.

Ich blieb noch eine ganze Weile sitzen und horchte auf die leise Stimme in meinem Innern. Langsam erkannte ich, was jetzt zu tun war. Nein, es war nicht die Zeit, zu jammern und den Kopf in den Sand zu stecken, es war Zeit, zum Pfarramt zu gehen und mit dem Priester zu reden.

„Und wenn es doch Silvio ist? Wenn er sogar hier sein erbärmliches Spiel mit dir treibt?“, flüsterte eine provozierende Stimme mir zu. „Oder wenn du zu hören bekommst, dass deine Kinder längst tot sind? Wirst du das aushalten können? Ist es nicht besser, du gibst auf und fährst nach Hause? Dann bleibt dir wenigstens ein Fünkchen Hoffnung!“

„Nein!“, zischte ich zurück. „Hau ab und fang nicht wieder damit an. Ich gehe zum Pfarramt und finde die Wahrheit heraus!“

Mit neuer Kraft stand ich auf und streckte meine steif gewordenen Gliedmaßen. „Bitte, Gott, zeig mir den Weg! Zeig mir den Weg zu meinen Kindern!“, bat ich noch einmal eindringlich und war nun in der richtigen Stimmung, in die Stadt zurückzukehren und mich der Wahrheit zu stellen. Ich hatte keine Angst mehr, ich würde nötigenfalls auch mit Drachen oder Außerirdischen kämpfen und würde sogar ganze Heere von bis an die Zähne Bewaffneten in die Flucht schlagen.

„Typisch Sabrina! Du musst immer gleich übertreiben“, murmelte ich. „Es reicht vorerst, wenn du zum Pfarrhaus gehst und dir den Padre mal näher ansiehst.“

Es war schon später Nachmittag, als ich am Pfarrhaus läutete. Eine ältere Frau öffnete mir die Tür und fragte nach meinen Wünschen.

„Ich möchte bitte den Padre sprechen“, bat ich mit klopfendem Herzen.

„Tut mir Leid, Signora, Don Raffaele ist noch unterwegs!“

Aha, der Priester hieß also Don Raffaele. Ich atmete tief durch und fragte mutig weiter: „Wie . . . wie lange ist Don Raffaele schon Pfarrer hier in San Antonio?“

Die Frau überlegte kurz. „Das dürften jetzt so an die drei Jahre sein. Ja, richtig, vor gut drei Jahren ist er hierher versetzt worden.“

Erleichtert atmete ich auf. Damit war schon mal geklärt, dass Silvio nicht der Pater sein konnte.

Ich bedankte mich und wandte mich zum Gehen. Erst als ich schon ein paar Schritte gegangen war, fiel mir ein, dass Don Raffaele womöglich nicht der richtige Name des Priesters war.

„Ach bitte!“ Ich lief noch einmal zurück. „Können Sie mir seinen vollständigen Namen sagen? Ich meine, wie heißt Don Raffaele mit Familiennamen?“

„Also wissen Sie!“ Auf dem Gesicht meiner Gesprächspartnerin erschien Unmut. „Es ist nun wirklich nicht üblich, dass jemand . . .“

Ich ließ die Frau nicht ausreden, denn plötzlich ergriff mich eine seltsame Spannung. „Bitte, Signora, sagen Sie mir doch den Familiennamen! Es ist sehr wichtig für mich!“

„Nun gut“, erwiderte die Frau unwillig. „Der Padre heißt Rizzardi. Sein vollständiger Name ist Raffaele Rizzardi!“

24

Was für ein Spiel trieb man hier mit mir? Und wer spielte es?

Während ich schon wieder davonlief, ergriff mich ein Gefühl des Entsetzens. Es lief kalt durch meinen Körper und nahm mein Denken und Fühlen, ja mein ganzes Wesen in Besitz. Ich schauerte zusammen, denn meine verschwitzte Kleidung lag plötzlich feucht und kalt auf mir.

Als ich an einer Telefonzelle vorbeikam, überlegte ich, ob mir nicht das Telefonbuch darüber Aufschluss geben konnte, ob in San Gimona der Name Rizzardi wirklich häufig vorkam, wie es Signore Merlino behauptet hatte. Hastig begann ich in dem zerfledderten Buch zu blättern und verfolgte mit dem Zeigefinger die lange Reihe der Buchstaben, um nur ja keinen Namen zu übersehen. Und tatsächlich, es waren mehrere Rizzardis verzeichnet: Rizzardi, Antonio; Rizzardi, Cosima; Rizzardi, Giovanni und so weiter! Also konnte es durchaus sein, dass der Mann, den ich für Silvio gehalten hatte, ganz zufällig den gleichen Namen trug! Andererseits war es natürlich möglich, dass er mit Silvio verwandt war und etwas über meine Kinder wusste! Schnell riss ich die Seite aus dem Telefonbuch heraus und nahm mir vor, all diese Leute anzurufen oder zu besuchen. Mir war klar, dass ich jedoch als Erstes mit Don Raffaele reden musste, aber gleichzeitig hatte ich auch Angst vor dieser Begegnung.

Gleich nach dem Abendessen machte ich mich wieder auf den Weg zum Pfarrhaus. Unschlüssig stand ich herum und wusste nicht, was ich tun sollte. Vielleicht war es ja besser, bis morgen zu warten. Außerdem war es für einen Besuch schon reichlich spät.

Ich machte ein paar Schritte in die einbrechende Dunkelheit hinein, blieb unschlüssig stehen und blickte auf den hell erleuchteten Eingang zurück. Während ich noch mit mir kämpfte, fragte eine weiche dunkle Stimme hinter mir: „Kann ich Ihnen helfen, Signora? Wollen Sie zu mir?“

Ich wandte mich um und sah in Silvios Augen, in Silvios Gesicht. Erschrocken fuhr ich zurück.

Der Fremde mit Silvios Gesicht trat in den Lichtschein des Hauses, so dass ich ihn besser sehen konnte. Erleichtert atmete ich auf. Nein, das war nicht Silvio! Der Fremde war viel jünger und größer als er. Und überhaupt, bei näherer Betrachtung sah er doch ganz anders aus.

„Excusi, Padre“, stammelte ich verwirrt. „Nein . . . oder vielmehr ja, ich möchte zu Ihnen. Ich wollte mit Ihnen sprechen, aber . . . aber es ist schon spät und wir können auch morgen . . .“

„Kommen Sie, Signora!“, sagte der Padre einfach und schloss die Tür auf. Ohne Widerrede folgte ich ihm durch einen Vorraum in ein gemütlich wirkendes Arbeitszimmer. Don Raffaele bot mir einen Platz an und ging wieder hinaus.

Betreten stand ich mitten im Raum, betrachtete die lange Reihe der Bücher in den Regalen, den großen, mit Papieren überhäuften Schreibtisch und die Sitzmöbel unter dem Fenster. Ich fühlte mich unbehaglich. Was suchte ich hier überhaupt? Konnte dieser junge Priester mir helfen, nur weil er zufällig Rizzardi hieß und eine gewisse Ähnlichkeit mit Silvio hatte? Das konnte auch ein Zufall sein und ich vergeudete hier nur meine Zeit. Am besten machte ich mich wieder aus dem Staub. Doch es war schon zu spät, denn der Padre kam mit einem Tablett zurück und stellte es auf den kleinen Tisch in der Sitzecke. „Bitte", sagte er freundlich und lud mich mit einer Handbewegung ein, Platz zu nehmen.

Seine gutmütige Überlegenheit steigerte mein Unbehagen noch mehr und ich wäre am liebsten davongelaufen. Aber dennoch setzte ich mich und musterte mein Gegenüber. Der Padre war noch jung, wahrscheinlich jünger als ich selbst, hatte dunkel gelocktes Haar, eine hohe gewölbte Stirn und eine kräftige, gebogene Nase. Ein typisches Südländergesicht, sagte ich mir, so oder so ähnlich sehen sicher Tausende von ihnen aus.

Doch dann blickte ich in Don Raffaeles dunkle Augen. In ihnen blitzten die gleichen hellen Lichtreflexe auf, die mich schon bei Silvio so fasziniert und an funkelnde kleine Sterne erinnert hatten.

„Zufrieden?", unterbrach der Padre meine Musterung und auch diese Frage weckte Erinnerungen in mir. Verlegen räusperte ich mich.

Mein Gegenüber stellte sich vor und fragte dann, ob ich ihm meinen Namen sagen wolle. Hilflos schüttelte ich den Kopf und schwieg.

Während Don Raffaele mir ein Glas Orangensaft einschenkte, beobachtete ich seine Hände mit den langen schmalen Fingern wie auch Silvio sie gehabt hatte. Silvio, immer wieder Silvio. Es war zum Verrücktwerden.

Die Spannung in mir nahm immer mehr zu, meine Beine und Hände, mein ganzer Körper begannen zu vibrieren. Und plötzlich geriet die Situation völlig außer Kontrolle. Ohne nachzudenken stieß ich hervor: „Kennen Sie Silvio Rizzardi, ich meine, haben Sie ihn gekannt? Ich suche seine Angehörigen. Und wissen Sie vielleicht . . ."

Ich brach ab. Wie konnte ich nur so mit der Tür ins Haus fallen?

Wenn der Padre etwas über Silvio und die Kinder wusste, war er jetzt gewarnt. Er konnte mir nun erzählen, was immer er wollte, er konnte lügen oder schweigen oder mich einfach rausschmeißen.

Auf dem Gesicht des jungen Priesters erschien ein schmerzlicher Ausdruck. „Oh ja“, sagte er leise. „Ich kannte Silvio Rizzardi – er ist . . . er war mein Bruder.“

Die Erde begann zu beben und würde sich bestimmt jeden Moment auftun, um mich zu verschlingen. Unfähig mich länger zu beherrschen, sprang ich auf und stieß dabei mein Glas um. „Dann sind Sie . . . ich meine, dann bin ich . . .!“ Die Gedanken in meinem Kopf purzelten so wild durcheinander, dass mir die richtigen Worte nicht einfielen.

Der Padre stand ebenfalls auf, griff mit beiden Händen nach meinem Arm und drückte ihn so fest, dass es wehtat. „Und wer sind Sie?“, fragte er gepresst.

„Ich bin Sabrina, Silvios Frau!“, stieß ich hervor und konnte meine Tränen nicht länger zurückhalten. „Ich bin hier, weil meine Kinder . . . weil sie nicht . . . Also, ich bin auf der Suche nach ihnen und . . . ach, es ist alles so furchtbar!“

Ich hatte alles durcheinander gebracht, hatte deutsch gestottert und italienisch gestammelt. Das Zittern in meinem Körper verstärkte sich und meine Beine trugen mich nicht länger. Erschüttert sank ich auf meinen Sitz zurück und schlug die Hände vors Gesicht.

Es dauerte einige Zeit, bis ich mich so weit beruhigt hatte, dass ich den Kopf heben und Don Raffaele ansehen konnte. Er hatte seine Hände wie zum Gebet verschränkt und blickte mich ratlos an. „Aber ich dachte, dass du und Silvio schon lange nicht mehr . . . Er sprach davon, dass eure Ehe längst . . .“

Er brach ab. Wieder schlugen meine Gedanken Purzelbäume. *Was weiß der Padre? Hat er etwas mit dem Verschwinden meiner Kinder zu tun? Hat Silvio sie vielleicht zu ihm gebracht, damit er sie vor mir versteckt? Und habe ich in ihm einen Feind gefunden, der alles daransetzen wird, dass ich sie nie wieder finde?*

Aber mir war auch klar, dass ich dem Padre ausgeliefert war und mir nichts anderes übrig blieb, als ihm zu vertrauen. Ich hatte mich schon viel zu weit vorgewagt, um jetzt noch einen Rückzieher machen zu können. Also half mir nur noch die Flucht nach vorn.

„Sie wissen doch sicher von Silvios Selbstmord?", fragte ich. Und als Don Raffaele nickte, erzählte ich ihm die tragische Geschichte unserer Ehe, oft nur bruchstückhaft und nach den richtigen Worten ringend, dann wieder unterbrochen von Tränen, die mir das Reden schwer machten. Aber am Ende konnte sich der Padre – so hoffte ich jedenfalls – ein Bild unserer Geschichte machen.

Raffaele hatte ruhig dagesessen und mich nicht ein einziges Mal unterbrochen. Als ich geendet hatte, sah er mich lange schweigend an, so dass ich schon Angst bekam, er würde mir seine Hilfe verweigern. Doch plötzlich begann er zu reden: „Ich werde dir helfen, Sabrina, zumindest will ich es versuchen. Bitte, glaub mir, ich wusste nicht, dass deine Kinder . . ."

Er war zu erschüttert, um weiterreden zu können, und ich begriff dankbar, dass ich diesem Mann tatsächlich vertrauen durfte.

Wir überlegten daraufhin, wo wir mit unseren Nachforschungen beginnen sollten. „Irgendjemand muss Silvio doch gesehen haben, als er hier war", rätselte ich herum. „Wenn wir doch nur diesen Andrea Lombardo ausfindig machen könnten! Vielleicht wollte Silvio hier mit ihm leben und hat die Kinder versteckt, weil er wusste, dass ich sie ihm nie überlassen würde. Wenn ich geahnt hätte, was mit Silvio los war, hätte ich Chiara und Marco nie mit ihm allein verreisen lassen. Wer weiß, ob nicht Marco auch schon . . ."

„Aber Silvio war doch kein Päderast!", wandte Raffaele entrüstet ein. „Nun gut, er war homosexuell, aber deswegen tut er doch seinen Kindern nichts zuleide. Nein, im Gegenteil, Silvio war selbst sehr unglücklich über seine Veranlagung, er konnte sie nicht annehmen, sie aber auch nicht erfolgreich bekämpfen. Glaub mir, Sabrina, mein Bruder war in seiner Seele krank und in seinem menschlichen Wertgefühl tief verletzt."

„Krank? Verletzt? Dass ich nicht lache!" Wieder stieg Hass gegen Silvio in mir hoch und schloss jetzt, ohne dass ich es eigentlich wollte, auch Raffaele mit ein. „Nein, Padre!", rief ich verbittert. „Dein ehrenwerter Bruder war nichts als ein mieser Schuft, ein schwuler Feigling, der alle belogen und betrogen hat, weil er alles auf einmal wollte. Der saubere Herr Doktor spielte heile Familie, um nach außen den Schein zu wahren, aber hinter der Fassade, da ging es hoch her! Da wurden Drogen konsumiert, Tabletten geschluckt und wer weiß was sonst noch angestellt! Und alles nur, damit er seinen Spaß hatte! Aber egal, warum belaste ich mich überhaupt noch mit diesen Dingen? Silvio kann mir nichts mehr anhaben, er ist tot! Doch ich, ich lebe und ich will meine Kinder wiederhaben!"

Warum sah Raffaele mich so seltsam an? Wusste er Dinge, die er nicht verraten wollte? Wusste er vielleicht sogar, wo Chiara und Marco waren? Ja, bestimmt steckte er mit Silvio unter einer Decke!

„Wo sind sie, Raffaele?", fragte ich herausfordernd. „Du weißt es doch! Komm, sag es mir endlich oder . . ."

Raffaele hob seine Hand, ließ sie aber gleich darauf wieder sinken. „Ich weiß es nicht, Sabrina! Wirklich nicht", sagte er. „Bitte, vertrau mir doch!"

Unsicher schwieg ich. Sollte ich ihm glauben? Sollte ich einem Menschen vertrauen, der als Priester in einer besonderen Weise der Wahrheit verpflichtet, aber gleichzeitig als Bruder betroffen war?

Während ich ihn unschlüssig ansah, berichtete Raffaele, dass Silvio im letzten Jahr zweimal bei ihm gewesen sei. Bei diesen Besuchen hatte Silvio erzählt, dass unsere Ehe gescheitert sei und er vielleicht nach Italien zurückkehren wolle. „Aber er hatte keine konkreten Pläne", schloss Raffaele. „Weißt du, Sabrina, ich kannte meinen Bruder nicht sehr gut und habe auch nie verstanden, was in ihm vorging. Aber ich weiß heute, dass er verzweifelt war. Er fühlte sich ungeliebt und ausgestoßen und hatte sich seit langem in eine Scheinwelt geflüchtet, die er nur noch mit Tabletten ertragen konnte. Und selbst das funktionierte eines Tages nicht mehr, wie sein Selbstmord schließlich beweist. Ich frage mich, ob er allein für seine Situation verantwortlich war oder ob wir nicht alle mitschuldig sind, wenn ein Mensch mit seinem Leben nicht mehr zurechtkommt und keinen anderen Ausweg sieht als den Tod."

„Aber wieso das?", rief ich aufgebracht. „Wieso soll ich Mitschuld an Silvios Tod haben? Hat er selbst nicht viel mehr Schuld auf sich geladen, weil er mich jahrelang belog und betrog und mir sogar jetzt noch schadet?"

Beruhigend legte mir Raffaele seine Hand auf den Arm. „Ich meine ja nicht dich persönlich, Sabrina. Ich meine all die oberflächlichen Menschen, die einfach das verurteilen, was sie nicht kennen, und die unverständigen Eltern, die ihren Kindern unbedingt ihren

Willen aufzwingen wollen, ohne zu merken, was sie damit anrichten. Hat Silvio dir von seiner Kindheit erzählt und dass er nach dem Willen unseres Vaters Priester werden sollte? Vielleicht kannst du ihn besser verstehen, wenn du weißt, was damals geschah.“

„Nein, wie sollte ich auch? Silvio war doch immer der große Schweiger, der nur das erzählte, was ihm angenehm war“, meinte ich verächtlich und dachte an die Nacht zurück, als Silvio mir berichtet hatte, dass er wegen eines dummen Streiches von der Schule geflogen war und seine Eltern die Schande nie überwunden hatten. Aber was für eine Schande Silvio damals meinte, hatte ich bis gestern nicht begriffen.

„Er hätte mir reinen Wein einschenken müssen, so oder so“, meinte ich resigniert. „Wahrscheinlich wäre es dann nie zu einer Eheschließung gekommen, aber mir wäre viel Unglück erspart geblieben. Dass Silvio mich als sein Aushängeschild missbraucht hat, nur um der Welt zu beweisen, was für ein toller Kerl er doch war, das ist unverzeihlich und . . .“

Müde legte ich den Kopf in meine Hände. Nein, ich hatte keine Lust mehr, über Silvio nachzudenken. Was brachte es mir, wenn ich jetzt Dinge aus seiner Kindheit erfuhr, über die er selbst nie hatte sprechen wollen?

„Ich will mich nicht mehr mit Silvio und seinen Problemen befassen“, murmelte ich erschöpft. „Ich möchte nur noch das eine: meine Kinder finden und mit ihnen zusammen ein neues Leben beginnen. Aber erst muss ich ein wenig schlafen!“

Raffaele stand auf, fasste meine Hände und zog mich sanft hoch. „Du hast Recht, und deshalb bringe ich dich jetzt in dein Hotel zurück“, meinte er fürsorglich. „Morgen überlegen wir, was als Nächstes zu tun ist.“

Wir gingen nebeneinander durch die nächtlichen Straßen San Gimonas, die jetzt ruhig und menschenleer waren. Die meisten Häuser waren dunkel. Keiner von uns sagte ein Wort, allein unsere Schritte hallten laut vom Asphalt wieder.

„Es wird alles gut werden“, murmelte Raffaele, als wir am *Sole Castello* ankamen und ergriff meine Hand. „Gott wird uns helfen!“

Plötzlich fühlte ich mich in Raffaeles Nähe sehr wohl. Was für ein tröstliches Gefühl war es doch, in einem fremden Land einen Freund zu haben, dem man vertrauen konnte.

„Ja, Raffaele", erwiderte ich mit einem Anflug von Heiterkeit, „Gott wird uns helfen!" Und das Schönste an der Sache war: Ich glaubte wirklich, was ich da sagte!

25

Aber schon am nächsten Morgen begannen meine Zweifel erneut in mir zu rumoren. War Raffaeles Hilfsangebot wirklich ehrlich gemeint oder hatte er womöglich die Zwischenzeit schon genutzt, um Chiara und Marco noch besser vor mir zu verstecken? War er vielleicht genauso ein Lügner wie sein Bruder?

Weil ich diese Gedanken nicht loswerden konnte, schüttete ich nur schnell eine Tasse Kaffee in mich hinein und machte mich dann auf den Weg zum Pfarrhaus. Vielleicht konnte ich jetzt noch verhindern, dass Raffaele etwas gegen mich unternahm.

Scheinbar wurde ich bereits erwartet, denn als ich an der Haustür läutete, öffnete Raffaele erstaunlich schnell. Misstrauisch betrachtete ich ihn, begegnete aber nur seinem freundlichen, offenen Blick, in dem ich nichts Falsches entdecken konnte.

„Gut geschlafen?", fragte Raffaele und führte mich in einen kleinen Raum, in dem ein Tisch für zwei Personen gedeckt war. Auf meinen fragenden Blick hin erklärte er: „Ich lese morgens immer erst die Frühmesse und frühstücke danach. Und heute habe ich mir gedacht, dass du vielleicht Lust haben könntest, mir Gesellschaft zu leisten! Bitte, setz dich und greif zu!"

Erst glaubte ich nichts herunterzubekommen, aber schon Minuten später biss ich herzhaft in ein frisches Brötchen.

Um keine Zeit zu verlieren, nahm ich noch während des Frühstücks das Gespräch wieder auf. „Von wem hast du eigentlich erfahren, dass Silvio sich umgebracht hat?", fragte ich und schob meinen Teller beiseite.

Ein Schatten verdunkelte Raffaeles Gesicht. „Leider habe ich erst nach Silvios Beerdigung davon erfahren, weil ich zu diesem Zeitpunkt zu einem mehrwöchigen Seminar in einem Kloster war. Ja, und später ließ ich die Sache auf sich beruhen, weil Silvio mir versichert hatte, dass du von seiner Familie nichts wissen wolltest und ich darüber hinaus nicht einmal deine Adresse wusste. Aber bitte glaub mir, ich hatte keine Ahnung, was mit deinen Kindern war."

„Und eure Polizei? Hat die denn nicht nachgeforscht?", fragte ich irritiert.

„Ich weiß es nicht", meinte Raffaele ratlos. „Bei der Nachricht von Silvios Tod nahm ich selbstverständlich an, dass die Kinder bei dir seien! Es ist natürlich gut möglich, dass die Polizei bei Lucio, unserem ältesten Bruder, nachgefragt hat."

„Dann sollten wir ihn sofort anrufen!", verlangte ich erregt.

Raffaele zögerte: „Weißt du, Sabrina, das ist nicht so ganz einfach. Lucio ist nicht besonders gut auf Silvio zu sprechen, weil er – ähnlich wie unser Vater – ein sehr moralisch denkender und strenger Mann ist. Er hat nie verstanden, dass Silvio diese Art von Leben geführt hat! Kurz und gut, wenn wir aus Lucio etwas herausbekommen wollen, müssen wir schon zu ihm fahren, telefonisch ist da nichts zu machen. Denn Lucio hat schon vor längerer Zeit die Verbindung zu mir abgebrochen, weil ich der Meinung war, dass wir Silvio helfen und ihn mit den barmherzigen Augen Gottes sehen sollten. Silvio brauchte Liebe statt Ablehnung und Verständnis statt Härte. Deshalb habe ich auch Tag und Nacht für ihn gebetet, habe Gott um Gnade angefleht. Aber ich konnte meinem armen unglücklichen Bruder nicht helfen!"

„Na, erlaube mal!", brauste ich auf. „Von wegen armer unglücklicher Bruder! Ich habe jedenfalls nie feststellen können, dass Silvio arm oder unglücklich war. Im Gegenteil, deinem sauberen Herrn Bruder machte es sogar noch Spaß, andere arm und unglücklich zu machen, zum Beispiel mich und meine Kinder!"

Raffaele sah mich bittend an. „Vergib deinem Mann! Bitte, Sabrina, vergib Silvio, was er dir angetan hat!"

Vergeben? Ich sollte Silvio vergeben? Alles in mir sträubte sich gegen diese Vorstellung.

„Nein, das kann ich nicht!", rief ich heftig. „Wenn Silvio wirklich krank gewesen ist, warum hat er dann nicht Hilfe in Anspruch genommen? Er war Arzt und hatte alle Möglichkeiten. Und warum hat er unsere Kinder, die er doch angeblich so sehr liebte, mit in sein Unglück hineingezogen? Und jetzt soll ich ihm das so ohne weiteres vergeben? Nein, das kann ich nicht und das will ich nicht. Wie soll ich denn einem Menschen vergeben, der mich zutiefst gedemütigt hat? Der sich mit irgendwelchen Kerlen herumtrieb, während ich mir zu Hause die Augen aus dem Kopf geheult habe? Der meine Liebe mit Füßen trat und mir am Ende auch noch meine Kinder stahl? Nein, Raffaele, das kann niemand von mir verlangen!“

Ich hatte mich regelrecht in Rage geredet und spuckte nun all die Bitterkeiten aus, die sich in den letzten Jahren in mir angesammelt hatten. Ich sprach von den einsamen Abenden und den durchweinten Nächten, redete von meinen verletzten Gefühlen, von meiner Unfähigkeit, Silvios Verhalten einzuordnen, geschweige denn zu verstehen, von meiner Unsicherheit bis hin zu Schuld- und Minderwertigkeitskomplexen.

„Mit mir hatte niemand Mitleid!“, wütete ich weiter. „Ich wurde behandelt, als trüge ich allein die Verantwortung für Silvios Tod. Vielleicht haben einige sogar geglaubt, dass ich meine Kinder umgebracht habe, um mich an Silvio zu rächen. Hätte er denn nicht einfach verschwinden und mich mit Chiara und Marco glücklich sein lassen können? Hat er mich denn so sehr gehasst, dass er sogar noch über seinen Tod hinaus über mich triumphieren wollte?“

„Aber nein, Sabrina, nein!“ Raffaele nahm meine Hand und streichelte sie beruhigend. „Silvio hat dich nicht gehasst, im Gegenteil, er hat dich sicher sehr geschätzt! Aber er hat auch gewusst, dass du eine aufrichtige und ehrliche Frau bist, die stets den geraden Weg geht. Und da hat er es einfach nicht gewagt, sich dir zu offenbaren, weil er Angst vor deiner Verachtung hatte. Ja, ich bin davon überzeugt, dass Silvio dich auf seine Weise sogar geliebt hat!“

„Ja ja, auf seine Weise!“, wiederholte ich bitter. „Ein Mann betrügt seine Frau mit irgendwelchen Kerlen und nennt es dann ‚Liebe auf seine Weise‘! Macht er es sich damit nicht ein bisschen zu einfach?“

Raffaele sah mich ernst an. Er wirkte jetzt so bedrückt, dass ich für den Bruchteil einer Sekunde glaubte, Silvio vor mir zu haben. Fasziniert beobachtete ich die Goldsternchen in den dunklen Augen, die mir einmal so vertraut gewesen waren, wandte dann aber schnell den Blick ab, um dieses Bild in meinem Innern auszulöschen.

„Bitte, Sabrina, hör mich an!", sagte Raffaele eindringlich. „Es geht ja jetzt nicht mehr um Silvio, sondern um dich und deine Kinder. Ich möchte dir helfen, Sabrina, und – Gott ist mein Zeuge – ich werde nicht eher ruhen, bis wir deine Kinder gefunden haben. Gleich morgen können wir mit der Suche beginnen, denn ich habe bereits eine Vertretung für meine Pfarrei gefunden. Willst du mir vertrauen?"

Ich überlegte nur kurz und nickte. Ungeduldig wie ich nun einmal war, begann ich sofort mit dem Detektivspiel. „Also gut, dann lass uns mal überlegen, wie wir am besten vorgehen. Ist es möglich, dass dieser . . . dieser Andrea meine Kinder mitgenommen und versteckt hat? Hast du ihn gekannt oder mal mit ihm gesprochen?"

„Ja, das habe ich", gab Raffaele zu. „Das war schon eine recht seltsame Geschichte! Also, dieser Andrea Lombardo ist plötzlich hier aufgetaucht und hat einige Zeit im *Albergo Sole Castello* gewohnt, um sich dort mit Silvio zu treffen. Aber die Kinder verstecken? Nein, Sabrina, ich glaube nicht, dass Andrea damit etwas zu tun hat. Er ist nicht der Typ, der sich mit Kindern abgibt, der ist dafür viel zu unbeständig und egoistisch. Andrea hielt es nirgendwo lange aus und wollte sich nie festlegen. Genau das war dann wohl auch der Streitpunkt zwischen ihm und Silvio."

Ich versuchte mir Andrea vorzustellen, doch es gelang mir nicht. Neugierig fragte ich: „Was für ein Mensch ist er? Was weißt du von ihm?"

Raffaele zögerte. Erst als ich meine Frage wiederholte, begann er zu erzählen: „Andrea Lombardo stammt aus einer kleinen Stadt in Süditalien, er hat aber einen großen Teil seiner Kindheit in Deutschland verbracht, weil seine Mutter nach der Trennung von seinem Vater dorthin gezogen war. Doch irgendwie war Andrea wurzellos und nirgendwo richtig zu Hause, sondern pendelte ständig hin und her, arbeitete mal als Übersetzer, mal als Lehrer an einem Sprachinstitut. Bei einem seiner Aufenthalte in Deutschland lernte er dann Silvio kennen. Ich vermute, dass Silvio erst durch Andrea auf den Gedanken gekommen ist, nach Italien zurückzukehren, denn bis dahin hatte er keinen Kontakt zu uns gewollt. Erst als der Rückkehrgedanke für Silvio immer konkreter wurde, tauchte er eines Tages hier auf und erzählte mir von seiner Absicht."

Raffaele machte eine Pause und fuhr dann fort: „Andrea wohnte für ein paar Wochen hier im *Sole Castello*. Und da er ein charmanter und sehr gut aussehender junger Mann ist, verliebte sich ausgerechnet Rosa Merlino in ihn. Sie war erst kurze Zeit vorher aus Deutschland zurückgekommen, und das nicht so ganz freiwillig, wie ich annehme! Signore Merlino hatte da sicher seine Hände mit im Spiel, denn Rosa hatte sich in Deutschland mit einem Mann eingelassen, der ihrem Vater nicht passte. Und nun stell dir diese Situation vor: Das sensible Mädchen verliebt sich erneut und hat keine Ahnung, dass ihr Angebeteter nur mit ihren Gefühlen spielt. Denn Andrea hält es nicht für nötig, Rosa die Wahrheit zu sagen, sondern ermuntert sie sogar noch in ihren Bemühungen um ihn. Ich glaube, es hat ihm einfach Spaß gemacht, so angehimmelt zu werden, und er dachte dabei ganz bestimmt nicht an Rosas Gefühle. Zu einem gewissen Teil verstehe ich Andrea sogar, denn es ist in einer Kleinstadt wie der unseren wirklich nicht leicht, sich zu seiner Andersartigkeit zu bekennen. Aber dazu kam es erst gar nicht, denn leider erfuhr Rosa die Wahrheit auf sehr brutale Weise, als Silvio hier auftauchte. Arme Rosa! Es war die zweite große Enttäuschung ihres Lebens, und das innerhalb so kurzer Zeit! Das Ganze nahm sie sehr mit, und weil Umberto Merlino sich um seine Tochter sorgte, bat er mich, mit Andrea und Silvio zu sprechen, was ich dann auch tat. Daraufhin kam es zwischen den beiden zu einem riesengroßen Krach und Andrea reiste Hals über Kopf ab."

„Und Silvio?", fragte ich gespannt.

„Silvio war zuerst wütend über meine Einmischung. Er schrie mich an, dass mich das alles gar nichts anginge und ich mich in Zukunft aus seinem Leben heraushalten solle. Aber schon zwei Tage später tauchte er wieder bei mir auf, und wir konnten in Ruhe miteinander reden. Wie froh bin ich heute über dieses Gespräch, denn bis dahin hatte ich kaum Kontakt zu meinem Bruder gehabt. Wie du weißt, wurde ich erst geboren, als Silvio schon im Internat war. Und wenn er in den Ferien nach Hause kam, hat er mich meistens so gut wie nie wahrgenommen. Silvio war immer so ganz anders als ich, er war sehr ernst und zurückhaltend und ein hervorragender Schüler mit einer glänzenden Zukunft, während ich nur ein kleiner verspielter Junge war, den man nicht ganz ernst nahm. Als Silvio dann später so Hals über Kopf nach Deutschland ging, weil etwas Mysteriöses mit ihm geschehen war, begriff ich gar nicht, was da vor sich ging, sondern hörte nur Tuscheleien und seltsame Andeutungen. Und wenn ich nach Silvio fragte, wurde mir erklärt, dass ich viel zu jung sei, um die Situation zu verstehen. Ja, Vater verbot mir sogar, Silvios Namen auch nur zu erwähnen. Lange Zeit ahnte ich nicht, was man meinem Bruder vorwarf, bis Lucio eines Tages meinte, mich über ihn aufklären zu müssen. Ich gebe zu, anfangs war ich entsetzt und schämte mich für meinen Bruder. Aber als Mutter kurz darauf krank wurde und starb, ohne dass Silvio sie noch einmal besucht hatte, war ich zusätzlich zornig und tief enttäuscht über ihn. Erst viel später erfuhr ich, dass Vater das Wiedersehen mit Mutter verhindert hatte, und bemerkte, wie sehr mein Bruder unter der ganzen Sache litt. Erst dann begann ich ihn mit anderen Augen zu sehen. Bitte, glaube mir, Sabrina, in Silvios Seele war unendlich viel Leid und Bitterkeit. Er war unglücklich, weil er seiner Familie Schande gemacht hatte und konnte sich deshalb, so wie er war, nicht annehmen. Aber er hatte auch nicht die Kraft, gegen seine homosexuelle Neigung zu kämpfen. Und diese Zerrissenheit zerstörte letztendlich sein Leben."

„Und ich?", fragte ich. „Was habe ich ihm bedeutet? Hätte er nicht wenigstens versuchen können . . ." Unsicher brach ich ab.

„Silvio hatte dich anfänglich sehr gern und meinte, mit deiner Hilfe eine ganz normale Ehe führen zu können. Weißt du, Sabrina, manchmal gibt man homosexuellen Männern einen solchen Rat, weil man glaubt, dass sie dadurch ‚normal' werden. Aber wichtig dabei ist, dass die Frau vor der Eheschließung ins Vertrauen gezogen wird und sich mit ihrer schwierigen Situation einverstanden erklärt. Bei bisexueller Veranlagung hat sich diese Methode auch schon bewährt, aber in den meisten Fällen sind diese Ehen tief unglücklich verlaufen und irgendwann dann doch gescheitert. Und so ist es leider auch bei euch gewesen. Silvio hat dich geheiratet, ohne dir die Wahrheit zu sagen. Als er dann merkte, dass er seine Kräfte überschätzt hatte, wagte er es nicht mehr. Der Gedanke, dass du ihn hassen, verachten und ihm die Kinder wegnehmen würdest, machte ihm schwer zu schaffen. Verstehst du, Sabrina? Silvio hatte einmal wirklich den Willen, dich zu lieben, aber ihm fehlte die Kraft dazu, und das ging nicht spurlos an ihm vorüber. Wie gerne hätte ich meinem Bruder geholfen, aber ich konnte es nicht."

„Aber wieso war Silvio homosexuell? Warum genügten ihm nicht wir Frauen?", fragte ich. „War seine Neigung angeboren, wurde er verführt oder was ist sonst mit ihm geschehen?"

„Dieses Thema ist sehr komplex", entgegnete Raffaele, „und die Wissenschaftler sind sich über die Ursachen noch nicht im Klaren. Um meinen Bruder verstehen und ihm vielleicht helfen zu können, habe ich mich ein wenig damit beschäftigt und bin zu der Erkenntnis gekommen, dass Homosexualität anfänglich nicht unbedingt etwas mit Sex zu tun haben muss, sondern häufig die Suche nach der eigenen geschlechtlichen Identität darstellt. Möglicherweise hat auch das Verhalten unseres Vaters seinen Teil zu Silvios Entwicklung beigetragen. Jedenfalls weiß ich heute, dass Silvio ein äußerst sensibles Kind war und ständig die Liebe und Anerkennung seines Vaters gesucht hat, die dieser ihm aber verweigerte. Vater war immer äußerst kühl und distanziert, er verlangte absoluten Gehorsam und bestrafte unbarmherzig jedes kleinste Vergehen. Da er schon sehr früh für Silvio ein Leben vorgesehen hatte, das Disziplin, Selbstlosigkeit und Gehorsam von ihm verlangte, wollte er ihn von Anfang an auf seine Rolle vorbereiten. Aber Silvio verstand seinen Vater nicht, sondern fühlte sich ungeliebt und zurückgewiesen. Und als er gegen seinen Willen in ein Internat geschickt wurde und nur noch selten nach Hause kommen durfte, beschloss er eines Tages, den Kampf um die Liebe seines Vaters aufzugeben und sich von ihm abzuwenden. Aber die Sehnsucht nach Liebe brannte weiter in ihm, und so hatte der junge Lehrer, der sich an das unglückliche Kind heranmachte, ein leichtes Spiel."

Ich hatte die ganze Zeit aufmerksam zugehört. „Aber wieso hat man dann später Silvio dafür büßen lassen und nicht den Lehrer? Wieso hat man den Verführten mit Schimpf und Schande davongejagt und nicht seinen Verführer?", empörte ich mich.

„Du hast vollkommen Recht, aber leider hat man es sich damals sehr einfach gemacht, weil man um jeden Preis einen Skandal vermeiden wollte", seufzte Raffaele. „Als die Geschichte herauskam, schwieg Silvio zu allen Anschuldigungen und wurde der Einfachheit halber in ein anderes Internat geschickt. Aber auch dadurch wurde der Teufelskreis nicht unterbrochen. Ein älterer Mitschüler, in dem Silvio einen guten Freund sah und dem er sich deshalb anvertraute, vollendete das, was der Lehrer begonnen hatte. Dieses Mal setzte Silvio seine Hoffnung auf die spätere Zeit im Priesterseminar, weil er glaubte, durch das Zölibat endlich ein ‚normales' Leben führen zu können. Aber weit gefehlt. Es war, als trüge Silvio ein unsichtbares Mal auf der Stirn, denn wieder fand sich jemand, der in dem gut aussehenden jungen Mann mehr als einen angehenden Priester sah. Und es kam, wie es kommen musste: Eines Tages wurden beide in einer eindeutigen Situation erwischt und Silvio, der ja schon für seine ‚Vergehen' bekannt war, wurde als Verführer abgestempelt und von der Schule gejagt."

„Aber wieso das?", begehrte ich auf. „Warum hat Silvio sich denn nicht gewehrt? Er war doch schließlich auch nur ein Opfer!"

„Das habe ich ihm auch gesagt", meinte Raffaele bedrückt. „Aber Silvio hat mir daraufhin eine Anwort gegeben, die mich zutiefst erschütterte. ‚Ach wozu?', hat er gesagt, ‚Ich war sicher nicht nur das Opfer, denn schon damals ahnte ich, dass es mir eines Tages gefallen würde! Verführen kann man doch nur jemanden, der verführt werden will, und ich befürchte, ich habe es immer gewollt!' Ach, Sabrina, verstehst du jetzt Silvios Angst und Zerrissenheit und dass er sich mit eurer Ehe nur selbst beweisen wollte, dass er nicht das war, was er zu sein befürchtete?"

Ratlos nickte ich. Mein Hass und Zorn auf Silvio waren plötzlich wie weggewischt. Zurück blieb Mitleid mit einem Mann, der nie gewusst hatte, wohin er gehörte. „Hätte man ihm denn nicht helfen können?"

„Es ist nicht leicht einem solchen Menschen zu helfen, denn die Problematik der Homosexualität liegt oft sehr viel tiefer, als der Betroffene es weiß", erklärte Raffaele. „Wenn sich ein Junge enttäuscht von seinem Vater zurückzieht und sich auch von seiner eigenen Männlichkeit distanziert, geschieht dies meist unbewusst. Er merkt anfangs nicht einmal, dass er sich in die weibliche Welt begibt, und obwohl er später erneut Beziehungen zum männlichen Geschlecht aufnimmt – und zwar auf erotischer Basis –, ist er eigentlich unfähig, eine wirkliche emotionale Beziehung aufzubauen!"

„Aber nach deiner Theorie müsste ja jeder junge Mann, der von seinem Vater nicht genügend Anerkennung bekommt, homosexuell werden", wandte ich ein. „Müssten dann nicht dein Bruder Lucio und du ebenfalls . . ." Verlegen brach ich ab.

Raffaele schüttelte den Kopf. „Nein, Sabrina, so pauschal kann man das nicht sagen. Homosexualität entsteht nicht zwangsläufig da, wo ein Mann als Vater versagt, sondern sie kann auch dann entstehen, wenn die Mutter ihrem Sohn zu viel oder zu wenig Zärtlichkeit zukommen lässt. Sie ist einerseits möglich, weil das männliche Kind eine starke Abneigung gegen seine Mutter hat, andererseits aber auch seine Mutter als die einzige Frau seines Lebens ansieht und liebt. Und da es diese nicht erreichen kann, wendet sich das Kind völlig vom weiblichen Geschlecht ab und dem männlichen zu. Aber es gibt bestimmt noch andere Gründe und selbst da, wo weder Vater noch Mutter der Anlass zu einer Fehlentwicklung sind, können Störungen beim Heranwachsenden entstehen!"

„Sind sie vielleicht auch angeboren oder erblich bedingt?", fragte ich.

Raffaele zuckte die Schultern. „Es wird zwar auch behauptet, dass die Veranlagung zur Homosexualität genetisch bedingt ist, aber ich finde das sehr fragwürdig! Ich glaube vielmehr, dass Gott den Menschen nach seinem Ebenbild geschaffen und ihn zu einem vollen, heilen Leben ausersehen hat. Und dazu gehört die Partnerin, die er ihm selbst zur Seite gestellt hat, damit sie mit ihm das Leben teilt. Und weil Gott Mann und Frau als sich ergänzende Gegenüber geschaffen hat, glaube ich nicht, dass Menschen mit einer homosexuellen Neigung geboren werden, sondern dass diese durch widrige Umstände entsteht. Dabei ist mir klar, dass Studien existieren, die mit beeindruckenden Zahlen aufwarten und erklären, dass die Veranlagung zur Homosexualität angeboren ist und wir Menschen nicht das verdammen dürfen, was Gott in uns hineingelegt hat. Aber ich kann nicht glauben, dass Gott einigen seiner Geschöpfe eine Veranlagung gibt, die nicht seinem Willen entspricht und gegen die zu kämpfen für diesen Menschen von vornherein aussichtslos ist. Vielmehr glaube ich, dass denen geholfen werden kann, die Hilfe in Anspruch nehmen wollen. Natürlich ist das keine einfache Sache, denn es reicht nicht aus, dass der Homosexuelle seine Gefühle einfach unterdrückt, sondern er muss lernen, sein eigenes Geschlecht anzunehmen und seine körperliche und seelische Ganzheit zu finden. Aber weil Christus in unsere Welt gekommen ist, um die Menschen aus ihrer Gefangenschaft zu erlösen, darf auch der Homosexuelle darum bitten, von seinem Trieb befreit zu werden. Dennoch mag es Fälle geben, wo einem Homosexuellen nur noch die Askese bleibt."

„Aber wenn dieser Mensch das gar nicht will, wenn er es sogar genießt und sich in seiner Rolle wohl fühlt?", fragte ich und dachte dabei an Andrea.

„Als Diener Gottes kann ich nichts anderes sagen als das, was Gott uns selbst in seinem Wort ganz deutlich sagt, nämlich dass er das homosexuelle Verhalten abscheulich findet, weil wir Menschen damit Gottes natürliche Ordnung in eine unnatürliche verwandeln. Ja, Gott sagt an einer Stelle sogar, dass ein Mensch, der sich von seinen Begierden treiben lässt und homosexuell verkehrt, keinen Platz in seinem Reich finden wird."

„Das würde ja bedeuten, dass Silvio . . .", überlegte ich betreten.

Raffaele seufzte. „Ich glaube nicht, dass Silvio sich einfach von seinen Begierden hat treiben lassen, sondern sich der Problematik schon sehr bewusst war. Das zeigt ja auch seine innere Zerrissenheit. Und deshalb möchte ich meinen Bruder einfach der Liebe Gottes anvertrauen und darauf hoffen, dass Gott sich über ihn erbarmt."

„Aber wenn Gott die Menschen wirklich so sehr liebt, warum lässt er sie dann nicht nach eigenem Gutdünken glücklich sein, mit welchem Partner auch immer?", fragte ich.

„Ach weißt du, Sabrina, das wäre dann doch sehr fragwürdig. Denn dieses vermeintliche Glück wäre gleichzeitig das Unglück eines Menschen, ja in gewisser Weise sogar ein Unrecht, weil seine Sexualität damit nicht mehr in Harmonie mit der von Gott gegebenen Bestimmung steht. Gott hat uns Menschen seine Ordnungen gegeben, damit wir uns an ihnen orientieren und unser Leben nicht im Chaos versinkt. Er hat uns seinen Willen mitgeteilt, nicht willkürlich, sondern zu unserem eigenen Wohlergehen. Aber Gott hat uns auch die Verantwortung der freien Entscheidung gelassen, denn er zwingt keinen Menschen, seinen Willen zu respektieren. Wenn aber jemand sein Unrecht einsieht und sich vertrauensvoll an ihn wendet, weist Gott ihn in seiner unendlichen Liebe nicht ab, sondern nimmt sich seiner an. Und genauso wenig dürfen wir Menschen, die in unseren Augen anders sind, abweisen oder verurteilen und aus unseren Reihen ausstoßen. Vielmehr sollen wir ihnen helfen, sie tragen und unterstützen. Auch das ist Gottes Wille!"

Ich war beeindruckt. „Hast du mit Silvio über all diese Dinge gesprochen?“, fragte ich. „Und was hat er dazu gesagt?“

„Ja, ich habe es versucht, ich habe stundenlang mit ihm gesprochen und ihm gesagt, dass es Heilung für ihn gibt, wenn er es wirklich will. Ich habe versucht ihm klar zu machen, wie wichtig es für ihn ist, sich innerlich mit unserem Vater auszusöhnen und ihm zu vergeben. Aber Silvio konnte den Schmerz nicht loslassen, den er all die Jahre mit sich herumgetragen hatte, er konnte seinem Vater nicht vergeben, nicht einmal nach dessen Tod. Er blockte alles ab, was immer ich sagte und ließ mich nicht an sich heran.“

Wir schwiegen beide lange und nachdenklich. Endlich fragte ich mit belegter Stimme: „Wann war das alles? Wann hast du Silvio zuletzt gesehen und mit ihm gesprochen?“

„Das war Anfang März, kurz vor seinem Tod. Silvio war nach Italien gekommen und wollte sich um eine Stelle an einem Krankenhaus bewerben. Bei dieser Gelegenheit besuchte er mich und erzählte mir, dass ihr beide euch zur Scheidung entschlossen hättet. Aber ich sah auch, in welch schlechter seelischer Verfassung er war. Und als ich dann kurze Zeit später die Nachricht erhielt, dass Silvio sich freiwillig in den Tod gestürzt hatte, machte ich mir große Vorwürfe, dass ich nichts unternommen hatte. Ich hätte merken müssen, dass mit Silvio etwas nicht stimmte, und wäre ich aufmerksamer gewesen, hätte ich ihm vielleicht noch helfen können.“

Silvio in einer schlechten seelischen Verfassung? Könnte das bedeuten, dass er vielleicht doch . . . Nur bei diesem Gedanken fühlte ich wieder das pure Entsetzen. „Unsere Polizei nimmt an, dass Silvio erst die Kinder und dann sich selbst getötet hat“, sagte ich stockend. „Raffaele, glaubst du, dass dein Bruder dazu fähig war? Glaubst du, dass Silvio seine eigenen Kinder umbringen und ohne ein Wort der Erklärung in den Tod springen konnte? Traust du das deinem Bruder zu, Raffaele?“

Der junge Priester zögerte. „Ach, Sabrina, es gibt so vieles in unserem menschlichen Leben, das ich nicht verstehe. Und dass ein verzweifelter, kranker Mensch vielleicht Dinge tut, die er im Normalfall niemals tun würde, gehört leider dazu. Ich will dich wirklich nicht in Unruhe versetzen, aber wozu Silvio fähig war und was in ihm vorging, kann ich beim besten Willen nicht beurteilen. Wer – außer Gott –

weiß schon wirklich, was in einem Menschen vorgeht und wozu er in einer ganz besonderen Lage fähig ist."

Nicht sehr ermutigend, diese Antwort, fand ich. Aber Raffaele hatte ja Recht: Niemand von uns kannte den anderen wirklich, wir alle hatten unsere Tarnung, ich genauso wie Silvio. Kannte ich mich denn selbst gut genug, um zu wissen, wozu ich fähig war?

„Nicht den Mut verlieren, Sabrina!", sagte Raffaele mit seiner weichen, dunklen Stimme und strich sanft über meine Hand. „Wenn deine Kinder leben, werden wir sie auch finden! Ich glaube fest daran, dass Gott uns helfen wird!"

26

Gleich am nächsten Morgen machten wir uns auf den Weg. Ich hatte Raffaele meinen Wagenschlüssel gegeben und saß nun entspannt neben ihm.

Raffaele trug an diesem Morgen Jeans und ein kurzärmeliges Hemd mit offenem Kragen, was ihn richtig jungenhaft aussehen ließ. Heimlich betrachtete ich ihn von der Seite und staunte erneut über die Ähnlichkeit zu Silvio. Ja, zeitweise war das Gefühl in mir so stark, neben Silvio zu sitzen, dass ich mich von diesem Gedanken regelrecht losreißen musste. Nein, Raffaele war nicht mein Ehemann und sicher war er ganz anders als Silvio. Aber was für ein Mensch war er wohl? Warum war er Priester geworden? Befürchtete er vielleicht, dass er genau wie Silvio . . .

Ich versuchte die Klippen zu umschiffen und fragte scheinheilig: „Als Priester musst du doch sicher auf so manches verzichten, ich meine Besitz, Karriere, Familie und so. Ist das nicht manchmal sehr schwer für dich?"

Raffaele lächelte ein wenig. „Als ich mich entschloss, Priester zu werden, habe ich genau gewusst, worauf ich mich einließ. Es ist mein Wunsch, Gott von ganzem Herzen zu dienen, und deshalb nehme ich gerne ein paar Einschränkungen in Kauf. Doch was für Außenstehende manchmal wie ein Verzicht aussieht, kann für den Betreffenden auch ein großer Gewinn sein."

Ich verstand nicht, was Raffaele meinte und sah ihn erwartungsvoll an.

„Verzicht beginnt nicht erst dort, wo wir uns von unserem materiellen Besitz trennen. Nein, Verzicht beginnt schon bei der Frage, ob wir bereit sind, uns von dem zu trennen, woran wir hängen, ob es schlechte Gewohnheiten, ungute Bindungen oder Belastungen sind, die wir mit uns herumschleppen, weil wir sie nicht loslassen wollen. Oft ist die Abhängigkeit von gewissen Dingen gefährlicher als die Dinge selbst es sind."

Ich nickte, obwohl ich nicht ganz verstand, was das mit mir zu tun haben sollte.

„Verzicht kann auch frei und froh machen", fuhr Raffaele fort. „Wenn du freiwillig auf Hass und Rachegefühle verzichtest, wirfst du Ballast ab, der dir sowieso nur schadet und dich zu einer Gefangenen macht. Und wenn du vergibst und Frieden mit deiner Vergangenheit schließt, wirst du heil werden. Ach, Sabrina, du kannst die Vergangenheit nicht ungeschehen machen, aber du kannst sie umwandeln, indem du deine Kraft dafür einsetzt, sie zu akzeptieren und aus ihr zu lernen."

„Du meinst also, ich soll Silvio vergeben?", fragte ich entrüstet.

„Ja", erwiderte Raffaele. „Ich sehe doch, wie du leidest, weil du eine Gefangene deines Hasses bist, und ich glaube, dass es dir besser gehen würde, wenn du Silvio vergibst, wenn du deinen Hass überwindest und darauf verzichtest, dich an denen zu rächen, die dir Schmerz zugefügt haben. Erst dann wirst du wirklich frei und froh sein und dein Leben wird wieder lebenswert. Eines Tages wirst du vielleicht für deine Erfahrungen sogar dankbar sein, weil sie dich zu dem Menschen gemacht haben, der du heute bist."

Vergeben! Akzeptieren! Dankbar sein! War das nicht alles ein bisschen viel verlangt?

„Aber wie kann ich das?", fragte ich kläglich. „Wie kann ich eine Vergangenheit akzeptieren, die mich zu einem Verlierer gemacht hat? Wie kann ich jemandem vergeben, der mir so furchtbare Dinge angetan hat? Silvio hat nicht nur sein eigenes Leben zerstört, sondern auch meines und das meiner Kinder. Ja, er hat mir die Hölle bereitet!"

„Und in dieser Hölle möchtest du gerne bleiben?", fragte Raffaele leise.

„Nein, natürlich nicht! Wie kommst du darauf?", widersprach ich ärgerlich.

„Nun, Himmel oder Hölle sind nicht außerhalb von dir, sondern in dir selbst, in deinem Herzen. Du allein entscheidest, wer oder was dich bestimmt, ob es das Böse ist, das du eigentlich dem andern zugedacht hast, das aber in Wirklichkeit nur dir selbst Höllenqualen bereitet, oder ob du zur Vergebung bereit bist. Glaube mir bitte, du wirst erst dann heil sein, wenn du vergibst und deinen Schuldnern Frieden wünschst, was wiederum auf dich selbst und dein Leben zurückfällt. Du allein, Sabrina, du hast die freie Wahl!"

„Du redest wie ein . . . wie ein Priester!", erwiderte ich verächtlich.

„Ja", antwortete Raffaele lächelnd, „genau so!"

Beschämt sah ich ihn an. „Ich glaube, ich bin einfach noch nicht so weit, um vergeben zu können. Später vielleicht, wenn ich meine Kinder wiederhabe. Aber jetzt? Nein, ich bring das nicht! Dafür hat Silvio mir zu viel angetan. Ich wünsche ihm und diesem widerlichen Andrea . . ."

Ich stockte. Seltsamerweise wusste ich plötzlich nicht mehr, was ich den beiden eigentlich wünschen sollte. Ich redete von Hass, aber ich spürte ihn nicht mehr, zumindest im Moment nicht.

Verwirrt und mit widerstreitenden Gefühlen sah ich zu Raffaele hinüber, betrachtete sein Profil und seine Hände, die in ruhiger Sicherheit das Lenkrad umfasst hielten. Er wirkte ebenso ruhig und gelassen und scheinbar so zuverlässig wie Silvio in der ersten Zeit unserer Ehe. Aber was bedeutete das schon? Vielleicht trog bei Raffaele genauso der Schein wie bei Silvio, vielleicht hatte auch er ein dunkles Geheimnis, eine Leiche im Keller, die er vor den Blicken anderer verbarg!

Voller Bitterkeit hing ich meinen Gedanken nach, bis wir eine kleine Pause einlegten. Raffaele hatte von seiner Haushälterin eine Thermoskanne mit starkem gesüßten Milchkaffee mitbekommen und dazu selbst gebackene Kekse. *Wie bei einem Familienausflug*, dachte ich. Ja, es war alles da, was man zu einem fröhlichen Picknick braucht, der blaue Himmel, der strahlende Sonnenschein und die grünen Wiesen. Es fehlten nur die Kinderchen, die Vater und Mutter auf dem sonntäglichen Ausflug begleiteten.

Während ich meinen Kaffee trank, nahm ich das Gespräch vorsichtig wieder auf. „Warum bist du eigentlich Priester geworden, Raffaele? Hat das etwas mit . . . mit Silvio zu tun?"

Raffaele sah mich offen an. „Möchtest du wissen, ob ich eine ähnliche Veranlagung habe wie mein Bruder?"

Ich wurde rot und stotterte verlegen: „Nun, vielleicht . . . es könnte ja sein, dass du auch . . ." Doch dann kam mir ein anderer Gedanke. „Oder hast du dich geopfert, weil Silvio dem Wunsch seines Vaters nicht nachgekommen ist?"

Raffaele streckte seine Beine im Gras aus und lächelte vor sich hin. „Um deine erste Frage zu beantworten: Nein, ich bin nicht homosexuell. Und zur zweiten Frage: Ich bin nicht Priester geworden, weil ich für Silvio in die Bresche springen wollte, sondern weil Gott mich dazu berufen hat. Zugegeben, einige Zeit hatte ich wirklich das Gefühl, etwas an Gott und an meinen Eltern gutmachen zu müssen. Aber Gott hat mir klargemacht, dass er mich nicht als Lückenbüßer will, sondern dass es für mich ein Vorrecht ist, ihm zu dienen."

Ich hatte meine Verlegenheit überwunden und hörte Raffaele aufmerksam zu. „Als jüngster Spross der Familie hatte ich es weitaus leichter als meine Geschwister. Ich bin von Mutter ziemlich verhätschelt worden und bekam alles, was ich wollte. Ja, sogar unseren harten Vater konnte ich manchmal um den Finger wickeln. Aber wie das häufig bei verwöhnten Kindern so ist, bekam mir diese Sonderstellung nicht besonders gut, denn ich forderte immer mehr und war doch nie zufrieden. Ich suchte mein Glück und die Befriedigung meiner Sehnsüchte in materiellen Dingen und rebellierte gegen die alten Werte, die Mutter mir nahe zu bringen versuchte. Ich meinte, auf der Jagd nach dem Sinn des Lebens zu sein, kratzte aber nur ein bisschen an der Oberfläche herum, weil es mir zu mühsam war, in die Tiefe zu gehen. Erst als Mutter sehr krank wurde, begann ich mit meinem Herzen zu suchen und spürte deutlich, dass ich an Gott nicht vorbeikam, so oder so. Doch ich hatte noch nichts von Gottes Wesen begriffen, denn ich versuchte mir seine Hilfe zu erkaufen, indem ich ihm versprach, dass ich an Stelle meines sündigen Bruders Priester würde, wenn er Mutter dafür gesund machte. Dabei merkte ich nicht einmal, wie sehr ich mich über Silvio erhob und gleichzeitig meine Opferrolle genoss. Aber trotz meiner unlauteren Motive schien Gott mein

Opfer angenommen zu haben, denn Mutter ging es allmählich besser. Aber seltsam, je mehr sie sich erholte, umso unzufriedener wurde ich. Tief in meinem Innern spürte ich, dass Gott zu mir reden wollte, doch ich hielt meine Ohren und mein Herz fest verschlossen, obwohl ich beständig auf der Suche nach dem großen Glück war. Und dieses wurde mir eines Tages tatsächlich geschenkt, aber ganz anders, als ich es mir vorgestellt hatte. Jemand – ich weiß bis heute nicht, wer es war – schickte mir eine Karte mit den Worten eines Philosophen. ‚Das Glück ist weder außer uns noch in uns, das Glück ist in Gott!' waren die Worte auf der Karte des Unbekannten, die mein Leben von Grund auf veränderten."

Eine Sekunde lang hielt ich den Atem an. Hatte nicht der alte Pastor in der Kirche meiner Heimatstadt etwas Ähnliches gesagt? Hatte er mir nicht ans Herz gelegt, denjenigen zu suchen, in dem das Glück verborgen liegt?

„Und wie ging es dann weiter?", fragte ich gespannt.

„Natürlich änderte ich mich nicht von heute auf morgen, aber ich begann, Gott mein Leben in die Hand zu legen, Stück für Stück und ohne Bedingungen. Ich machte Gott keine Vorschriften mehr, sagte nicht mehr, wenn du dies oder jenes für mich tust, dann diene ich dir', sondern ich stellte mich Gott einfach zur Verfügung, so wie ich war. ‚Wenn du mich brauchen kannst, hier bin ich!', sagte ich einfach, sonst nichts. Und erstaunlicherweise nahm Gott mich wirklich an, er prüfte aber auch meine Bereitschaft, denn schon kurz danach verschlechterte sich Mutters Gesundheitszustand wieder. Ich musste zusehen, wie sie litt, ohne ihr helfen zu können. Aber Gott ließ nicht zu, dass ich wieder in die alte Verzweiflung zurückfiel, sondern er half mir, Mutter zu trösten und mit ihr zu beten, sogar für meinen Bruder Silvio. Und in ihrer letzten Stunde segnete meine Mutter mich, stell dir vor, mich unnützen, verwöhnten Bengel segnete diese wunderbare Frau!"

Raffaele blickte in den hohen Himmel, als könne er dort noch einmal das Gesicht seiner Mutter sehen. In seinen dunklen Augen war trotz der traurigen Geschichte ein stilles Leuchten.

Um meine verlegene Rührung zu verbergen und uns wieder auf den Boden der Tatsachen zurückzubringen, sagte ich burschikos: „Das ist ja eine sehr schöne Geschichte. Hast du es nie bereut, Priester geworden zu sein?"

„Nein“, sagte Raffaele. „Ich habe zwar meine Mutter verloren und werde niemals eine eigene Familie haben, aber dafür habe ich eine andere Familie gefunden, nämlich die Menschen in meiner Gemeinde, die ich liebe und die mich – wenigstens manchmal – auch lieben. Doch das Größte in meinem Leben ist die Liebe Gottes, die ich nicht nur für mich in Anspruch nehmen möchte, sondern auch dahin tragen darf, wo arme und kranke Menschen leiden, wo Bitterkeit und Hass ihre Herzen quält, wo Einsame am Ende ihrer Kraft sind und wo Schuldbeladene nach Freiheit schreien. An diese meine Brüder und Schwestern möchte ich das weitergeben, was ich selbst so reichlich geschenkt bekommen habe, nämlich Gottes Liebe und Barmherzigkeit. Und ich spüre, dass mein Reichtum umso größer wird, je mehr ich davon abgebe.“

Erstaunlich, was dieser junge und bestimmt noch lebensunerfahrene Mann so alles von sich gab. Ich konnte nicht nachempfinden, was in ihm vorging, aber ich fühlte so etwas wie Bewunderung in mir aufsteigen. „Da könnte man ja fast neidisch werden“, murmelte ich gerührt. „Aber ich mit meiner Ungeduld werde wohl nie den richtigen Weg finden! Gott kann mit mir sicherlich nicht . . .“ Verlegen brach ich ab und schwieg.

Raffaele sprang lachend auf und zog mich an den Händen hoch. „Ach, Sabrina, merkst du denn gar nicht, dass du bereits auf dem richtigen Weg bist? Geduld heißt doch nicht, sich einfach auf den Hosenboden zu setzen und darauf zu warten, dass sich die Dinge von allein erledigen oder dass ein anderer sie für dich erledigt. Geduld ist auch selbständiges Handeln, ja sogar konzentrierte Kraft. Und genau die hast du bewiesen und beweist sie immer noch!“

Verblüfft sah ich Raffaele an. Dann begann ich ebenfalls zu lachen. „Ja, wenn das so ist, dann sollten wir uns jetzt schnellstens auf den Weg machen. Denn meine konzentrierte Kraft sagt mir gerade, dass es höchste Zeit für uns ist!“

27

Schon zwei Stunden später war unser Ziel in Sicht.

„Du darfst von diesem Besuch nicht allzu viel erwarten, denn mein Bruder Lucio ist sehr zurückhaltend, wenn es um Silvio geht", warnte Raffaele mich. „Weißt du, Sabrina, Lucio ist ein bisschen schwierig, aber er hatte es auch im Leben nicht leicht und ist dadurch unzugänglich, ja vielleicht sogar ein bisschen hart geworden."

Ich nickte zu Raffaeles Worten. „Egal", meinte ich großzügig. „Ich will ja nicht Lucios Sympathie gewinnen, sondern lediglich etwas über meine Kinder herausbekommen." Dennoch war mir mit einem Mal richtig beklommen zumute.

Als wir von der Hauptstraße abbogen und über einen schmalen geteerten Weg bergauf fuhren, wies Raffaele auf die Landschaft: „Diese Felder dort drüben gehören schon zum Hof meines Bruders. Lucio baut dort Getreide, Oliven und Wein an und hat außerdem noch eine hervorragende Schafzucht. Ja, er ist ein tüchtiger Landwirt, und er liebt dieses Land über alles. Aber er hat auch immer hart arbeiten müssen, um sich und seine Familie zu versorgen und gleichzeitig unser Erbe zusammenzuhalten. Denn genau das hat Vater gewollt und Lucio testamentarisch dazu verpflichtet."

Wir kamen an Feldern vorbei, auf denen zartgrünes Getreide wie ein vom Winde bewegtes Meer wogte. Andere Felder leuchteten bereits goldgelb in der Sonne und waren fast reif zur Ernte. In der Ferne bemerkte ich eine Schafherde auf einer der zahlreichen Weiden und dahinter eine Plantage silbrig schimmernder Olivenbäume. Was für ein schönes Land! Kein Wunder, dass sich der kleine Silvio damals in der Enge des Internates nicht wohl fühlte und sich nach der Freiheit und Weite dieser schönen Umgebung sehnte.

Als wir die Anhöhe erreichten, konnten wir auf ein großes, mit wildem Wein bewachsenes Gebäude sehen. Wir fuhren durch einen malerischen Torbogen aus hellgelben Steinen, die von einer Glyzine bewachsen waren, und vorbei an ein paar kleineren Wirtschaftsgebäuden durch einen parkähnlichen Garten auf das Haus zu.

Wie schön dieser Anblick war! Am liebsten hätte ich jetzt Block und Bleistift hervorgeholt, um dieses Bild aufs Papier zu bannen. Aber vielleicht würde sich dazu später noch eine Möglichkeit bieten.

Auf der Rasenfläche vor dem Haus spielten ein paar Kinder. Unwillkürlich hielt ich den Atem an, blickte von einem zum andern, um vielleicht Chiaras blonden Schopf oder Marcos dunkles Lockenköpfchen zu entdecken!

Raffaele hatte meinen suchenden Blick bemerkt und hielt den Wagen an. Als ich mich enttäuscht von den fremden Kindern abwandte, legte er tröstend eine Hand auf meinen Arm und fuhr langsam zum Eingang des Hauses.

Er parkte den Wagen und stieg aus. Mit dem Gefühl, ein ungebetener Gast in feindlichem Land zu sein, blieb ich sitzen und starrte beklommen auf die Eingangstür. Raffaele ging um den Wagen herum, öffnete die Beifahrertür und sagte aufmunternd: „Komm, Sabrina! Du musst keine Angst haben!"

Ich lächelte, um mir selbst Mut zu machen. Also hier in diesem schönen Haus war Silvio aufgewachsen, hier hatte sich ein Teil seines Lebens abgespielt, von dem er nur so wenig erzählt hatte. Hätte er nicht die Kinder und mich wenigstens ein einziges Mal hierher bringen können, um uns all diese Schönheiten zu zeigen? Aber ich durfte ja nichts von seiner Vergangenheit wissen, durfte nicht an seinem Leben teilnehmen, weil er Angst hatte, dass ich hinter sein „Geheimnis" kommen, dass ich ihn verachten und verlassen könnte.

Ein hagerer Mann in einem offenen karierten Hemd mit dunkelblauen Arbeitshosen und kniehohen Stiefeln stand nun in der offenen Tür. Sein Gesicht mit der gebogenen Nase und den dunklen Augen zeigte unverkennbar die Ähnlichkeit mit Silvio und Raffaele. Mit vor der Brust gekreuzten Armen und undurchdringlichem Blick stand er auf den Stufen des Einganges und rührte sich nicht.

Raffaele eilte mit ausgestreckten Händen auf ihn zu, sagte etwas in einer schnellen, fremd klingenden Sprache, die ich nicht verstand, und umarmte den Mann, der mich dabei unverwandt musterte. Dann drehte Raffaele sich zu mir herum und sagte: „Das ist mein Bruder Lucio, er heißt dich in seinem Haus herzlich willkommen!"

Ich konnte in Lucios Gesicht deutlich lesen, dass dies nicht der Wahrheit entsprach. Aber warum? Was hatte Lucio gegen mich? Er kannte mich doch gar nicht. Oder hatte er vielleicht etwas mit dem Verschwinden meiner Kinder zu tun und wusste jetzt nicht, wie er sich verhalten sollte?

Ich riss mich zusammen und streckte Lucio meine Hand hin, die dieser erst nach einigem Zögern ergriff. Seine Hand fühlte sich hart und schwielig an, und es war keine Herzlichkeit in seinem kurzen, erstaunlich schlaffen Händedruck.

Eine Frau mit einem kleinen Kind auf dem Arm erschien hinter Lucio. Ihr schwarzes, matt glänzendes Haar war zu einem dicken Knoten straff zurückgekämmt und ließ sie überaus streng erscheinen. Sie war hochschwanger und ihr Leib wölbte sich so stark vor, dass es aussah, als throne der Kleine auf ihrem Bauch. Das Gesicht der Frau war fein gezeichnet, aber viel zu blass und ausdruckslos. Mit leiser Stimme stellte sie sich als Marta, Lucios Frau, vor.

Mit einer knappen Handbewegung bat Lucio uns ins Haus. Wir traten in eine große Eingangshalle mit dunklen Steinfliesen und hohen holzvertäfelten Decken und Wänden. Von dort aus führte eine breite blankgewienerte Holztreppe mit einem geschnitzten Treppengeländer nach oben.

Lucio führte uns in einen hohen Raum, dessen Fenster mit schweren Läden verschlossen waren und nur wenig Licht hereinließen. In der Mitte des halbdunklen Raumes stand ein glänzend polierter Esstisch mit vielen Stühlen drumherum, die alle millimetergenau ausgerichtet waren. An einer Wand hing ein überdimensionales hölzernes Kreuz, hinter dem ein paar halbvertrocknete Zweige einer mir unbekannten Pflanze steckten, und auf einem Hocker unter dem Kreuz standen eine halb heruntergebrannte Kerze, ein kleiner Blumenstrauß und eine Schale mit Wasser. Außer einer wuchtigen Anrichte und einem Geschirrschrank aus dem gleichen dunklen Holz gab es keine weiteren Möbelstücke in dem Raum.

Trotz des warmen Sommerwetters fröstelte ich. Dieser Raum wirkte kalt und unpersönlich und das sicher nicht nur wegen der geschlossenen Fensterläden. Die Atmosphäre war dermaßen frostig, dass ich unbewusst meine Arme um mich schlang, wie um mich vor Kälte zu schützen. Sehnsüchtig dachte ich an den schönen Garten vor dem Haus. Was für eine Wohltat wäre es, jetzt dort draußen im hellen Sonnenschein zu sitzen und Silvios Familie kennen zu lernen!

Lucio wusste natürlich nichts von meinen Empfindungen, wie sollte er auch? Er forderte mich mit einer knappen Handbewegung auf, Platz zu nehmen und setzte sich schweigend auf die andere Seite des Tisches. Ein junges Mädchen kam mit einem Tablett herein, stellte es auf den Tisch und nahm Marta das Kind ab. Mit regungslosem Gesicht schenkte diese die Erfrischungsgetränke aus, setzte sich dann neben ihren Mann, faltete die Hände über ihrem Bauch zusammen und blickte stumm vor sich hin.

Wieder erschauerte ich und wäre am liebsten davongelaufen.

Raffaele bemerkte mein Frösteln und bat seine Schwägerin, die Fensterläden doch ein wenig zu öffnen. Marta blickte fragend auf ihren Mann und als der nickte, stand sie schwerfällig auf und öffnete einen Fensterladen gerade so weit, dass ein paar Sonnenstrahlen eindringen konnten.

Lucio begann nun in seiner schnellen, unverständlichen Sprache zu reden. Raffaele unterbrach ihn und bat darum, langsam und deutlich zu sprechen, damit ich alles verstehen könne. An Lucios Blick erkannte ich, dass ihm das nicht behagte, aber immerhin sprach er jetzt so, dass ich ihm – wenn auch mit einiger Mühe – folgen konnte.

Während Raffaele seinem Bruder erklärte, dass ich auf der Suche nach meinen Kindern sei, beobachtete ich die Gesichter meiner Gastgeber. Irritiert registrierte ich, dass sowohl Lucios als auch Martas Miene regungslos blieben und nicht die geringste Spur von Mitgefühl aufwiesen.

Nach langem eisigem Schweigen hob Lucio endlich den Blick, sah mich durchdringend an und sagte langsam und überbetont: „Nun, das ist eben der Preis für ein sündiges Leben."

Raffaele fuhr erregt hoch, riss sich aber sofort wieder zusammen. Dieses Mal war er es, der so schnell und unverständlich sprach, dass ich seinen Worten nicht folgen konnte. Aber der Tonfall zeigte mir deutlich, dass er äußerst empört war. Mehrmals hörte ich Silvios und meinen Namen, und auch von Chiara und Marco schien die Rede zu sein. Und als Lucio in der gleichen erregten Weise antwortete, fürchtete ich schon, dass es im nächsten Moment zu einer Explosion kommen könne.

Ich hielt diese Situation nicht länger aus und stand auf. „Ich weiß zwar nicht, warum Sie mir so feindlich gesinnt sind", sagte ich laut,

„aber bitte, das ist Ihre Sache! Ich will weder Ihre Sympathie noch Ihr Mitgefühl oder sonst irgendetwas von Ihnen! Ich bin nur hier, weil ich meine Kinder suche, aus keinem anderen Grund! Wenn Sie etwas wissen, dann sagen Sie es mir bitte, und ich verspreche Ihnen, Sie werden mich niemals wieder sehen!"

Tränen steckten in meiner Kehle, Tränen der Enttäuschung und des Schmerzes vor so viel unbegründeter Ablehnung. Wer gab diesen Menschen eigentlich das Recht, mich derart schäbig zu behandeln?

Eine Sekunde lang herrschte Schweigen, dann bat Raffaele leise: „Bitte, verzeih uns, Sabrina! Wir wollten dir nicht wehtun! Das hier hat nichts mit dir zu tun, es ist eine Sache zwischen Lucio und mir! Bitte, setz dich wieder!"

Auch Lucio schien beeindruckt. Er räusperte sich und sagte: „Signora, Sie müssen das verstehen! Silvio hat uns immer nur Sorgen und Probleme bereitet und hat den Namen unserer Familie in den Schmutz gezogen. Seit ich denken kann, machte er nur Schwierigkeiten, und die Familie hatte darunter zu leiden. Wir mussten mit den Folgen seiner Sünden fertig werden, während er einfach verschwand und sich ein leichtes Leben machte. Sie können sich das vielleicht nicht vorstellen, aber es gab eine Zeit, da haben die Leute mit Fingern auf uns gezeigt und über uns geredet und gelacht. Hätte Silvio ein gottesfürchtiges Leben geführt, wie unsere Eltern es uns gelehrt haben, wäre das alles nicht passiert, dann würde er noch leben und unsere Eltern vielleicht auch! Aber mein Bruder Taugenichts lebte immer nur nach seinen eigenen Vorstellungen, ohne Rücksicht auf andere. Hätte er damals seine Schuld bereut und mit einem anständigen Mädchen aus unseren Kreisen ein neues Leben begonnen, wäre vielleicht alles gut geworden. Aber nein, er musste eine Fremde heiraten, die natürlich von seinen Problemen nichts wissen wollte. Eine, die wir nicht kannten und auch nicht kennen lernen wollten, weil sie uns und unsere Art zu leben sowieso nicht verstehen würde."

„Aber ich hatte doch nie eine Chance, Sie und Ihre Familie kennen zu lernen!", warf ich ein, obwohl ich kaum Hoffnung hatte, Lucios Verständnis zu wecken. „Wie gerne hätte ich . . ."

„Richtig, und das war auch gut so", fuhr Lucio unerbittlich fort. „Sie waren doch nur darauf aus, mit Silvio ein lockeres und bequemes Leben zu führen, ohne sich tiefere Gedanken über seine Familie zu machen. Aber ich habe geschuftet, habe mit meiner Hände Arbeit dazu beigetragen, dass Silvio studieren und ein sorgenfreies Leben führen konnte. Und hat er mir das auch nur einmal gedankt? Hat er jemals danach gefragt, was für Wünsche ich hatte? Nein, natürlich nicht, denn mein sauberer Herr Bruder gondelte in der Weltgeschichte herum und lebte auf Kosten anderer, während ich nicht ein einziges Mal von hier weggekommen bin!"

Ich öffnete den Mund, um etwas zu erwidern, aber in Lucios Stimme war so viel Bitterkeit, dass ich nicht wagte, seinen Redeschwall zu unterbrechen: „Aber natürlich, als Vater krank wurde, da kam der liebe Silvio gleich hier an, er musste sich ja schließlich um sein Erbe kümmern. Doch als er merkte, dass hier nichts zu holen war, verschwand er gleich wieder. Dabei hätte ich ihn so dringend gebraucht, ich habe ihn sogar händeringend gebeten, sein Leben in Ordnung zu bringen und für immer nach Hause zu kommen. Aber natürlich war sich der feine Herr Doktor für die dreckige Landarbeit zu schade. Er ging lieber in sein fröhliches Leben zurück. Aber unser Herrgott hat dafür gesorgt, dass die Bäume nicht in den Himmel wachsen. Denn später, als es ihm dreckig ging, als eure Ehe am Ende war und er Angst hatte, seine Kinder zu verlieren, da kam er zu mir, da wollte er meine Hilfe!" Lucio hielt inne, presste seine schmalen Lippen fest aufeinander und starrte vor sich hin.

Ich hatte nur noch den letzten Satz im Ohr. „Silvio war hier?", rief ich erregt. „Und meine Kinder? Waren meine Kinder bei ihm? Bitte, sagen Sie es mir!"

Lucio ließ sich viel Zeit für seine Antwort, starrte sekundenlang auf seine Hände und richtete dann einen wuterfüllten Blick auf mich. „Ja, so war es! Silvio hatte tatsächlich den Mut, hier aufzukreuzen", sagte er in einem sarkastischen Ton. „Plötzlich stand dieser Mensch mitsamt seiner Brut vor mir und sprach allen Ernstes davon, sich hier bei uns niederlassen zu wollen!"

Ich drückte unter dem Tisch meine Nägel so tief in mein Fleisch, dass es schmerzte. Am liebsten wäre ich diesem verbitterten Mann, der mir solche Ungerechtigkeiten ins Gesicht schleuderte, an die Gurgel gegangen. Geduld hin, Geduld her! Diesem kalten, hartherzigen Kerl würde ich jetzt gerne das Gesicht zerkratzen, ihn treten und schlagen!

Raffaele sah meine Erregung und legte sanft seine Hand auf meine geballten Fäuste. Wohl tuend spürte ich die Wärme seiner Finger. Äußerlich völlig ruhig fragte ich: „Und Sie? Was haben Sie getan?"

„Natürlich habe ich ihn nicht gerade mit offenen Armen empfangen", erwiderte Lucio kalt. „Ich hatte unseren Hof durch harte Arbeit gerade wieder so weit gebracht, dass er einigermaßen florierte, und da kommt mein Bruder Leichtfuß und will sich hier breit machen! Nicht mit mir, habe ich gesagt und ihn gefragt, was er denn in Zukunft tun und ob er weiter sein schändliches Leben führen wolle. Da erklärte mir dieser Silvio doch tatsächlich, dass er auch zukünftig das Leben führen würde, das seinen Neigungen entsprach. Und damit wusste ich, dass er immer wieder Schande über unsere Familie bringen würde und deshalb habe ich ihn schließlich aus dem Haus gejagt."

„Aber wie konnten Sie nur? Und die Kinder, haben Sie die auch . . . Vielleicht hatte Silvio ja gar keine Schuld daran, dass er so war, vielleicht war er unglücklich und krank und wollte nur . . ."

Ich stockte verwirrt, als ich Raffaeles nachdenklichen Blick bemerkte. Es war aber auch zu seltsam, dass ausgerechnet ich, die Silvio gestern noch voller Intensität gehasst hatte, mich jetzt auf seine Seite stellte. Brachte mich etwa meine Abneigung gegen Lucio dazu, oder was war sonst das Motiv?

„Schuld oder nicht Schuld, das steht hier nicht zur Debatte", meinte Lucio hochmütig. „Es gibt Regeln, an die sich jeder zu halten hat, Sie und ich und auch Silvio! Wären Sie ihm eine gute Ehefrau gewesen, hätten Sie Ihre Ehe in der richtigen Gottesfurcht geführt und sich so verhalten, wie es einer Frau geziemt, dann hätten Sie Silvio auf den richtigen Weg zurückgeführt. Aber Sie wollten ja lieber ein flottes Leben in Sünde führen, statt sich auf die Tugenden der treuen und ehrbaren Frau zu besinnen!"

Jetzt blieb mir buchstäblich die Spucke weg! Was bildete sich dieser moralpredigende Kerl eigentlich ein? Da könnte man doch glattweg . . .

Ruhig, Sabrina, beherrsch dich! Dieses Mal lässt du dich nicht aus der Fassung bringen, sagte ich zu mir selbst und brachte sogar ein verzerrtes Lächeln zustande. „Signore Rizzardi", sagte ich kühl, „ich bin nicht hier, um mit Ihnen über meine Tugenden oder Untugenden zu diskutieren. Und ehrlich gesagt interessiert es mich auch nicht im

Geringsten, was Sie von mir halten. Sagen Sie mir einfach nur, wo Silvio meine Kinder hingebracht hat. Und schon sind Sie mich ein für alle Mal los!"

Gleichgültig hob Lucio die Schultern. „Was weiß ich! Aber meinem Bruder ist alles zuzutrauen. Und wenn er es vorgezogen hat sich umzubringen, statt sein Leben zu ändern, ist er sicher auch nicht davor zurückgeschreckt, seine armen Kinder mit in die Hölle zu nehmen!"

Nun wurde es totenstill im Raum. Ich brachte kein Wort hervor, sondern hörte nur mein eigenes Keuchen. Dann stieß ich mühsam hervor: „Wollen Sie damit sagen, dass Silvio meine Kinder ... dass Silvio ein Mörder ist?"

„Wer weiß! Aber ich sage Ihnen, er wird seiner gerechten Strafe nicht entgehen, sondern vor das himmlische Gericht gestellt und für immer verdammt werden!" Lucios Worte prasselten wie Fausthiebe auf mich herab. Da hielt ich es nicht länger aus, sprang auf und stolperte tränenblind dem Ausgang zu.

Nur weg von hier, weg aus diesem furchtbaren Haus! Nicht eine Minute länger wollte ich in dieser vergifteten Atmosphäre verbringen.

28

Erst als ich vor meinem Auto stand, erinnerte ich mich daran, dass Raffaele die Wagenschlüssel in seiner Tasche hatte. Aber um nichts in der Welt wollte ich noch einmal dieses Haus betreten! Also lief ich blindlings drauflos, ohne auf den Weg zu achten, bis ich jemanden meinen Namen rufen hörte. Dennoch blieb ich nicht stehen, sondern hastete weiter den Weg hinunter, als ginge es um mein Leben.

Das Haus war längst außer Sicht, aber ich rannte noch immer wie eine Besessene. Erst als ich hinter mir das Motorengeräusch meines Wagens vernahm, blieb ich stehen. Raffaele war mir nachgefahren, er hielt neben mir an, öffnete die Beifahrertür und ließ mich einsteigen. Wortlos fuhren wir weiter, bis Raffaele in einen Feldweg einbog und den Motor abstellte. Daraufhin saßen wir schweigend nebeneinander.

„Es tut mir so Leid, Sabrina!", sagte Raffaele nach unendlich langer Zeit. „Bitte, verzeih uns!"

In diesem Moment war es mit meiner Fassung endgültig vorbei. Ich biss mir die Lippen wund, konnte aber nicht verhindern, dass ein lautes Schluchzen aus meiner Kehle drang. Verzweifelt schlug ich die Hände vors Gesicht und weinte haltlos.

Unglücklich saß Raffaele neben mir und redete beruhigend auf mich ein, bis meine Tränenströme versiegten. Endlich atmete ich tief durch und bat: „Lass uns ein paar Schritte gehen!"

Wir liefen nebeneinander den Weg entlang. „Ich bitte dich für meinen Bruder um Entschuldigung", sagte Raffaele und sah mich von der Seite an. „Lucio ist verbittert und steckt voller Hass, aber das hat eigentlich nichts mit dir zu tun. Er hat es als der Älteste von uns Geschwistern nie leicht gehabt, denn er wurde von Vater schon als Kind hart rangenommen. Von Lucio wurde immer alles erwartet und er war auch immer bereit, alles zu geben, dennoch wurde ihm keinerlei Verständnis entgegengebracht. Lucio durfte weder Freunde haben noch verreisen, geschweige denn an irgendwelchen Vergnügungen teilnehmen. Erbarmungslos bürdete Vater ihm viel zu viel Verantwortung auf, ohne dass Lucio dabei auch die Freiheit der eigenen Entscheidung kennen lernen konnte. Aber wehe, wenn etwas schief ging, dann war natürlich Lucio schuld. Nein, mein Bruder hatte es wirklich nicht leicht, und vielleicht ist er deshalb heute so böse und ungerecht zu denen, die anders denken, als er es gelernt hat!"

„Aber eine schwierige Kindheit gibt ihm doch nicht das Recht, so mit anderen umzuspringen!", begehrte ich auf. „Wenn ich da so an meine eigene Kindheit denke, dann . . ."

„Nein, gewiss nicht", gab Raffaele zu. „Ich möchte sein Verhalten auch nicht verteidigen, sondern nur nach den Ursachen suchen. Weißt du, Sabrina, wenn der christliche Glaube zu reiner Tradition erstarrt und nur noch die kalte Pflichterfüllung zählt, dann stirbt die Liebe. Und bei Lucio ist die Liebe scheinbar schon lange gestorben und hat eine Haltung hinterlassen, in der kein Platz für Nachsicht und Vergebung ist. Ich weiß, dass die Sache mit Silvio gerade für

Lucio schwer zu ertragen war, denn bei uns auf dem Land, wo jeder jeden kennt, hatte gutes Ansehen stets einen besonderen Stellenwert. Damals haben sich die Leute über uns die Mäuler zerrissen, denn natürlich hatte es sich in Windeseile herumgesprochen, dass Silvio wegen ‚sexueller Verfehlungen' das Priesterseminar hatte verlassen müssen. Und Lucio als der Älteste von uns Kindern hatte das Gerede und die Schadenfreude am meisten zu spüren bekommen. Dazu kam die immer stärker werdende Härte unseres Vaters und der tiefe Kummer unserer Mutter. Das alles zusammen war für einen jungen Burschen wie Lucio nur schwer zu verdauen. Und da es sich bei dem Klatsch und Tratsch zumeist um zweideutige Bemerkungen handelte, die Lucio oft gar nicht verstand und deshalb falsch interpretierte, wurde der Schaden an seiner Seele umso größer. Zu Hause war uns streng verboten über Silvio zu sprechen oder auch nur seinen Namen zu erwähnen, so dass Lucio auf auswärtige Informationen angewiesen war, die sicher nicht dazu beitrugen, Verständnis für seinen Bruder zu wecken. Und so wuchs der ferne Silvio, den man ja in Deutschland mit all dem hässlichen Gerede nicht erreichen konnte, für Lucio zu einem dunklen Schatten heran, der ihn und den Ruf der Familie beschmutzte. Er musste mit ansehen, wie Mutter krank und Vater immer halsstarriger und härter wurde, und gab auch dafür seinem verschwundenen Bruder die Schuld. Später, als die Eltern tot waren, kam die Angst dazu, dass Silvio eines Tages zurückkehren und seine Rechte an dem Hof einfordern könnte, ohne dass er je etwas dafür getan hatte. Ja, mein Bruder tut mir Leid, denn eigentlich ist er genauso ein Opfer wie Silvio auch."

Nachdenklich schwieg ich. Von dieser Seite hatte ich das Ganze noch nicht betrachtet. Aber wie sollte ich auch? Ich hatte ja nie die Chance gehabt, die Geschichte dieser Familie kennen zu lernen.

„Verstehst du, was ich sagen will, Sabrina? Lucio ist kein schlechter Mensch, er ist einfach das Produkt seiner Umwelt, so wie Silvio es auch war. Er hatte nicht die Kraft, sich zur Wehr zu setzen und den bösen Einflüsterungen der anderen kein Gehör zu schenken. Und so ist in seinem Herzen ein vollkommen verzerrtes Bild seines Bruders entstanden."

„Aber er hatte doch Zeit genug, dieses Bild zu korrigieren und sich eine eigene Meinung zu bilden", wandte ich schwach ein.

„Da hast du sicher Recht", stimmte Raffaele mir zu. „Aber sein Denken und Fühlen geschieht in sehr engen Bahnen. Da ist nichts von Gottes Liebe und Freiheit zu spüren, da wird jeder aufs Strengste verurteilt, der sich gegen gewisse Grundsätze stellt. Außerdem glaube ich, dass Silvios Selbstmord Lucio härter getroffen hat, als er zugeben will. Vielleicht bereut er sein abweisendes Verhalten schon längst und fühlt sich an Silvios Tod mitschuldig. Vielleicht schmerzen ihn all die Dinge, die zwischen ihm und seinem Bruder gestanden haben und die nun nie mehr ausgeräumt werden können. Weil er damit jedoch nicht klarkommt, blockt er die Mahnungen seines Gewissens ab. Denn häufig weiß man eine Sache erst dann richtig zu schätzen, wenn man sie längst verloren hat. Mit dieser Erkenntnis und mit seinen Schuldgefühlen muss Lucio erst mal klarkommen. Vielleicht weiß er selbst noch nicht einmal, was ihn so sehr belastet."

„Aber wieso überträgt er seine ablehnende Haltung auf mich und meine Kinder? Wir können doch am wenigsten dafür." Noch immer konnte ich mich nicht mit dem feindseligen Verhalten meines Schwagers abfinden.

„Vielleicht weil du ihm fremd bist und er dich und deine Art zu leben nicht versteht?", fragte Raffaele zurück, als wäre er sich seiner Sache nicht sicher. „Es gibt da ein paar Dinge, die Lucio einfach nicht akzeptieren kann, zum Beispiel die Tatsache, dass du nicht unserer Konfession angehörst und ihr nicht kirchlich getraut seid. Außerdem glaubt Lucio, dass du deine Kinder loswerden wolltest, um ein freies Leben zu führen. Armer Lucio! Seine Welt, sein ganzes Fühlen und Denken ist so begrenzt, dass in ihr kaum Platz für Liebe und Verständnis, für Weite und Freiheit vorhanden ist!"

Verständnislos schüttelte ich den Kopf: „Aber wie soll das jetzt nur weitergehen? Wie soll ich jemals herausbekommen, wo meine Kinder sind, wenn mir niemand etwas sagt? Was sollen wir denn jetzt tun?"

Raffaele lächelte schmerzlich. „Eine gute Frage", meinte er. „Eigentlich hatte ich ja geplant, bis morgen bei Lucio zu bleiben, aber das hat sich ja wohl erledigt. Ich schlage vor, wir übernachten irgendwo in einem Hotel und fahren morgen weiter zu meiner Schwester Venera. Einverstanden?"

Natürlich war ich das, keine zehn Pferde hätten mich zurück in Lucios Haus gebracht.

Der Abend verlief sehr schweigsam, wir hingen beide unseren Gedanken nach. Auch auf der Fahrt zu Venera fielen nur wenige Worte. Als wir vor dem Haus anhielten, sagte Raffaele: „Venera erwartet uns. Ich habe sie gestern Abend angerufen und unseren Besuch angekündigt."

Mein Herz schlug aufgeregt, als wir auf die Eingangstür des Hauses zugingen, in dem Venera mit ihrer Familie wohnte. Hoffentlich würde mich Silvios Schwester nicht ebenso kalt abfertigen wie Lucio. Vielleicht hatte ja auch sie mich schon verurteilt, bevor sie mich überhaupt zu Gesicht bekam. Aber egal, auch das würde ich noch durchstehen, wenn ich nur endlich erfuhr, was mit meinen Kindern geschehen war.

Ein junges Mädchen öffnete die Tür, lächelte uns freundlich an und führte uns in einen großen Wohnraum, der mit modernen, mattweißen Möbeln ausgestattet war. Überall waren Blumen aufgestellt und etliche Bilder in schlichten weißen Rahmen zierten die Wände.

Venera kam angelaufen, küsste temperamentvoll ihren Bruder, sah dann prüfend zu mir herüber und hieß mich mit kühler Distanz willkommen. Trotzdem war ich erleichtert, dass mich nicht die gleiche Feindseligkeit wie in Lucios Haus erwartete.

„Ich sprecke wenig Deutsch", radebrechte Venera. „Möchte Sie ... oder du ..." Fragend sah sie mich an.

„Nicht nötig!", sagte ich schnell, um Venera von Anfang an das Gefühl zu vermitteln, dass ich zu ihnen gehörte. Vielleicht war sie dann eher bereit, mich zu akzeptieren und mir zu helfen. „Wenn du nicht zu schnell sprichst, kann ich ganz gut folgen."

Venera führte uns auf die Terrasse des Hauses, auf der bequeme Gartenmöbel mit bunten Sitzkissen zum Ausruhen einluden. Von hier blickten wir in den großzügig angelegten Garten mit duftenden Blumen, grünen Bäumen und Sträuchern und einer großen Rasenfläche, an deren hinterem Ende ein kleiner Swimmingpool einladend in der Sonne glitzerte.

Während Bruder und Schwester über Familienangelegenheiten plauderten, betrachtete ich meine Schwägerin genauer. Sie war klein und ein wenig füllig und schien sehr temperamentvoll zu sein. Ihr hübsches Gesicht mit den lebhaften dunklen Augen war sonnengebräunt. Ihr dunkles Haar war kurz geschnitten und von vielen Silberfäden durchzogen, was ihr etwas Vertrauenerweckendes verlieh. Venera trug ein kurzes Sommerkleid, das auf den Schultern nur von schmalen Trägern gehalten wurde und kräftige Arme und Beine sehen ließ. Alles in allem war Venera eine angenehme, aparte Erscheinung.

Genau wie Silvio, dachte ich unwillkürlich. Auch er war nicht sehr groß gewesen, was bei ihm – ebenso wie bei Venera – aber nicht von Nachteil war. Und wie Silvio wirkte auch Venera vom ersten Augenblick an sehr sympathisch, ohne dass ich dafür bestimmte Gründe hätte nennen können.

Erst jetzt bemerkte ich, dass Raffaele und Venera schwiegen und erwartungsvoll zu mir herübersahen. Verwirrt schüttelte ich meine Gedanken ab und erinnerte mich, dass Venera mich etwas gefragt hatte. Irgendwie war ich heute nicht ganz bei der Sache!

„Excusi, Venera", bat ich und erklärte meine Unkonzentriertheit mit schlechtem Schlaf und dem warmen Wetter, das ich nicht gewöhnt war.

„Ihr könnt ja später ein bisschen schwimmen oder euch zum Ausruhen in den Schatten legen", schlug Venera vor. Dieses Angebot klang sehr verlockend, aber sollte ich meine kostbare Zeit mit derart profanen Dingen vertrödeln?

Venera servierte uns Erfrischungsgetränke und plauderte dabei zwanglos weiter. „Natürlich bleibt ihr heute Nacht hier!", bestimmte sie kurzerhand, was mich wieder an Silvio erinnerte. Aber während ich noch darüber nachdachte, ob ich nicht besser in einem Hotel übernachten sollte, ging Raffaele schon zu meinem Auto, um das Gepäck zu holen.

Ich war so müde, dass ich der Einfachheit halber zustimmte. Als ich dann allein auf der Terrasse saß, lehnte ich mich zurück und genoss die Stille um mich herum. Ich hörte nur das Gezwitscher der Vögel in den Bäumen und das Summen der Insekten, die sich an den blühenden Pflanzen zu schaffen machten. Kurze Zeit beobachtete ich noch, wie die kleinen Tierchen in die Blütenkelche krabbelten, ihre Hinterteile eifrig hin und her bewegten und dann nach einiger Zeit zufrieden zur nächsten Blüte schwirrten. Dann fielen mir die Augen zu.

Kinderstimmen rissen mich aus meinem Halbschlaf. Einen Moment lang war ich völlig verwirrt und wusste nicht, wo ich war.

Doch dann stockte mir plötzlich der Atem: Ich hörte bekannte Töne: Lachen, Rufen und Kreischen von Kinderstimmen, die mir vertraut waren!

Sofort war ich hellwach. Chiara und Marco! Hier also waren meine Kinder! Hier in Veneras Haus! Silvio hatte sie hierher gebracht, während ich . . .

Erregt sprang ich auf und rannte über die Terrasse in den Garten, den Kinderstimmen entgegen. Auf dem Rasen sah ich Raffaele mit zwei Kindern spielen. Er hatte einen kleinen Jungen huckepack auf den Rücken genommen und hielt ein dunkelhaariges kleines Mädchen an den Händen.

„Chiara! Marco!“, gellte meine Stimme durch den Garten. Doch im gleichen Augenblick presste ich meine Hand vor den Mund, weil ich erkannte, dass es nicht meine Kinder waren. Unfähig mich zu rühren, blieb ich stehen und starrte auf die kleine Gruppe. Tränen strömten über mein Gesicht, Tränen der Verzweiflung und des Schmerzes. Ich hatte einfach nicht die Kraft, sie zurückzuhalten.

Raffaele sah mich an und verstand sofort. Er sagte etwas zu den Kindern, setzte den Jungen von seinem Rücken ab und kam auf mich zu.

„Es tut mir Leid“, flüsterte er. „Ach Sabrina, das alles tut mir so Leid! Bitte, verzeih mir!“ In seiner Stimme war ein weicher Klang, der etwas in meinem Innern anrührte und von neuem aufwühlte.

Venera kam dazu, blickte forschend von einem zum andern und erfasste intuitiv die Situation. „Komm, Sabrina!“, sagte sie fürsorglich. „Ich zeige dir jetzt erst einmal dein Zimmer.“ Ohne meine Antwort abzuwarten, nahm sie meinen Arm und ging mit mir ins Haus.

Blind vor Tränen stolperte ich hinter Venera die Treppe hinauf in das Gästezimmer in der oberen Etage. Venera drückte mich auf das Bett, setzte sich neben mich und erklärte mir: „Da unten im Garten, das sind meine Kinder! Ich kann sehr gut verstehen, dass du . . . Aber vielleicht sollten wir darüber erst später reden.“ Sie gab mir eine Packung Papiertaschentücher und verschwand.

Es dauerte noch eine ganze Weile, bis ich mich einigermaßen beruhigt hatte. Aber dann riss ich mich zusammen, denn mir war bewusst, dass ich einen klaren Kopf behalten musste, solange nicht feststand, ob ich Venera vertrauen konnte. Immerhin war noch nicht geklärt, ob Venera ihre Hände nicht vielleicht doch mit im Spiel hatte und was sie über den Verbleib meiner Kinder wusste oder auch nicht wusste. Bisher hatte ich jedenfalls den Eindruck, dass sie sich nicht so ohne weiteres in die Karten gucken ließ. Möglicherweise steckte ja sogar die ganze Familie unter einer Decke und Raffaele sollte mich mit seiner angeblichen Hilfsbereitschaft nur auf eine falsche Fährte locken! Und wenn ich jetzt einen Fehler machte, konnte es passieren, dass ich meine Kinder nie wieder sah!

Also gut, dachte ich erbittert, *wenn ihr es so wollt, mache ich euer Spiel mit! Vielleicht gelingt es mir dann, etwas über Marco und Chiara herauszukriegen*. Aber wie sollte ich vorgehen?

Als ich wieder von draußen das fröhliche Kinderlachen hörte, kam mir eine Idee. Ich könnte mich an die Kinder heranmachen, sie für mich gewinnen und dann ausfragen. Manchmal bekamen Kinder mehr mit, als ihre Eltern glaubten.

Schnell öffnete ich das Fenster und sah die beiden im Wasser herumtoben. Raffaele ging gerade – nur mit einer Badehose bekleidet – über den Rasen zu den Kindern hinüber, er bemerkte mich und winkte zu mir herauf. „Komm herunter, Sabrina! Lass uns schwimmen gehen!“

Meine Gefühle rebellierten wieder, denn eigentlich wollte ich die Zeit nicht für solche Nebensächlichkeiten vergeuden. Aber gleichzeitig sah ich die Chance, eine erste Tuchfühlung mit den fremden Kindern aufzunehmen. Unentschlossen sagte ich: „Aber ich hab gar keinen Badeanzug!“

„Venera wird dir bestimmt einen leihen“, lachte Raffaele. „Nicht wahr, Schwesterchen?“ Er war total verändert, nichts erinnerte mehr an den bedrückten Raffaele von gestern Abend.

Widerspruchslos ließ ich mir von Venera einen Badeanzug verpassen, der für mich ein bisschen zu kurz und zu weit war.

„Wie schlank du bist! Und was für lange Beine du hast, einfach toll“, meinte Venera bewundernd. „Ich dagegen, na ja.“ Sie lachte und strich mit den Händen über ihre üppigen Hüften. Misstrauisch horchte ich auf den Klang ihrer Stimme, konnte aber keinen falschen Unterton heraushören.

Sofort versuchte ich Veneras Sympathie für mich zu nutzen. „Du weißt sicher schon, dass ich auf der Suche nach meinen Kindern bin“, erklärte ich hastig. „Bitte, Venera, hilf mir sie zu finden. War Silvio bei dir und hat er ...“

Ich hielt inne, weil ich spürte, dass ich einen Fehler gemacht hatte. Veneras Augen hatten wieder den kühlen, distanzierten Ausdruck angenommen, der mir schon heute Morgen aufgefallen war. „Später“, sagte sie kurzangebunden. „Jetzt wollen wir erst mal schwimmen gehen.“ Damit drehte sie sich herum und ging die Treppe hinab.

Was blieb mir nun anderes übrig, als hinter ihr herzulaufen. Ich fühlte mich nicht wohl in meiner Haut und sah befangen, dass ich im Gegensatz zu dem kräftigen, braun gebrannten Körper meiner Schwägerin blass und mager wirkte. Um mir meine Unsicherheit nicht anmerken zu lassen, setzte ich mich schnell neben Venera an den Rand des Pools, ließ meine Beine ins Wasser baumeln und tat so, als gäbe es nichts Aufregenderes in der Welt.

„Kinder, kommt mal her!“, rief Venera. Der kleine Junge und das etwa gleich große Mädchen unterbrachen ihr Wasserspiel und kamen auf uns zugestürmt. Beide waren kräftig gebaut und von der Sonne braun gebrannt, sie hatten strahlende dunkle Augen und ebensolche Haare. Kurz und gut, sie sahen zum Anbeißen süß aus.

„Das sind unsere Zwillinge, Rinaldo und Adriana“, stellte Venera die beiden vor. Im Gegensatz zu meinen zwei kleinen Rackern waren sie scheinbar sehr gut erzogene Kinder, denn sie hielten mir brav ihre pummeligen Händchen hin, um mir guten Tag zu sagen. Dann blickten sie fragend auf ihre Mutter und sprangen nach deren Erlaubnis wieder davon.

„Die beiden sind jetzt fast acht Jahre alt“, erklärte Venera mit leuchtenden Augen. „Und ich muss zugeben, dass ich noch immer ganz vernarrt in sie bin. Weißt du, wir hatten die Hoffnung auf weiteren Kindersegen schon aufgegeben, als unsere beiden Nachkömmlinge sich so unversehens anmeldeten. Unser Sohn Domenico ist schon erwachsen und längst aus dem Haus, und da mein Mann Francesco beruflich häufig unterwegs ist, bin ich natürlich froh, meine Zwillinge bei mir zu haben!“

Aha, folgerte ich blitzschnell, diese Frau ist eine Bilderbuchmutter und kann bestimmt nachempfinden, was es heißt, wenn einem die Kinder weggenommen werden! Wenn ich Veneras Herz erobern will, muss ich das also über die Kinder tun!

Ich hatte keinerlei Skrupel, diese Erkenntnis für meine Zwecke auszunutzen und stürzte mich nun eifrig zu den Kindern ins Wasser, beteiligte mich an ihren wilden Spielen, ließ mich bespritzen und spritzte zurück. Ich tauchte und kraulte mit ihnen um die Wette, sprang in den seltsamsten Verrenkungen vom Beckenrand und ließ sie auf meinem Rücken reiten.

Zugegeben, in den ersten Minuten war mein Spiel reine Berechnung. Doch plötzlich vergaß ich, dass Adriana und Rinaldo nicht meine Kinder waren, und ich benahm mich einfach so, als spielte ich mit Chiara und Marco. Wir lachten und tollten miteinander, als würden wir uns schon lange Zeit kennen. Und nach einer halben Stunde stellte ich verwundert fest, dass ich die Herzen der Zwillinge im Sturm erobert hatte. Und das war jetzt nicht mehr reine Berechnung, sondern weil wir uns wirklich mochten.

Als Rinaldo sich am Beckenrand den Kopf stieß und in lautes Gejammer ausbrach, nahm ich ihn – ohne auf die anderen zu achten – in meine Arme, streichelte sanft über die kleine Beule an seiner Stirn und pustete sein kleines Wehwehchen weg, genauso wie ich es immer mit meinen Kindern tat. Aber dann bemerkte ich Veneras nachdenklichen Blick, ließ Rinaldo verlegen los und setzte mich an den Beckenrand. Nein, sie sollte nicht glauben, dass ich mich nur bei ihr einschmeicheln wollte.

Veneras dunkle Augen strahlten mich an, die goldenen Punkte darin glitzerten mit den Wassertropfen auf ihrer Haut um die Wette. Fürsorglich nahm sie ein Handtuch, legte es mir um die Schultern und sagte weich: „Komm, Sabrina! Ruh dich jetzt ein bisschen aus. Die Kinder sind sehr anstrengend."

Verdutzt ließ ich zu, dass sie mir den Rücken abrubbelte, sich dann bei mir einhakte und mit mir gemeinsam zum Haus ging. Ich zog mich um und setzte mich dann zu Venera auf die Terrasse, wo uns Cosima, die junge Haushaltshilfe, einen kleinen Imbiss servierte. Von Raffaele und den Kindern war jetzt weit und breit nichts mehr zu sehen, was wahrscheinlich von Venera so arrangiert war.

Plötzlich bedauerte ich, dass ich Venera unter so unglücklichen Umständen kennen gelernt hatte. Hätte Silvio mich früher hierher gebracht, wäre sie vielleicht sogar eine Freundin für mich geworden! Aber jetzt . . .

„Schade“, sagte ich laut, „schade, dass wir uns nicht früher begegnet sind!“

Venera blickte mich ernst und prüfend an. Sollte ich ihr vertrauen, sollte ich ihr einfach von mir und meinen Gefühlen erzählen? Oder lief ich damit Gefahr, dass sie mich ebenso ablehnte wie Lucio? Schließlich war ich umso verletzlicher, je tiefer ich einen Außenstehenden in mich hineinsehen ließ. Aber andererseits, was hatte ich schon zu verlieren?

Ich schob meine Bedenken einfach beiseite und ging das Wagnis ein: Ich erzählte Venera von meinem Leben mit Silvio, von meinem Frust über die angebliche Geliebte und dem Schock, als ich Silvios Geheimnis erfuhr. Es wurde eine lange Erzählung, in der ich auch meine eigenen Fehler nicht ausließ. Manchmal stockte ich, suchte nach den richtigen Worten oder schluckte an meinen Tränen. Aber am Ende hatte ich das Gefühl, dass Venera mir ein wenig näher gekommen war.

„Und deshalb bin ich hier, weil ich glaube, dass meine Kinder noch am Leben sind. Willst du mir helfen, Venera?“, flehte ich sie schließlich an.

„Wir werden sehen“, wich Venera aus. Aber um ihren Mund herum spielte ein feines Lächeln, das Freundschaft und Zuneigung verhieß. Oder irrte ich mich?

29

Das Abendessen nahmen wir auf der Terrasse ein. Inzwischen stand die Sonne schon sehr niedrig und tauchte Haus und Garten in ein sanftes Licht, das so etwas wie Abschiedsstimmung verbreitete.

Adriana und Rinaldo waren gut erzogene, aber auch sehr temperamentvolle Kinder. Immer wieder ermahnte Venera sie zur Ruhe, was die beiden eine Zeit lang auch befolgten. Aber beim Nachtisch war es dann mit ihrer Zurückhaltung vorbei: Sie sprudelten nur so vor Leben, erzählten amüsante Geschichten aus der Schule, ahmten Lehrer und Schulkameraden nach und platzten manchmal fast vor Lachen. Fasziniert versuchte ich ihren Schilderungen zu folgen, verstand aber zeitweise kaum ein Wort.

„Kannst du das bitte noch mal erzählen?“, fragte ich Adriana wieder einmal, nachdem alle herzlich gelacht hatten, ich aber die Pointe der Geschichte nicht mitbekommen hatte. Also begann Adriana erneut mit ihrer Schilderung, worauf Rinaldo sich schnell einschaltete, was wiederum Adriana dazu anstachelte, ihren Bruder mit noch größerer Stimmkraft zu überbieten.

„Genau wie meine beiden“, entfuhr es mir unbedacht. Doch gleich darauf biss ich mir auf die Zunge, denn ich wollte doch diese unbeschwerten Kinder nicht mit meinen Sorgen belasten.

„Hast du auch Kinder, Sabrina?“, schaltete die kleine Adriana sofort.

Hilfe suchend blickte ich zu Raffaele und Venera hinüber, sah dann wieder in die erwartungsvollen Gesichter der Zwillinge und nickte zögernd. „Ja“, sagte ich gedehnt und bemühte mich, meine Stimme fest klingen zu lassen. „Ja, ich habe auch Kinder, einen Jungen und ein Mädchen genau wie bei euch, nur sind sie keine Zwillinge. Chiara ist sechs Jahre alt und kommt dieses Jahr in die Schule, und Marco ist vier und geht in den Kindergarten.“

„Aber warum hast du sie nicht mitgebracht?“, fragte Adriana erstaunt. „Es wäre doch schön, wenn wir mit ihnen spielen könnten. Rinaldo ist oft so langweilig und will nicht mit mir spielen. Ich glaube, mit deiner Chiara würde ich gerne mal spielen.“

„Von wegen langweilig!“, konterte Rinaldo empört. „Du mit deinen blöden Puppen! Dazu habe ich nun mal keine Lust. Aber ich könnte Marco meine Autobahn zeigen, und wenn er gerne malt . . .“

Wieder hatte ich Mühe, den kleinen Schnellsprechern zu folgen. Aber immerhin bekam ich mit, dass sie sich schon jetzt darum stritten, wer am besten mit wem spielen würde, wenn meine Kinder zu Besuch kämen.

Aber dann sah Adriana mich plötzlich neugierig an und fragte mit einem aggressiven Unterton: „Hast du deine Kinder denn nicht lieb? Ich meine, wenn du lieber ohne sie verreist. Meine Mama würde das bestimmt nicht tun, nicht wahr, Mama?“

Ich spürte, wie sich mir Tränen in die Augen drängten und musste meine ganze Beherrschung aufbieten, um nicht schon wieder loszuheulen. „Doch, Adriana", antwortete ich und schluckte heftig, um überhaupt ein Wort herauszubringen. „Ich habe meine Kinder sehr lieb. Chiara ist genauso ein süßes kleines Mädchen wie du. Und Marco, ach, er ist ein bisschen verschmust und sitzt noch manchmal gerne auf meinem Schoß und lässt sich etwas vorlesen. Aber er ist bestimmt genauso flink wie du, Rinaldo, und wenn er erst mal wieder . . . Ach ja, ich habe die beiden unheimlich lieb."

„Dann bring sie doch einfach her!", schlug Adriana vor. Offensichtlich war sie genauso praktisch veranlagt wie meine kleine Tochter. „Chiara kann dann in meinem Zimmer schlafen und Marco bei Rinaldo, nicht wahr, Rinaldo?" Ihr Bruder bestätigte eifrig das Angebot seiner Schwester.

„Ja", versprach ich leise. „Ich werde sie herbringen, sobald . . . sobald es möglich ist."

Jetzt schaltete sich Venera ein. „Schluss für heute, Kinder! Es ist höchste Zeit zum Schlafengehen", meinte sie. Wie alle Kinder in dieser Situation protestierten die Zwillinge noch ein bisschen, umarmten mich dann stürmisch und gaben mir einen herzhaften Kuss. „Ich mag dich gut leiden, Sabrina!", sagte Rinaldo offenherzig und Adriana fügte großzügig hinzu: „Wenn du willst, kannst du ruhig noch ein bisschen bei uns bleiben."

Was für Komplimente!

„Da hast du aber eine Eroberung gemacht", sagte Venera erstaunt, als die beiden unter lautem Getrappel die Treppe hinaufstürmten. „Die beiden scheinen dich wirklich zu mögen – und das in so kurzer Zeit!"

„Ich mag sie auch", antwortete ich noch immer mit dieser schmerzhaften Sehnsucht in mir, die wie Feuer brannte. „Sie sind wirklich süß, so fröhlich und lebendig! Wenn ich sie ansehe und an meine Kinder denke, dann . . . dann . . ."

Jetzt konnte ich meine Tränen nicht mehr länger zurückhalten, sie strömten unaufhörlich über mein Gesicht. „Du musst mich für eine ganz schöne Heulsuse halten", schluchzte ich und sah ängstlich zu Venera hinüber. „Sonst bin ich gar nicht so wehleidig, aber zurzeit ist alles so schwer."

Venera setzte sich zu mir auf die Lehne des Stuhles. „Du musst dich nicht für deine Tränen entschuldigen", meinte sie weich. „Ich kann dich sehr gut verstehen, Sabrina, denn es ist ganz furchtbar, was du gerade durchmachst. Wenn ich mir vorstelle, dass meine Kinder plötzlich verschwunden wären und ich keine Ahnung hätte, wo sie sind, dann wüsste ich nicht, was ich täte. Und dazu kommt noch die Sache mit Silvio und seinem Selbstmord und so weiter! Ach Sabrina, es ist schon toll, wie du das alles verkraftest."

Impulsiv legte sie ihren Arm um mich und drückte mich einen Moment fest an sich. Dann stand sie auf. „Lass uns später weiterreden, jetzt muss ich erst mal oben nach dem Rechten sehen und den Kindern einen Gutenachtkuss geben. Francesco ist inzwischen auch nach Hause gekommen. Wollen wir uns noch ein bisschen zusammensetzen und ein Glas Wein miteinander trinken?"

Wir gingen in den Wohnraum und machten es uns in den weichen Polstermöbeln bequem. Neugierig sah ich mich um. Der Raum war geschmackvoll möbliert und im Kamin brannte ein Feuer, das eifrig prasselte und knisterte.

Ein rundlicher kleiner Mann mit einem dunklen buschigen Haarkranz um den sonst kahlen Kopf stürmte wie ein mittelschweres Gewitter ins Zimmer hinein. Erstaunt betrachtete ich ihn. Dieser Mann sollte Veneras Mann sein? Also, den hatte ich mir ganz anders vorgestellt.

Francesco lachte über sein rundes Gesicht und steuerte geradewegs auf mich zu. „Ah, la bella Sabrina!", rief er mit dröhnender Bassstimme, fasste mich an beiden Händen, zog mich aus meinem Sessel hoch und umarmte mich so herzlich, als wären wir schon jahrelang die besten Freunde. Er küsste mich auf beide Wangen, wobei er sich auf die Zehenspitzen stellen musste, weil ich fast einen Kopf größer war als er.

Dann trat er einen Schritt zurück, musterte mich von Kopf bis Fuß und rief begeistert: „Du bist ja noch viel schöner, als Venera erzählt hat! Wie konnte Silvio uns nur eine solche Frau vorenthalten?"

Ich weiß nicht wieso, aber ich spürte sofort, dass ich diesem Mann vertrauen konnte. Er besaß eine so natürliche Ausstrahlung und war so sehr im Einklang mit sich selbst, dass man schon nach einer Minute sein unvorteilhaftes Äußeres vergaß. Dieser Mann strahlte eine Harmonie und Zuversicht aus, die einfach mitreißend wirkte und den Eindruck hinterließ, als hätte jemand bei seinem Eintreten ein Licht angeknipst.

Vorsichtig sah ich zu Venera und Raffaele hinüber und stellte fest, dass auch sie vergnügt lachten. Da schloss ich mich den anderen einfach an und lachte das erste Mal seit Wochen wieder richtig fröhlich und aus einem befreiten Herzen heraus. Was für ein Mann, dieser Francesco! Schon nach einer Minute unserer Bekanntschaft hatte er mein Herz gewonnen.

Es wurde ein heiterer, fast unbeschwerter Abend, an dem ich mich nur hin und wieder in kurzen Gedankenblitzen an den Grund meines Hierseins erinnerte. Jetzt erkannte ich auch, woher die Zwillinge ihr schauspielerisches Talent hatten, denn Francesco konnte herrliche Geschichten erzählen, ja eigentlich eher spielen. Denn um ein Detail deutlicher zu machen, sprang er immer wieder behände auf, was bei seiner Körperfülle ganz schön beeindruckend war, ahmte Große und Kleine, Dicke und Dünne, Männer und Frauen nach, erzählte, parodierte, gestikulierte – und das alles in einer so humorvollen Weise, die niemals verletzend wirkte. Ganz offensichtlich besaß Francesco eine außerordentlich gute Beobachtungsgabe und dazu eine ungeheure Lebenslust.

„So viel habe ich schon lange nicht mehr gelacht", sagte ich am Ende dieses Abends und drückte meine Hände gegen meinen schmerzenden Bauch. Aber plötzlich erinnerte ich mich wieder an meine Kinder und – ohne es zu wollen – verflog augenblicklich meine Fröhlichkeit. Aber Francesco mit seinem besonderen Gespür für die Gefühle seiner Mitmenschen brachte es erneut fertig, mich in seine heitere Welt hineinzuziehen und mich für ein paar weitere Minuten mein Unglück vergessen zu lassen.

Aber dann merkte ich, wie müde ich war. „Ich muss unbedingt ins Bett", meinte ich und gähnte verstohlen. „Es war wirklich ein wunderbarer Abend mit euch und ich danke euch sehr dafür! Aber ich bin ja nicht hier, um schöne Abende zu erleben, sondern um das Schicksal meiner Kinder aufzuklären. Und deshalb möchte ich . . ."

„Ich weiß", unterbrach mich Francesco sanft. „Venera hat mir schon davon erzählt. Aber wir wollten dich erst mal ein bisschen kennen lernen, um dann zu entscheiden, was als Nächstes zu tun ist. Morgen werden wir in Ruhe alle weiteren Schritte besprechen!"

„Das heißt, dass ihr . . .?" Ich war unsicher und fing doch tatsächlich an zu stottern. „Wollt ihr mir wirklich helfen?"

Francesco legte den Arm um seine Frau, nickte mir zu und strahlte mich mit seinen dunklen Augen an: „Natürlich helfen wir dir, schließlich gehörst du zur Familie!"

„Ja, Sabrina", bestätigte Venera die Worte ihres Mannes, „wir werden dir helfen, so gut wir können!" Und als sie mein Gesicht sah, fügte sie hinzu: „Aber jetzt fang bloß nicht wieder an zu heulen. Für heute ist es genug damit!"

Nun lachten wieder alle, nur mir liefen die Tränen übers Gesicht. Aber dieses Mal waren es Tränen der Freude über meine neue Familie.

30

Erschrocken fuhr ich aus dem Bett hoch: Es war heller Tag und die Sonne stand schon hoch am Himmel. Ich sah auf die Uhr – es war fast elf! Warum hatte mich denn niemand geweckt? Ich hatte doch nun wirklich Wichtigeres zu tun, als faul im Bett herumzuliegen!

Hastig zog ich mich an und eilte nach unten. Im Haus war es seltsam ruhig, fast so, als wären alle Bewohner ausgeflogen. Was für eine Enttäuschung! Waren das die Versprechungen von gestern Abend? Scheinbar war das Hilfsangebot nichts als eine weinselige Laune gewesen, die heute schon wieder vergessen war. Oder – noch schlimmer – man hatte mich ausgehorcht, um mich dann später auf eine falsche Fährte zu locken.

Kopflos rannte ich durchs Haus, sah in alle Räume und eilte dann in den Garten. Nein, auch hier war niemand zu sehen. Also war meine Vermutung richtig, man hatte mich belogen und betrogen!

Ich rannte auf und ab, um meine aufgewühlten Nerven zu beruhigen, und überlegte, was ich jetzt tun sollte. Doch als ich enttäuscht ins Haus zurückging, hörte ich aus der Küche Geräusche. Ich öffnete schnell die Tür und sah mich Venera gegenüberstehen. Freundlich lachte sie mich an: „Na, du Langschläferin, ausgeschlafen?“

Ich schämte mich für mein Misstrauen. „Tut mir Leid“, sagte ich zerknirscht. „Aber warum hast du mich denn nicht geweckt? Ich hatte schon befürchtet . . . Na egal, jedenfalls wollten wir doch heute . . . Ich meine, wir hatten doch verabredet, dass . . .“

„Schon gut, Sabrina, du hast nichts versäumt“, beruhigte mich Venera. „Ich habe heute früh bei dir hereingeschaut und gesehen, dass du fest schliefst. Und da habe ich es einfach nicht übers Herz gebracht, dich zu wecken, denn die Ruhe hat dir nach all der Aufregung sicher gut getan. Du siehst heute auch schon viel entspannter aus.“

„Meinst du?“, fragte ich hilflos und versuchte, den letzten Rest meines Misstrauens zu überwinden.

Während Venera mir das Frühstück auf den Tisch stellte, plapperte sie munter drauflos: „Raffaele ist unterwegs, die Kinder sind in der Schule und Francesco ist ins Büro gefahren, um noch ein paar Dinge zu erledigen. Für heute Nachmittag will er sich frei nehmen, damit er Zeit für dich hat.“

Schande über dich, Sabrina, wieder mal voreilig gewesen, was? Beschämt nickte ich zu Veneras Worten.

Um meine Verlegenheit zu überwinden, bestrich ich mir eine Scheibe Toast mit Marmelade, biss kräftig hinein und bat Venera, mir etwas von Silvio zu erzählen. „Was weißt du über ihn? Wann hast du ihn zum letzten Mal gesehen? War er allein, und was hatte er vor?“ Ich stellte mal wieder alle Fragen auf einmal.

„Langsam, Sabrina, eins nach dem andern“, meinte Venera. „Also, Silvio war tatsächlich ein paar Mal hier. Dabei habe ich wieder einmal gemerkt, dass ich meinen Bruder nie wirklich gekannt habe. Ja, eigentlich war er für mich immer ein Rätsel, schon damals, als er im Internat war und nur in den Ferien nach Hause kam. Lange Zeit hatte ich keine Ahnung, was die ganze Aufregung um Silvio überhaupt bedeutete, denn als einziges Mädchen in der Familie wurde ich so weltfremd erzogen, dass ich nicht einmal das Wort ‚Homosexualität‘ kannte. Durch vielerlei Einflüsse war Silvio in meinen Gedanken lange Zeit der böse Bruder, der die Familie in Verruf brachte und sich aus dem Staub machte, als es brenzlig wurde. Ich verübelte Silvio, dass er sich nicht um unsere kranke Mutter kümmerte und nicht einmal zu ihrer Beerdigung kam. Aber da wusste ich auch noch nicht, dass Vater das verhindert hatte, weil er Silvio nicht verzeihen konnte. Erst als Vater todkrank wurde und Silvio zurückkam, begann ich die Zusammenhänge zu begreifen. Damals saß Silvio stundenlang an Vaters Bett und versuchte mit ihm zu reden. Aber es war hoffnungslos! Vater konnte oder wollte seinen Sohn nicht verstehen und starb, ohne sich mit Silvio versöhnt zu haben. Ich glaube, das hat Silvio den Rest gegeben, denn er ging ohne ein Wort fort und ließ jahrelang nichts mehr von sich hören. Ich muss zugeben, dass ich mich auch nicht mehr um ihn gekümmert habe, weil ich zu dieser Zeit schon meine eigene Familie hatte, die mich auf Trab hielt. Erst im vorigen Jahr, als Raffaele mir erzählte, dass Silvio beabsichtigte nach Italien zurückzukommen, habe ich ihn zu uns eingeladen."

„Und, ist er gekommen?" Ich konnte meine Ungeduld kaum zügeln.

„Ja, ich glaube, es war zum Sommerende oder war es schon Herbst? Na egal, jedenfalls kam Silvio ganz überraschend hier hereingeschneit", erzählte Venera weiter. „Ich habe mich über seinen Besuch sehr gefreut und ihm das auch gesagt, denn mir war längst klar geworden, dass ich mich Silvio gegenüber nicht richtig verhalten hatte. Wenn wir ihm als Familie damals mehr Liebe und Verständnis entgegengebracht hätten, wäre vielleicht vieles anders gekommen! Aber nun ist es leider zu spät!" Sie seufzte traurig und fuhr fort: „Bei diesem Besuch ließ Silvio durchblicken, dass er möglicherweise nach Italien zurückkommen wolle. Auf meine Frage nach dir und den Kindern erklärte er, dass eure Ehe sowieso nur noch auf dem Papier bestünde und du einverstanden wärest, dass die Kinder bei ihm blieben, zumal du schon längst eine neue Beziehung hättest, bei der die Kinder nur stören würden."

„Eine neue Beziehung?", fragte ich erstaunt. „Aber das stimmt nicht! Wie konnte Silvio nur so etwas behaupten?"

„Ja, genauso hat er es gesagt", bestätigte Venera. „Er sprach von einem Jugendfreund, der nur darauf warten würde, seinen Platz einzunehmen. Dieser Mann hätte auch schon früher versucht, mit dir . . ."

Wolfgang, fiel es mir siedend heiß ein, bestimmt hatte Silvio ihn gemeint! Wie weit ich mich doch inzwischen von zu Hause entfernt hatte, dass ich in den letzten Tagen nicht einen einzigen Gedanken an Wolfgang verschwendet hatte! Aber wie konnte Silvio meine harmlose Freundschaft mit Wolfgang dazu benutzen, um die Beendigung unserer Ehe zu rechtfertigen? War das nur ein Vorwand gewesen oder hatte Silvio jemals im Ernst geglaubt, dass ich ihm die Kinder überließe, um mit Wolfgang ein neues Leben zu beginnen? Zugegeben, ich hatte in meinem Zorn manchmal wildes Zeug geredet, hatte in meiner hilflosen Wut sicher auch schon mal über die Stränge geschlagen! Aber so etwas hatte ich bestimmt nie gesagt. Ich hatte wohl ein paar Mal damit gedroht, Silvio die Kinder wegzunehmen, aber musste er deshalb gleich den Spieß umdrehen?

Ich war so durcheinander, dass ich meine Gedanken laut aussprach und Venera von Wolfgang erzählte. „Wir waren fast noch Kinder, als wir uns aus den Augen verloren und haben uns dann nach vielen Jahren rein zufällig wieder getroffen! Zu diesem Zeitpunkt war ich schon mit Silvio verheiratet und hätte nie im Leben an eine Verbindung mit Wolfgang gedacht. Er war und ist ein alter Freund, nicht mehr und nicht weniger“, versicherte ich. „Aber gut, dass du mich erinnerst, ich habe tatsächlich völlig vergessen, Wolfgang anzurufen. Vielleicht gibt es ja Neuigkeiten, die ich wissen sollte. Ich werde das gleich heute Abend nachholen.“

„Du kannst gleich von Francescos Arbeitszimmer aus telefonieren“, bot Venera mir an. „Natürlich glaube ich dir, Sabrina! Aber damals, als Silvio mir von diesem Mann erzählte und mich fragte, ob ich eure Kinder vorübergehend aufnehmen könne, war ich natürlich nicht gut auf dich zu sprechen. Ich konnte nicht verstehen, dass eine Mutter ihre Kinder so ohne weiteres in ein fremdes Land ziehen ließ. Deshalb war ich wütend auf dich und nahm mir vor, mit dir ein paar Takte zu reden. Doch zu diesem Gespräch ist es nie gekommen, weil Silvio es nicht wollte und seine Pläne plötzlich änderte. Als er dann wenige Tage vor seinem Tod noch einmal hier auftauchte, habe ich ihn gefragt, wie es nun mit euch weitergehen würde, und er hat erwidert, dass sich das inzwischen erledigt habe. Wie und auf welche Weise war nicht aus ihm herauszubekommen. Aber mir ist aufgefallen, wie nervös Silvio war, und ich dachte, du seist an seinem elenden Zustand schuld.“

Venera hielt inne und sah mich offen an. „Bitte, verzeih, ich konnte ja nicht wissen, wie es wirklich war. Silvio hat eure Situation so dargestellt, als seist du von Anfang an informiert gewesen, auf was du dich einlässt. Er sagte, eure Ehe sei eine Art Geschäft gewesen, du gäbest ihm ein Alibi und würdest im Gegenzug aufs Beste versorgt. Ich habe es nicht verstanden, ja, dich sogar verachtet, weil du dieses Spiel mitgemacht hast. Und manchmal habe ich sogar gedacht, wenn du Silvio wirklich geliebt und dir mehr Mühe mit ihm gegeben hättest, wäre alles anders gekommen. Aber inzwischen weiß ich es besser, denn Raffaele hat mir klar gemacht, dass du keine Möglichkeit gehabt hast, Silvio zu verändern. Und das Tragische an der Sache ist, dass . . ."

„Tragisch?", begehrte ich auf. „Tragisch für wen? Für meine Kinder oder für mich? Warum müssen wir darunter leiden, dass Silvio mit sich und seiner Veranlagung nicht zurechtkam und schließlich keinen Ausweg mehr wusste? Wäre er mir gegenüber offen gewesen und hätte mit mir gesprochen, hätten wir vielleicht eine Lösung gefunden. Dann würde Silvio noch leben und meine Kinder wären bei mir."

„Du hast ja Recht", räumte Venera ein. „Trotzdem, ich kann einfach nicht glauben, dass Silvio sich nur deshalb umbrachte, weil er homosexuell war. Schließlich lebte er seit Jahren auf diese Weise, ohne an Selbstmord zu denken. Es muss noch etwas anderes gewesen sein, das diese Kurzschlusshandlung herbeiführte."

„Vielleicht waren es seine Tabletten!", überlegte ich. „Vielleicht war er nicht mehr ganz zurechnungsfähig, weil er zu viel genommen hatte. Aber das ist für mich eigentlich auch nicht wichtig, mich interessieren nur meine Kinder. Bisher bin ich noch nicht einen Schritt weitergekommen und ich zermartere mir das Hirn, wohin Silvio sie gebracht haben könnte. Es ist zum Verrücktwerden!"

„Francesco wird dir helfen, das herauszufinden", beruhigte mich Venera. „Er hat eine Menge Beziehungen und kennt viele einflussreiche Leute. Als Erstes will er versuchen, Andrea Lombardo ausfindig zu machen, der vielleicht etwas über eure Kinder weiß. Dann will er alle Bekannten, die mit Silvio zu tun hatten, ausfragen. Das alles braucht natürlich seine Zeit, du musst schon ein bisschen Geduld haben, Sabrina."

„Geduld, immer nur Geduld!", rief ich impulsiv. „Ich bin am Ende meiner Geduld, denn ich habe seit Wochen kein Lebenszeichen von Chiara und Marco. Unsere Polizei nimmt einfach an, dass sie nicht mehr leben und damit hat sich die Sache. Aber das kann und will ich nicht glauben! Ich will meine Kinder wiederhaben, verstehst du das denn nicht?"

Venera legte ihren Arm um mich. „Ich verstehe dich sehr gut, Sabrina. Dennoch müssen wir einen klaren Kopf behalten. Wenn Silvio die Kinder wirklich hier irgendwo versteckt und niemandem den Aufenthaltsort mitgeteilt hat, wird es nicht leicht sein, diesen ausfindig zu machen. Andererseits ist es unlogisch, dass Silvio seine Kinder nach Italien bringt und dann nach Deutschland zurückfährt, um sich dort umzubringen. Das ergibt doch keinen Sinn!"

Natürlich ergab das keinen Sinn! Aber was ergab in dieser ganzen verworrenen Geschichte überhaupt noch einen Sinn?

Zögernd wagte sich Venera weiter vor. „Oder sollte Silvio vielleicht doch . . . Ich meine, hast du schon mal in Erwägung gezogen, dass eure Polizei vielleicht doch nicht so ganz falsch liegt und Silvio . . ."

Entsetzen breitete sich in mir aus. „Nein!", schrie ich auf. „Nein, Venera, sag das nicht! Silvio hat bestimmt vieles falsch gemacht, aber seine Kinder umbringen? Nein, das konnte er nicht. Vielleicht wollte er einfach nur, dass die Kinder in seiner Heimat aufwachsen und hat mich deshalb auf eine falsche Fährte gelockt."

„Ja, vielleicht", stimmte Venera halbherzig zu. „Ich bete zu Gott, dass es so ist und du deine Kinder bald wieder findest."

Eine Sekunde lang zögerte ich, dann erzählte ich Venera, dass ich erst vor kurzem angefangen hatte, an Gott zu glauben. „Obwohl – so ganz sicher bin ich mir immer noch nicht, dass er es tatsächlich gut mit mir meint", sagte ich aufrichtig. „Jedenfalls habe ich ihm versprochen, dass ich alles tun werde, was er verlangt, wenn er mir meine Kinder zurückgibt. Ich werde jedes Opfer bringen und auf alles verzichten, werde leiden und . . ."

„Glaubst du wirklich, dass Gott das will?", unterbrach Venera mich sanft. „Nein, Sabrina, Gott ist reich an Liebe und bietet sie jedem an, der sie will, und das ganz umsonst! Er verschenkt seine Liebe mit vollen Händen und erwartet dafür keine Gegenleistung."

„Du meinst wirklich, dass er mir hilft, einfach so?"

„Aber sicher! Du musst ihm nur vertrauen und dir helfen lassen", erwiderte Venera und ihre schönen dunklen Augen begannen plötzlich zu leuchten. „Gott ist ein allmächtiger und heiliger Gott, aber auch ein fürsorglicher Vater, der für seine Kinder das tut, was gut und richtig für sie ist! Wenn du das erkennst und tief in dein Herz hineinlässt, wirst du auf sein Angebot so reagieren, wie er es erwartet. Dann wirst du ihm freiwillig und voller Freude das schenken, was ihm wirklich wichtig ist."

„Und was ist das?"

„Dein Herz! Dein Herz und deine Liebe", sagte Venera in einem Ton, als wäre es das Selbstverständlichste von der Welt, dass man jeden Tag sein Herz an einen unsichtbaren Gott verschenkt.

„Aber wie kann ich das? Wie soll ich jemanden wirklich lieben, den ich nicht kenne und nicht sehen kann?", fragte ich zweifelnd.

„Dann lerne ihn doch kennen!" Für Venera schien es keinerlei Hindernisse zu geben. „Aber wenn du ihn kennen lernen willst, musst du dich schon auf ihn einlassen. Denn Gott zu kennen bedeutet eine Beziehung zu ihm zu haben, eine enge, vertraute Beziehung. Denn dafür hat Jesus Christus sein Leben gegeben, damit wir eine Beziehung zu Gott aufnehmen können. Und wenn du Jesus ansiehst, dann weißt du auch, wie der Vater ist, denn die beiden sind eins!"

„Aha, der Kreuzesmann", murmelte ich.

„So nennst du ihn?", lächelte Venera belustigt. „Aber richtig, es stimmt, Jesus ist der Kreuzesmann, der uns in seiner Person das Wesen seines himmlischen Vaters zeigt. Und dieses Wesen ist Liebe und Güte und Barmherzigkeit."

Bei diesen Worten regte sich ein heftiger Widerspruch in mir. „Aber von Liebe und Güte und Barmherzigkeit habe ich bisher nicht viel zu spüren bekommen!", bemerkte ich aufsässig. „Eigentlich bin ich doch wohl eher das Gegenteil als ein Beweis großer Liebe, eigentlich bin ich doch eher ein Opfer."

„Und willst du es bleiben?" Venera war nicht zu schocken.

„Nein, natürlich nicht", erwiderte ich überrascht.

„Dann komm aus deiner Ecke heraus und sei nicht länger ein Opfer, sondern ein Sieger! Von Jesus Christus wirst du das bekommen, was du brauchst. Er geht mit dir deinen Weg, jeden einzelnen Schritt, und mitten in deinem Schmerz und deinem Nicht-verstehenkönnen ist er für dich da. Mit ihm wirst du über dich selbst und über all die Dinge siegen, die dir jetzt so sehr zu schaffen machen. Und ich bin sicher, wenn er es will, wirst du deine Kinder wieder finden, wo immer sie auch sind! Wollen wir nicht gemeinsam dafür beten?"

Ich wusste nicht so recht, was ich davon halten sollte, nickte aber zu Veneras Vorschlag. Sie legte ihre Hände zusammen, schloss die Augen und sprach so vertraulich mit Gott, als säße er als unser Gesprächspartner hier bei uns in der Küche. Verwundert beobachtete ich sie. Sollte es wirklich so einfach sein, Verbindung mit Gott aufzunehmen, eine Beziehung zu ihm herzustellen, wie Venera es genannt hatte?

Ich öffnete den Mund, schloss ihn aber gleich wieder. Nein, ich brachte es nicht fertig, meine Worte im Beisein eines anderen Menschen laut zu formulieren, noch nicht jedenfalls. Doch als Venera den Kopf hob und mich herzlich anlächelte, lächelte ich zurück. Und ich spürte, dass sich etwas in mir verändert hatte, dass mein Lächeln keine Maske und kein „Mir-selbst-Mut-machen-Wollen" mehr war, sondern sich tief in meinem Innern vollzog. Etwas in mir war berührt worden, etwas, das ich bisher geleugnet oder nicht beachtet hatte: meine Seele!

Vor dieser Entdeckung hielt ich fast den Atem an, aber jetzt fühlte ich es genau: Ich habe eine Seele! Eine Seele, die das empfinden kann, was meinen Augen verborgen ist, und die sich danach sehnt, zu ihrem Ursprung zurückkehren zu dürfen.

Es war nicht sichtbar oder greifbar, und ich hätte auch nicht erklären können, was sich da in meinem Innern abspielte. Aber eine winzige Ahnung drang in mein Bewusstsein, eine Ahnung, wer ich sein könnte, wenn ich es nur zuließ. Doch würde ich dazu jemals den Mut aufbringen?

„Danke, Venera", sagte ich ruhig und meinte mit meinem Dank gleichzeitig einen anderen, einen, den ich nicht sehen, aber fühlen konnte.

31

Es dauerte nicht lange, bis die Verbindung mit Wolfgang zustande kam.

„Sabrina! Na, endlich!", rief er. „Wo bist du? Und was tust du? Ist alles in Ordnung? Und bist du inzwischen weitergekommen? Ich habe dauernd versucht dich zu erreichen, aber . . ."

„Nur Geduld, Wolfgang", beruhigte ich ihn und musste lachen, weil es sonst immer Wolfgang war, der mich zur Geduld mahnte. Ich erklärte ihm, dass ich Silvios Verwandte gefunden hätte und mich bei ihnen aufhielt.

Wolfgang wusste nichts Neues zu berichten, aber eigentlich hatte ich auch nichts anderes erwartet. Möglicherweise hatte die Polizei den Fall Rizzardi auch längst ad acta gelegt, denn was bedeutete für sie schon das Verschwinden zweier Kinder bei all den Problemen, die ihnen jeden Tag aufgetischt wurden, außer dass eine weitere Akte nicht geschlossen werden konnte.

Ich gab Wolfgang meine Telefonnummer und blieb nachdenklich neben dem Telefon sitzen, als mit lautem Getöse die Tür aufsprang und die Zwillinge mit ihrem Vater im Gefolge hereingestürmt kamen. Francesco packte mich an den Händen und wirbelte mich durch den Raum und Rinaldo und Adriana hängten sich mit lautem Gekreische an mich und machten den wilden Tanz begeistert mit.

Augenblicklich verschwand meine melancholische Stimmung. Die drei waren so herzerfrischend, dass kein Mensch in ihrer Nähe länger als zwei Minuten Trübsal blasen konnte. Doch dann wurde Francesco unvermittelt ernst, schickte die Zwillinge aus dem Zimmer und setzte sich zu mir. „Wie geht es dir heute?", fragte er mitfühlend.

„Ach, es geht", seufzte ich. „Natürlich vermisse ich meine Kinder, vor allem wenn ich sehe, wie glücklich ihr mit euren seid. Mir fällt es schwer, hier herumzusitzen und nichts tun zu können. Die Zeit läuft mir davon und ich bin noch nicht einen Schritt weitergekommen."

„Vielleicht doch", meinte Francesco und lächelte bedeutungsvoll. „Ich war nämlich in der Zwischenzeit gar nicht so untätig wie du meinst."

Erwartungsvoll sah ich ihn an und merkte belustigt, dass Francesco seine Erklärung absichtlich hinauszog, um die Sache noch spannender zu machen. Natürlich tat ich ihm den Gefallen und spielte die Ungeduldige. „Mach schon, Francesco, bitte, erzähl doch endlich", bedrängte ich ihn.

„Also, ich habe heute bei den Haus- und Grundstücksmaklern unserer Umgebung angefragt", erklärte Francesco mit stolz geschwellter Brust. „Silvio hatte ja mal erwähnt, dass er auf der Suche nach einer Wohnung oder einem kleinen Haus sei. Und da habe ich mir gedacht, dass jemand, der nicht in der Nähe wohnt, in solch einem Fall bestimmt einen Immobilienmakler beauftragen würde, das Passende zu finden. Deshalb habe ich jede Menge Telefonate geführt und darum gebeten, mich umgehend in Kenntnis zu setzen, wenn Silvios Name in irgendeiner Liste auftaucht. Na, was hältst du davon?"

„Nicht schlecht!" Ich war ein bisschen enttäuscht, hatte ich doch gleich auf richtige Ergebnisse gehofft. Aber ich versuchte mir nichts anmerken zu lassen, denn schließlich konnte ich nicht erwarten, dass Francesco nur einmal den Telefonhörer in die Hand nahm und damit meine Kinder herbeizauberte.

Dennoch bemerkte Francesco meine Enttäuschung. „Tut mir Leid, Sabrina", tröstete er mich. „Aber wir stehen noch ganz am Anfang und dürfen nicht aufgeben, wenn wir nicht sofort einen Erfolg sehen. Aber warte, ich habe noch mehr zu berichten. Nach den Maklern habe ich alle möglichen Kliniken angerufen und gefragt, ob sich Silvio bei ihnen beworben hat. Es wird vielleicht ein paar Tage dauern, und wahrscheinlich werden wir nicht von allen eine Antwort bekommen, aber die eine oder andere Auskunft ist doch zu erwarten."

„Danke, Francesco", sagte ich gerührt und freute mich, dass dieser Mann, für den ich doch immerhin eine Fremde war, sich so für mich einsetzte.

Wieder kamen die Zwillinge ins Zimmer gestürmt und suchten jemanden, der Zeit für sie hatte. Eigentlich hatte ich im Moment keine rechte Lust, mich mit ihnen abzugeben, aber das ließen die beiden nicht gelten. Sie zogen mich einfach von meinem Sitz hoch und drängten mich, mit ihnen zu gehen.

„Nun gut!" Ich ergab mich in mein Schicksal und merkte schon kurz darauf, wie gut mir die Ablenkung tat.

Adriana war Siegerin des Wettstreites und brachte mich in ihr Zimmer, in dem ein fröhliches Chaos herrschte. Voller Stolz zeigte sie mir ihre vielen Spielsachen und Bücher, die verstreut im Zimmer herumlagen. Als ich sie fragte, ob sie schon richtig lesen könne, bot sie mir gleich eine Kostprobe ihrer Fähigkeiten an. Sie las mit einer solchen Geschwindigkeit aus einem Buch vor, dass ich den Verdacht hatte, sie habe den Text heimlich auswendig gelernt.

Später ging ich dann zu Rinaldo hinüber. In seinem Zimmer, das viel ordentlicher war als das seiner Schwester, gab es neben den üblichen Spielsachen eines Jungen eine ganze Reihe selbst gemalter Bilder an den Wänden. Ein Malkasten mit vielen bunten Wasserfarben stand auf dem Tisch, daneben ein Stapel Papier und ein großer Zeichenblock. „Ich male so gerne", sagte er versonnen. „Und später will ich mal ein berühmter Maler werden!"

„Oh, das wollte ich auch mal", sagte ich und erinnerte mich belustigt daran, was für hochtrabende Ideen ich als kleines Mädchen gehabt hatte. Neugierig sah ich mir Rinaldos Zeichnungen an. Es waren typische Kinderbilder mit Motiven aus dem Leben eines Achtjährigen. Aber man konnte bereits erkennen, dass Rinaldo eine gute Beobachtungsgabe und sogar schon so etwas wie eine eigene Darstellungsform gefunden hatte. Nicht schlecht für so einen kleinen Jungen!

Ich erzählte Rinaldo von meinem eigenen Hobby, und plötzlich saßen wir wie zwei alte Freunde an seinem Tisch und malten und zeichneten um die Wette. Zwischendurch steckte Adriana mal kurz den Kopf zur Tür herein und beschwerte sich, dass ich viel mehr Zeit mit Rinaldo verbringen würde.

Ein paar Mal hörte ich das Telefon läuten und hielt jedes Mal den Atem an, weil ich hoffte, dass endlich für mich eine Nachricht gekommen sei. Doch dann ließ ich mich gleich wieder von meiner Arbeit einfangen, versank zeitweise sogar richtig in ihr, wie ich es von früher her kannte.

„Was malst du denn da?", fragte Rinaldo und betrachtete mein fast fertiges Bild. „Das ist doch . . .! Ja, ich glaube, das kenne ich."

Erst jetzt merkte ich, was ich malte. Es war das schöne alte Haus der Rizzardis. Aber der Himmel über dem Haus war bläulich-schwarz mit tiefhängenden, bleischweren Wolken. Es sah aus, als würde jeden Moment ein tosendes Gewitter ausbrechen und Blitz und Donner in das Gemäuer schleudern. Man konnte sich richtig vorstellen, wie das Laub an den Wänden des Hauses im Sturm des ausbrechenden Gewitters raschelt und verzweifelt zuckt, wie es sich gegen den prasselnden Regen wehrt und es schließlich wie nach einer verlorenen Schlacht mutlos herabhängt.

Venera kam herein und schaute uns zu. „Das ist ja toll!", sagte sie bewundernd. „Du bist ja eine richtige Künstlerin!"

„Ach was! Das ist nur so eine Freizeitbeschäftigung, alles Stümperei", wehrte ich verlegen ab.

„Nein, das sehe ich ganz anders", widersprach Venera heftig. „Ich finde das Bild ausgezeichnet und unheimlich treffend! Du hast mein Elternhaus genauso gemalt, wie ich es immer empfunden habe. Dieses schöne Haus, das äußerlich so harmonisch und vollkommen wirkt, war eigentlich ständig von dunklen Schatten bedroht. Schon als Kind hatte ich oft das Gefühl, dass im nächsten Moment wie ein Gewitter ein Unheil über uns hereinbrechen könnte. Mir ist das nur noch nie so deutlich bewusst geworden. Bitte, Sabrina, darf ich das Bild haben?"

„Wenn du willst", stimmte ich zu. „Aber es ist noch gar nicht fertig. Ich muss noch einiges verändern und . . ."

„Nein, bitte nicht! So ist es genau richtig", meinte Venera und betrachtete das Bild noch einmal. „Danke, Sabrina. Ach, ich bin so froh, dass wir uns kennen gelernt haben!" Dann räusperte sie sich verlegen und rief munter: „Aber Schluss jetzt mit eurem Künstlerleben! Das Essen ist fertig."

Raffaele kam erst, als wir schon bei einem Cappuccino auf der Terrasse saßen. Er tat sehr geheimnisvoll. „Ich habe Neuigkeiten", sagte er mit einem bedeutungsvollen Lächeln, dann setzte er sich zu uns und bat um einen Cappuccino.

Für meinen Geschmack dauerte es viel zu lange, bis die Tasse endlich vor ihm stand, er sie umständlich zum Mund führte, sie wieder absetzte und siegesgewiss in die Runde blickte, um dann das heiße Getränk Schlückchen für Schlückchen zu genießen.

„Bitte, Raffaele!" Meine Nerven waren zum Zerreißen gespannt. „Sag doch endlich, was du weißt!"

„Stellt euch vor, ich habe Andrea Lombardo gefunden!", platzte Raffaele heraus und sah beifallheischend in die Runde. „Und ich habe auch schon mit ihm gesprochen."

„Was? Wo? Wann? Wie? Was hat er gesagt?" Wir redeten und fragten alle durcheinander. Das war ja nun endlich mal eine gute Nachricht.

„Also, ich war den ganzen Morgen unterwegs und habe ihn nur über große Umwege ausfindig machen können. Es war nicht leicht, weil Lombardo sich dauernd woanders aufhält. Aber schließlich habe ich ihn durch einen fast unglaublichen Zufall gefunden, nein, das heißt, es war gar kein Zufall, sondern Gott hat mir den Weg gezeigt. Ich habe heute früh in der Kirche gebetet und Gott gesagt, dass er uns . . ."

Ach, dieser Padre! Musste er ausgerechnet jetzt eine Predigt über Zufall oder Nicht-Zufall halten? Merkte er denn nicht, wie sehr er mich damit quälte?

Endlich fuhr Raffaele fort: „Silvio hat sich noch wenige Tage vor seinem Tod mit Andrea Lombardo getroffen. Und – stellt euch vor – Chiara und Marco waren damals bei ihm!"

Mir schwindelte! Wenn Andrea die Kinder noch kurz vor Silvios Tod lebendig gesehen hatte, dann bedeutete das . . . Ja, es bedeutete, dass sie lebten! Denn wenn Silvio sie in Italien zurückgelassen hatte und allein nach Deutschland gefahren war, hatte er keine Möglichkeit mehr gehabt, sie mit sich in den Tod zu reißen. Meine süße kleine Chiara, mein goldiger Marco – sie lebten. Meine Kinder lebten! Sie waren zwar immer noch irgendwo versteckt, vielleicht sogar hier, ganz in meiner Nähe, aber sie lebten!

Jetzt hielt mich nichts mehr zurück. Ich sprang auf, fiel Raffaele um den Hals, küsste ihn mitten auf den Mund, umarmte Venera und Francesco und sprang wie eine Verrückte durchs Zimmer.

„Sie leben, meine Kinder leben!", rief ich lachend und weinend zugleich.

„Langsam, Sabrina!", mahnte mich Venera, aber ich konnte deutlich erkennen, wie sehr sie sich mit mir freute. Dann wandte sie sich an ihren Bruder. „Erzähl weiter, Raffaele! Was weißt du noch?"

„Silvio hatte tatsächlich vorgehabt, nach Italien zurückzukehren und hier mit den Kindern zu leben", berichtete Raffaele weiter. „Aber Andrea konnte sich nicht mit dem Gedanken anfreunden, sich für einen einzigen Ort entscheiden zu müssen. Er wollte frei sein, reisen und . . . Na ja, das ist jetzt unwichtig! Jedenfalls kam es zwischen Silvio und ihm zu einem heftigen Streit und Andrea trennte sich von Silvio, weil der seine Pläne nicht aufgeben wollte. Danach haben die beiden nichts mehr voneinander gehört. Andrea wusste nicht einmal, dass Silvio tot ist. Er war richtig entsetzt, als ich ihm davon erzählte!"

„Und die Kinder? Wohin hat er meine Kinder gebracht? Wo sind sie jetzt?" In meinem Körper kribbelte es vor Erregung, ich spürte die Spannung bis in meine Haarspitzen hinein.

„Das konnte Andrea leider nicht sagen, aber das schien ihn auch nicht sonderlich zu interessieren“, bedauerte Raffaele. „Weißt du, dieser Lombardo ist ein sehr exaltierter Zeitgenosse. Als ich ihm von Silvios Tod erzählte, beschäftigte ihn nur noch dieses eine Thema. Er jammerte um den armen Silvio, sonnte sich aber gleichzeitig in dem Gedanken, jemand könne seinetwegen Selbstmord begehen. Dann wieder bemitleidete er sich selbst oder klagte sich an. Ach, es war ein erbärmliches Schauspiel! Ich habe versucht, ihm den Ernst der Lage klar zu machen; ich habe ihn gefragt, ob Silvio irgendwann einmal erwähnt hätte, wo er mit den Kindern leben wolle. Andrea interessierte das nicht besonders, er dachte nur an sich. Aber dann erwähnte er einen alten Freund Silvios, einen gewissen Salvatore Mentonini oder so ähnlich. Ach ja, und die Frau soll Maria heißen. Mehr wusste er leider auch nicht.“

Er wandte sich an Venera und Francesco: „Habt ihr diesen Namen schon mal gehört?“

Die beiden überlegten angestrengt. „Salvatore Mentonini? Nein, ich erinnere mich nicht! Und Maria? Nun, es gibt viele Frauen bei uns, die Maria heißen. Aber Maria Mentonini? Nein, tut mir Leid.“

„Bitte“, flehte ich die beiden an, „denkt noch mal genau nach und geht alle Leute durch, die ihr von früher kennt. Salvatore, kanntet ihr wirklich keinen Salvatore? War er vielleicht ein Freund aus Silvios Schulzeit?“

Venera schüttelte ratlos den Kopf. „Tut mir Leid, Sabrina, ich kann mich beim besten Willen nicht erinnern. Wenn es diesen Salvatore wirklich gibt, dann kenne ich ihn wahrscheinlich nicht. Du weißt doch, Silvio und ich hatten nicht die gleichen Freunde.“

Wieder herrschte betroffenes Schweigen. Dann begannen wir von neuem zu diskutieren. Doch wie wir das Blatt auch drehten und wendeten, wir kamen nicht ans Ziel.

Ich war so verzweifelt, dass ich alles auf eine Karte setzte. „Vielleicht kann Gott uns zeigen . . . ich meine, wenn wir ihn bitten, dass er uns . . .?“, warf ich vorsichtig ein. Ich war mir nicht sicher, ob mein Vorschlag richtig war. Aber wer außer Gott sollte mir jetzt noch helfen?

„Ja, natürlich!“ Die anderen waren sofort einverstanden. Wir fassten uns an den Händen und einer nach dem andern bat Gott, uns zu helfen. Als die Reihe an mich kam, glaubte ich, mein Herz müsse vor Aufregung zerspringen und ich könne keinen einzigen Ton hervorbringen. Es entstand eine kleine Pause und ich schluckte und schluckte an dem Kloß in meinem Hals. Dann räusperte ich mich heftig und stieß mit rauer Stimme hervor: „Jesus Christus, du Sohn Gottes, bitte hilf mir!"

Mehr konnte ich nicht sagen, nur diese wenigen Worte. Aber mir war, als hätte ich all meine Gefühle, mein ganzes Leben und meine Zukunft in dieses Glaubensbekenntnis hineingelegt.

Doch trotz unserer flehentlichen Gebete bekamen wir keine Antwort. Der Tag verrann, ohne dass wir auch nur einen Schritt weiterkamen. Hatte Gott uns etwa doch nicht gehört oder hatte er weggehört, weil er mit mir nichts zu tun haben wollte? Ich war enttäuscht, fühlte mich vollkommen verlassen und schluckte ständig an den Tränen in meiner Kehle. Mutlos lief ich im Haus herum und hatte im einen Augenblick das Bedürfnis allein zu sein, konnte aber im nächsten Augenblick wiederum die Stille nicht mehr ertragen. Immer wieder sah ich meine Kinder vor mir, die vielleicht ganz nah und dennoch in unerreichbarer Ferne waren.

Am Abend lag ich weinend in den Armen meiner Schwägerin. „Ich halte das nicht mehr aus!", schluchzte ich verzweifelt. Venera hielt mich schweigend fest, denn auch sie fand keine tröstenden Worte mehr. Aber plötzlich fühlte ich, wie sich ihre Hände fest um meine Arme krallten.

„Ich hab's!", rief sie und schüttelte mich wild hin und her. „Was bin ich doch für ein Schaf, dass ich nicht gleich darauf gekommen bin! Maria, Maria Conti! Sie hat früher mal in unserer Nachbarschaft gewohnt und später Salvatore geheiratet! Wie hieß er denn noch? Mentonini, nein, nicht Mentonini! Warte mal! Ja richtig, Santonini! Salvatore Santonini! Die beiden waren einmal mit Silvio befreundet! Und wenn ich mir's recht überlege, könnten die Kinder tatsächlich bei ihnen sein!"

War das die Antwort auf unser Gebet? Wenn es so war, dann hatte Venera Recht gehabt, dann ging Gott meinen Weg mit mir, Schritt für Schritt, in all meinem Schmerz und Nicht-verstehen-Können!

32

Innerhalb von zwei Tagen brachte Francesco es fertig, die Santoninis ausfindig zu machen. Sie wohnten nun in Pessata, einem kleinen Abruzzendorf. Am liebsten hätte ich sofort dort angerufen, aber Francesco machte mir klar, dass ich damit ein großes Risiko einging.

„Die Santoninis könnten die Anwesenheit der Kinder einfach leugnen und sie dann heimlich wegbringen“, gab er zu bedenken. „Wir wissen ja nicht, was Silvio ihnen aufgetragen hat. Deshalb scheint es mir unklug, schon jetzt auf uns aufmerksam zu machen. Das Beste ist, wenn wir hinfahren und sie überraschen.“

„Sollten wir das nicht besser der Polizei überlassen?“, warf Raffaele ein. „Die könnten dann die Kinder von ihnen herausfordern – notfalls mit Gewalt.“

„Und sie damit zu Tode erschrecken oder noch größeren Gefahren aussetzen? Nein, das will ich auf keinen Fall!“, widersprach ich heftig. „Wer weiß, was Chiara und Marco schon alles durchgemacht haben, da will ich ihnen nicht noch mehr zumuten. Ich fahre selbst zu den Santoninis, und zwar sofort!“

Jetzt, wo ich einen Anhaltspunkt hatte, wo Chiara und Marco versteckt sein könnten, hielten mich keine zehn Pferde mehr in diesem Haus.

„Ich komme mit!“, meinte Raffaele, als wäre es ganz natürlich, mit mir durch die Weltgeschichte zu fahren.

Wir packten ein paar Sachen für die nächsten Tage zusammen und fuhren los. Es war schon um die Mittagszeit und die frühsommerliche Sonne heizte meinen Kleinwagen zu einer mittleren Backofentemperatur auf. Aber was machte das schon? Die Aussicht, Chiara und Marco schon bald wieder in den Armen zu halten, ließ mich ohne Murren dies und noch vieles andere ertragen.

Schon ein paar Stunden später fuhren wir durch das karge, waldarme Bergland der Abruzzen, das der fruchtbaren Landschaft, die ich vorher kennen gelernt hatte, in keinster Weise mehr glich. Während ich aus dem Fenster sah, stellte ich mir vor, wie Silvio mit Chiara und

Marco durch dieses Land gefahren war. Hatten die Kinder nach mir gefragt oder sogar geweint? Hatte er ihnen einen aufregenden Urlaub in den Bergen versprochen oder ihnen einfach vorgelogen, dass ihre Mutter nichts mehr von ihnen wissen wolle? Wie hatte Silvio nur all die Jahre mit seinen Lügen leben und dabei noch glaubwürdig und seriös wirken können?

Seriös und glaubwürdig? Ausgerechnet Silvio, der scheinbare Traummann, der aber in Wirklichkeit ein Betrüger und Feigling gewesen war? Der nicht zu sich und seinem Leben stehen konnte und mir deshalb meine Kinder stahl und sich dann selbst aus dem Staub machte? Was war durch seine Schuld aus meinen Träumen geworden? Waren sie nicht alle wie Seifenblasen zerplatzt, zerbrochen an einer Realität, die einfach grauenhaft war?

Hass und Bitterkeit stiegen wieder in mir auf. „Ich verabscheue dich!“, murmelte ich und verstand nicht mehr, wie ich einen solchen Mann jemals hatte lieben können. Ob Silvio mich vielleicht ebenso gehasst hatte, wie ich ihn jetzt? Hatte auch er vielleicht den Gedanken nicht ertragen, mir die Kinder zu überlassen? Hatte er sie womöglich deshalb mit sich in den Tod genommen?

Plötzlich erschien mir dieses ganze Unternehmen so unsinnig, dass ich am liebsten auf der Stelle kehrtgemacht hätte. Es war ja doch alles umsonst. Nichts in diesem Leben hatte Sinn, nichts, aber auch gar nichts!

„Halt an! Ich will zurück!“, rief ich in Panik.

Raffaele hielt den Wagen am Straßenrand an und legte sanft seine Hand auf meinen Arm. „Lass deine Gefühle raus und halte sie nicht länger in dir fest, wo sie immer aufs Neue Schaden anrichten“, sagte er weich, aber bestimmt. „Du kannst deinen ganzen Frust vor Gott abladen und er wird dich danach nicht mehr belasten. Nimm jetzt all das Böse, das Silvio dir angetan hat, mach ein Bündel daraus und leg das scheußliche Ding einfach unter das Kreuz Jesu Christi! Dann wird dein Hass aufhören und du wirst Silvio vergeben können.“

„Ich will diesen Hass ja gar nicht, aber er kommt immer wieder!“, klagte ich mutlos. „Wenn ich darüber nachdenke, was Silvio mir angetan hat, dann . . . ja, dann fällt so ein drohender dunkler Schatten auf mein Leben und vergiftet es. Und dann denke ich, dass es Gott vielleicht doch nicht gibt, dass er nur ein Wunschtraum ist oder vielleicht irgendwo da oben als majestätisches, menschenfernes Wesen auf seinem weich gepolsterten Thron sitzt und sich keinen Deut darum schert, was wir hier unten miteinander treiben! Wer sagt mir denn, dass ich meine Kinder wirklich wieder finde? Was ist, wenn sie längst tot sind und ich dann jede Hoffnung verliere?“ Wieder strömten die Tränen über mein Gesicht.

„Ich verstehe deine Zweifel sehr gut, denn auch mir geht es manchmal so“, entgegnete Raffaele sanft. „Auch wenn ich schon jahrelang mit Gott lebe, kenne ich Zweifel und Mutlosigkeit. Aber Gott nimmt uns das nicht übel, denn er kennt unsere Schwächen. Und deshalb bietet er dir immer wieder Hilfe an, damit du stark und frei wirst und den Weg zu Ende gehen kannst, den er dir gezeigt hat.“

„Aber welchen Weg?“, rief ich verzweifelt.

„Auf jeden Fall den Weg zu ihm, aber vielleicht auch den Weg zu deinen Kindern. Erinnere dich doch daran, wie sehr Gott dir schon geholfen hat, und hör einfach auf die Stimme deines Herzens, vielleicht spricht Gott daraus zu dir. Denn hat dir diese Stimme bisher nicht gesagt, dass deine Kinder leben und auf dich warten? Warum willst du jetzt, so kurz vor dem Ziel, umkehren? Nein, Sabrina, gib nicht auf, der Schmerz von heute ist vielleicht die Freude von morgen!“

„Glaubst du das wirklich oder sagst du das nur, weil du zu Gottes Bodenpersonal gehörst?“, fragte ich kläglich.

Raffaele lächelte leicht und meinte: „Nein, umgekehrt: Ich gehöre zu Gottes Bodenpersonal, weil ich an ihn glaube. Vertrau ihm, Sabrina!“

Langsam beruhigte ich mich und trocknete meine Tränen. „Ich glaube, ich habe Angst vor dieser letzten Etappe meiner Reise, weil sich nun bald herausstellen wird, ob meine Hoffnung berechtigt ist oder nicht“, überlegte ich nach einiger Zeit. „Ich weiß nicht, was mich in Pessata erwartet, aber insgeheim befürchte ich, dass die Realität anders aussehen könnte als meine Hoffnung. Wie soll ich denn jemals damit fertig werden, wenn meine Kinder längst tot sind?“

Während der weiteren Fahrt bat ich Gott immer wieder darum, dass er mir Chiara und Marco wohlbehalten zurückgeben möge. Ich ließ erst nach, als wir an die Adriaküste kamen, an der sich zahlreiche kleine Badeorte mit schönen Stränden aneinander reihten und den kleinen Ort Pessata, einige Kilometer landeinwärts, gefunden hatten. Dort fragten wir nach dem Haus der Santoninis, das einsam am Rand des Dorfes stand.

Wir kamen zu einem sehr einfachen kleinen Häuschen mit einem winzigen Garten dahinter. Als wir das Auto abstellten, beschlichen mich schon wieder furchtbare Zweifel. Wenn die Kinder nun doch nicht hier waren, wo sollte ich dann noch suchen? Oder wenn uns die Hausbewohner einfach nicht öffneten oder uns belogen, was sollte ich dann tun?

Das Haus wirkte seltsam ruhig, ja richtig verlassen, und meine Ängste wurden durch die geschlossenen Fensterläden noch weiter geschürt. Ich konnte nicht länger an mich halten. Ich sprang aus dem Auto, rannte zur Haustür und drückte meinen Daumen fest auf den Klingelknopf. Laut hallte der Ton durchs ganze Haus, aber nichts rührte sich. Ich klingelte wieder und wieder, klopfte und schlug mit den Händen gegen die Tür und merkte erst später, dass mir dabei die Tränen übers Gesicht liefen und ich immer wieder verzweifelt rief: „So macht doch auf! Bitte, macht doch endlich auf!"

Raffaele zog mich von der Tür weg und ging mit mir durch das kleine Gartentor hinter das Haus. Aber auch im Garten war alles leer und still. Da war es mit meiner Fassung vollends vorbei. Ich sank auf die Knie und schluchzte wild: „Sie sind nicht da! Oh, mein Gott, meine Kinder sind nicht da! Wo sind sie nur, wo sind meine Kinder?"

Es dauerte eine ganze Weile, bis ich mich so weit beruhigte, dass Raffaele mich zum Auto zurückbringen konnte. „Bitte, bleib hier sitzen! Ich werde zu den Nachbarn gehen und fragen, ob sie etwas wissen. Es ist bestimmt weniger verdächtig, wenn ich allein gehe", sagte er ernst.

Ich nickte schwach und sah ihm mutlos nach. Hatte Gott mich jetzt am Ende meines Weges doch noch im Stich gelassen? Oder hatte ich mir die ganze Zeit nur eingebildet, dass er sich für mich und mein Schicksal interessierte?

Schon wenige Minuten später kam Raffaele zurück. Sein zufriedenes Gesicht signalisierte mir sofort, dass er erfolgreich gewesen war. „Sie haben einen kleinen Bauernhof in den Bergen, ungefähr achtzig Kilometer landeinwärts!", berichtete er. „Die Nachbarin hat mir den Weg beschrieben und mir erzählt, dass die Familie Santonini dort im

Sommer etwas Land- und Weidewirtschaft betreibt. Aber ein Telefon gibt es leider nicht. Ich habe die Frau gefragt, ob die Santoninis die Kinder bei sich hätten, und stell dir vor, sie hat das bejaht! Natürlich ist es möglich, dass sie eigene Kinder haben, aber dennoch ist es doch ein Hoffnungsschimmer, nicht wahr?"

„Danke, Gott! Danke, Raffaele!" Am liebsten hätte ich wenigstens einen von beiden umarmt.

Da es schon sehr spät war, schlug Raffaele vor, erst am nächsten Tag weiterzufahren. „Wenn die Kinder schon im Bett liegen und die Santoninis uns nicht ins Haus lassen und sie einfach verleugnen, erfahren wir nicht, ob sie tatsächlich dort sind", gab er zu bedenken, als ich darauf drängte, jetzt gleich loszufahren. „Dann bleibt uns nichts anderes übrig, als die Polizei einzuschalten, und das wollten wir ja eigentlich vermeiden. Mir scheint es klüger zu sein, wenn wir bis morgen früh warten und versuchen, unbemerkt an die Kinder heranzukommen, so dass ein Leugnen zwecklos ist. Ich vertraue auf Gott, Sabrina, er hat uns hierher geführt und wird auch den restlichen Weg mit uns gehen!"

„Gut!" Schweren Herzens erklärte ich mich einverstanden und wir fuhren in den nächsten Ort und mieteten uns in einem kleinen Gasthof zwei Zimmer. Beim Abendessen überlegten wir uns eine Strategie, wie wir die Santoninis am besten überrumpeln konnten. „Wir sollten möglichst jegliche Gewaltanwendung vermeiden, schon wegen der Kinder", meinte Raffaele.

Und ich schlug vor: „Ich werde versuchen, die Kinder auf mich aufmerksam zu machen und zu mir zu locken. Und dann werden wir sie packen und einfach mit ihnen verschwinden!"

Trotz meiner Aufregung schlief ich gut, erwachte aber schon beim ersten Morgengrauen. Ich stand auf, zog mich an und machte einen Spaziergang durch die herrlich frische Morgenluft. Es war so still um mich herum, als gäbe es außer mir keinen einzigen Menschen auf dieser Welt. Ja, ich war völlig allein unter dem weiten, hohen Himmel, der zu dieser frühen Morgenstunde ein zartes Blau zeigte, das nur von ein paar winzigen schneeweißen Wölkchen unterbrochen wurde. Aber dennoch fühlte ich mich nicht einsam. Im Gegenteil, in mir war ein Gefühl der Zuversicht, ja fast der Geborgenheit, das eigentlich im krassen Gegensatz zu meiner Situation stand.

Voller Bewunderung blieb ich stehen und hörte einem frühen, aber umso fröhlicheren Vogelkonzert zu und sah dankbar in den Himmel, der sich so unglaublich weit dahinzog. Und plötzlich war mir, als sei dieser Ort genau richtig, um ein Gespräch mit demjenigen zu führen, der diese Kostbarkeiten geschaffen hatte.

„Wenn das hier alles dein Werk ist, dann musst du noch viel größer und herrlicher sein, als ich es mir jemals vorstellen kann", flüsterte ich staunend. „Und wenn es richtig ist, dass du alles in dieser Welt gemacht hast, dann bin auch ich dein Werk, auch wenn ich mir nicht sehr gelungen vorkomme. Aber das kann sich ja ändern, das heißt, du kannst mich so verändern, dass ich ein gelungenes Werk werde! Ja, wirklich, du großer Schöpfer, ich bin mit allem einverstanden! Ich bitte dich nur um eins: Hilf mir, hilf mir heute meine Kinder wiederzubekommen!"

Sicher war das ein recht unkonventionelles Gebet. Aber wenn Gott mich so gut kannte, wie Raffaele es behauptete, dann wusste er jetzt, dass es aus meinem Herzen kam.

Plötzlich musste ich schmunzeln. Wenn mir vor ein paar Wochen jemand prophezeit hätte, dass ich eines Tages herumlaufen und mit einer unsichtbaren Person irgendwo im Universum sprechen würde, hätte ich ihn für verrückt erklärt! Aber in dieser friedvollen Ruhe eines neu erwachten Tages und mit den guten Erfahrungen, die ich bisher gemacht hatte, glaubte ich fest daran, dass Gott für mich da ist. Ja, fast empfand ich so etwas wie – wie Liebe für ihn!

Staunend spürte ich diesem neuen Gefühl nach. *Gott liebt mich, und ich liebe ihn*, dachte ich verwundert und flüsterte die Worte gleich mehrmals vor mich hin, um ihren Klang tief in mich aufzunehmen. Gott liebt mich und ich ihn! Ich ihn?

Ich betonte jedes Wort, verwundert, ehrfürchtig und hätte es doch am liebsten laut herausgerufen. Er liebt mich! Da ist einer, der mich so liebt wie ich bin! So unfertig und unvollkommen! So eigenwillig und ungeduldig! So voller Zweifel und Hass, so . . . Er liebt mich, und ich darf ihn wiederlieben. Unfassbar, unbegreiflich, aber wahr!

Als ich mich auf den Rückweg zu unserem Gasthof machte, konnte ich nicht anders: Plötzlich begann ich zu hüpfen und zu springen. Ja, es hätte nicht viel gefehlt und ich hätte mit den Vögeln um die Wette gepfiffen.

Beschwingt klopfte ich an Raffaeles Tür und rief fröhlich: „Aufwachen, Frühstück ist fertig!“

Raffaele öffnete die Tür. Er war bereits angezogen und hielt ein dickes Buch in den Händen.

„Meine Bibel“, erklärte er auf meinen fragenden Blick hin. „Ich lese jeden Morgen darin und bete für den kommenden Tag. Und heute war mir das besonders wichtig!“

„Das werde ich in Zukunft auch tun“, erklärte ich. „Denn jetzt weiß ich wirklich, dass Gott mich liebt und dass ich ihn – wenigstens ein bisschen – wiederliebe. Ich möchte mich ganz auf ihn einlassen.“

Hatte ich vielleicht etwas Dummes gesagt? Jedenfalls lachte Raffaele herzlich und reichte mir sein Buch. „Da, nimm, Sabrina, ich schenke es dir“, sagte er fröhlich. „Ich freue mich, dich in Gottes Mannschaft begrüßen zu dürfen!“

Während des Frühstücks, bei dem ich kräftig zulangte, sah mich Raffaele immer wieder prüfend von der Seite an. Und wenn ich dann seinem Blick begegnete und ihn vergnügt anlächelte, zuckte es um seinen Mund herum, als wolle er gleich wieder in Gelächter ausbrechen.

„Du bist unglaublich, Sabrina“, sagte er schmunzelnd. „In den letzten Tagen standest du beständig am Rande eines Nervenzusammenbruchs. Aber jetzt, wo es wirklich ernst wird und du eigentlich Grund zur Nervosität hättest, strahlst du eine Gelassenheit aus, als würden wir gleich ein fröhliches Picknick veranstalten.“

Ich lachte mit ihm, wurde dann aber wieder ernst. „Ja, erstaunlich“, gab ich zu. „Mir ist, als wäre ich von einer Riesenlast befreit worden. Es fühlt sich fast so an, als hätte jemand anderer meine Last auf sich genommen und trüge sie für mich.“

Raffaeles Augen strahlten. „Der da oben trägt sie“, meinte er ruhig und wies mit der Hand in den Himmel. „Dein Kreuzesmann Jesus hat alle Lasten der Welt getragen.“

33

Während der Fahrt hielt meine fröhliche Zuversicht an, erst als der kleine Ort, zu dem der Bauernhof der Santoninis gehörte, in Sicht kam, begann ich wieder nervös zu werden. Die Spannung nahm von Minute zu Minute zu und schließlich kribbelte es in meinem ganzen Körper.

Raffaele fragte eine ältere Frau nach dem Weg, und diese zeigte uns eine schmale schotterbedeckte Straße, die kurz hinter dem Dorf zum Hof der Santoninis bergauf führte.

An der Abzweigung hielt Raffaele den Wagen an. „Am besten lassen wir das Auto hier stehen und gehen zu Fuß den Weg hinauf. Es wäre ganz gut, wenn man uns vorläufig nicht bemerkt."

In einer anderen Situation hätte ich an einer so abenteuerlichen Expedition sicher Freude gehabt, aber das hier war kein Spaß. Hier ging es um meine Kinder, um meine Zukunft!

Während wir uns auf den Weg machten, schickte ich noch einmal ein Stoßgebet zum Himmel. Raffaele schloss für einen Augenblick die Augen, wandte sich dann zu mir um und meinte aufmunternd: „Nur Mut, Sabrina, Gott wird uns helfen!" Ohne Zögern griff er nach meiner Hand und ging mit mir den steinigen Weg bergauf.

Schweigend legten wir Meter um Meter zurück, bis wir an einigen recht mager wirkenden Weiden vorbeikamen, auf denen ein paar Schafe und Ziegen grasten. Durch die Bäume sahen wir ein einfaches kleines Haus. Das Haus der Santoninis!

Es war sehr still um uns herum. Außer den leise kauenden Tieren, den summenden Insekten und unseren knirschenden Schritten war kein Geräusch zu hören. Unwillkürlich begannen wir zu flüstern und auf Zehenspitzen zu gehen.

„Wir sollten vorsichtig sein und aufpassen, dass uns niemand entdeckt", sagte Raffaele leise. „Am besten gehen wir auf dem Grasstreifen neben dem Weg, um keine unnötigen Geräusche zu verursachen und halten uns in der Deckung der Büsche."

Ich nickte stumm. Raffaele ging vor mir und ich schlich – wie ein

Dieb auf Beutesuche – auf dem schmalen Grasstück hinter ihm her. Wenn es nicht so eine ernste Situation gewesen wäre, hätte man über unseren Anblick herzhaft lachen können.

So arbeiteten wir uns nah an das Haus heran und blieben dann stehen, um die Lage auszukundschaften. In der Umgebung des Hauses rührte sich nichts. Vielleicht waren die Bewohner ja gar nicht da! Fast verließ mich schon wieder der Mut, doch dann atmete ich erleichtert auf: Die Haustür wurde geöffnet und eine hagere Frau mit einem bunten Kopftuch trat nach draußen. Vorsichtshalber gingen wir beide sofort in Deckung und beobachteten die Frau, die sich suchend nach allen Seiten umblickte.

Mein Herz begann nun wie rasend zu klopfen. Vielleicht hatte die Frau uns längst bemerkt und rannte im nächsten Augenblick los, um meine Kinder vor mir zu verstecken! Bei dieser Vorstellung fühlte ich Panik in mir aufsteigen und wäre bestimmt auf der Stelle losgespurtet, wenn Raffaele mich nicht festgehalten hätte.

„Lass mich!", keuchte ich und zerrte an meinem Arm, den Raffaele eisern im Griff hielt. „Ich muss zu ihr, ich muss wissen, ob sie meine Kinder . . ."

„Ruhig!", zischte Raffaele zornig zurück. „Verdirb doch nicht im letzten Moment noch alles!" Er schüttelte mich grob, was seine Wirkung nicht verfehlte.

Als ich mich einigermaßen beruhigt hatte, beobachteten wir weiter, wie die Frau zu einem kleinen Garten neben dem Haus ging. Dort musste sich eine weitere Person aufhalten, denn wir hörten Stimmen, als unterhielte sie sich mit jemandem, konnten aber nichts verstehen, weil wir noch zu weit entfernt waren. So leise wie möglich schlichen wir deshalb näher an das Haus heran.

Nun kam die Frau mit einem Kind an der Hand zurück. Es war ein kleines Mädchen, ungefähr so groß wie Chiara! Aber ich erkannte sofort, dass dieses Kind nicht meine Tochter war, denn das lange, in der Sonne glänzende Haar war tiefschwarz, viel dunkler als Chiaras Haar je gewesen war.

Wir waren jetzt nahe genug herangekommen, um – hinter einem Busch versteckt – das Haus und seine Bewohner genau beobachten zu können. Die Frau führte das kleine Mädchen, das sich eigenartig unbeholfen bewegte, zu einer Bank auf der kleinen Wiese neben dem

Haus. Die beiden setzten sich nebeneinander und die Frau beugte sich zu dem Kind hinunter und sagte etwas zu ihm.

Im nächsten Moment flog die Haustür auf und ein kleines Mädchen mit honigblondem Haar kam herausgestürmt. Es hüpfte in dieser unvergleichlichen Art, die ich so gut kannte und die mein Herz jetzt vor Freude fast stillstehen ließ. Es war Chiara, meine Tochter Chiara!

Bevor ich reagieren konnte, kam ein weiteres Persönchen aus dem Haus: Ein kleiner Junge mit einem dunklen Lockenkopf lief auf kurzen Beinchen hinter dem Mädchen her und rief ihm etwas zu.

Bruchteile von Sekunden stand ich wie erstarrt. Dann hatte auch mein Kopf begriffen, was meine Augen wahrnahmen. Da vorne, zum Greifen nahe, standen meine Kinder, Chiara und Marco, quicklebendig und scheinbar ohne eine Schramme! Dieser Augenblick war unglaublich und würde sich bestimmt für immer in meinem Herzen einprägen.

Großer, wunderbarer Gott, ich danke dir! jubelte es in mir. Aber dann war es mit meiner Beherrschung vorbei: Ohne weiter nachzudenken, rannte ich los und rief dabei laut die Namen meiner Kinder. „Chiara! Marco!“, gellte es durch das eben noch so ruhige Bergland. Und gleich noch einmal: „Chiara, Liebling! Marco, mein Herz!“

Die Frau mit dem Kopftuch war aufgesprungen und rief ebenfalls nach meinen Kindern, und gleichzeitig begann ein Hund wie rasend zu bellen. Es war ein unbeschreiblicher Tumult!

Chiara und Marco blieben wie angewurzelt stehen und sahen unschlüssig zu mir herüber. Neben mir tauchte plötzlich ein großer schwarzer Hund auf, der gefährlich seine Zähne fletschte und mit lautem Bellen um mich herum sprang. Aber ich nahm ihn nur wie einen flüchtigen Schatten wahr und vergaß völlig, dass ich eigentlich panische Angst vor Hunden hatte. Für mich gab es nur noch ein Ziel: meine Kinder in die Arme zu nehmen!

Trotz des Lärms bekam ich mit, wie die Frau den Kindern befahl, sofort zu ihr zu kommen, und sah, wie sie von ihrer Bank aufsprang und loslief, um als Erste bei ihnen zu sein. Aber gegen mich hatte sie keine Chance, denn ich war schneller als sie. Ich rannte und stolperte, und als ich nur noch wenige Schritte von Chiara entfernt war, erkannte sie mich.

„Mami! Mami!“, schrie sie auf und wirbelte mit einer solchen Geschwindigkeit auf mich zu und in meine ausgebreiteten Arme hinein, dass der Schwung uns beide fast umgeworfen hätte. Ich lachte und weinte gleichzeitig, riss mein Töchterchen in meine Arme und bedeckte ihr Gesicht mit Küssen. Am liebsten hätte ich sie nie wieder losgelassen. Der Hund sprang noch immer bellend um uns herum, aber ich schob ihn einfach furchtlos zur Seite.

„Mensch, Mami!“ Chiara machte sich energisch los und stemmte entrüstet ihre Hände in die Seiten. „Sag mal, wo bleibst du denn so lange? Wir haben auf dich gewartet! Und was hast du mit deinen Haaren gemacht?“

Fassungslos sah ich meine Kleine an! Keine Neurose oder Psychose durch die Zeit der Gefangenschaft? Kein bleibender Schaden durch Entzug der mütterlichen Fürsorge? Keine Panik, keine Furcht, kein Misstrauen? Es war nicht zu fassen! Chiara in ihrer praktischen Art bemerkte lediglich, dass meine Haare kürzer waren und kommentierte unsere Trennung lediglich mit den Worten: „Wo bleibst du denn so lange?“, so als wäre ich gerade mal für ein paar Stunden zum Einkaufen gewesen!

Ich lachte, bis mir die Tränen über die Wangen liefen, lachte vor dankbarer Freude und Erleichterung. Aber dann fiel mein Blick wieder auf den kleinen Lockenkopf, der abwartend ein paar Schritte hinter seiner Schwester stehen geblieben war und misstrauisch das Schauspiel beäugte.

„Marco, mein Liebling“, sagte ich zärtlich und beachtete den Hund nicht, der in meinem Rücken schnüffelte und hechelte, als wolle er jeden Augenblick über mich herfallen. Ich kniete auf dem Boden nieder und streckte meine Arme sehnsüchtig meinem kleinen Sohn entgegen. Marco sah mich aus seinen großen Augen unverwandt an, ernst und zurückhaltend, fast wie sein Vater!

„Marco, mein Schatz, bitte komm zu mir! Ich bin es doch, deine Mami! Erkennst du mich denn nicht?“, bat ich eindringlich. Verstand Marco mich nicht oder kannte er mich nicht mehr? Zögernd machte er einen Schritt auf mich zu und blickte sich nach der fremden Frau um, die jetzt regungslos auf ihrem Platz verharrte. Dann sah Marco wieder auf mich, wagte einen weiteren Schritt und blieb wieder stehen.

„Bist du wirklich meine Mami?“, fragte Marco zögernd.

„Ja, mein Herz“, flüsterte ich und konnte vor Freudentränen kaum noch sehen. Im nächsten Moment stürmte der kleine Junge die letzten Schritte vorwärts und warf sich heftig in meine Arme. Dabei weinte er laut und zornig. Mein stiller kleiner Marco beklagte sich in einem drolligen Kauderwelsch aus Italienisch und Deutsch, dass ich ihn viel zu lange allein gelassen hätte. „So'n langen Urlaub wollte ich gar nich'!“, rief er vorwurfsvoll. „Ich muss doch in den Kindergarten, Dennis und Manuela warten bestimmt schon auf mich!“

Und Chiara nickte altklug dazu. „Du hast dir ja ganz schön viel Zeit gelassen. Bestimmt hast du 'ne Menge Bilder malen können, so ohne uns, was? War das denn nicht furchtbar langweilig?“

Meine Kinder, sie waren unglaublich!

„Und wie langweilig das war!“, jubelte ich und hielt in jedem Arm ein Kind, drückte und küsste fortwährend eines von ihnen. „Es war so langweilig, dass ich euch nie, nie wieder weglassen werde!“

Die hagere Frau kam nun zu uns herüber, beruhigte mit scharfen Worten den Hund und scheuchte ihn davon. Feindselig musterte sie mich. „Was wollen Sie hier?“, fragte sie kurz angebunden.

Raffaele holte seinen Ausweis aus der Jackentasche und stellte sich als Don Raffaele, Bruder von Silvio Rizzardi, vor und bat um ein Gespräch unter vier Augen. Die Frau blickte noch einmal misstrauisch auf mich herunter und auf die Kinder, die ich noch immer fest in den Armen hielt, und ging dann mit Raffaele ins Haus.

„Wer ist denn die Frau?“, fragte ich Chiara.

Empört blitzte meine Tochter mich an. „Aber Mama, das ist doch die Tante Maria! Hast du das etwa auch vergessen? Du hast doch gesagt, wir sollen so lange bei ihr bleiben, bis du oder der Papi uns abholen! Und dahinten auf der Bank, das ist meine Freundin Carmela. Komm, wir gehen zu ihr!“

Der gefährlich aussehende Hund war wieder zurückgekommen und begleitete uns nun so selbstverständlich, als hätte er nie etwas anderes getan. Marco, der ebenso wie ich immer große Angst vor Hunden gehabt und schon zu schreien begonnen hatte, wenn einer nur näher als fünf Meter an ihn herangekommen war, legte vertrauensvoll seine kleine Hand auf die zottelige Mähne des Tieres.

„Das ist Caramba, streichel ihn mal!“, forderte er mich strahlend auf und erst jetzt merkte ich, dass Marco inzwischen gelernt hatte, den Zischlaut richtig auszusprechen. Sein Gesichtchen war dabei vor Eifer so rosig, dass ich ihn am liebsten gleich wieder geknuddelt hätte. Ich hatte in meinem ganzen Leben noch nie freiwillig einen Hund angefasst, aber für Marco hätte ich auch einen Löwen liebkost oder Schlangen gestreichelt. Also streckte ich tapfer meine Hand aus, legte sie auf Carambas mächtigen Kopf und kraulte hingebungsvoll seinen Nacken. Und seltsam, der Hund, der mich eben noch am liebsten zerfleischt hätte, knurrte nicht einmal, sondern ließ sich schwanzwedelnd meine ungeschickten Zärtlichkeiten gefallen.

Nun waren wir bei Carmela angekommen. Sie war ein niedliches kleines Mädchen mit einem schmalen olivfarbenen Gesicht, langen, mageren Armen und Beinen und dunklen, aber eigenartig starr blickenden Augen.

„Hallo, Carmela!", sagte ich vergnügt und streckte ihr meine Hand hin. „Ich bin Sabrina, Chiaras und Marcos Mutter!"

Carmela wandte mir ihr Gesicht zu, blickte mich aber nicht an und beachtete auch nicht meine ausgestreckte Hand. *Was für ein schlecht erzogenes Kind*, dachte ich ärgerlich und wollte mich schon demonstrativ von ihr abwenden.

„Aber sie kann dich doch gar nicht sehen, Mami!", sagte Chiara und schüttelte missbilligend den Kopf. „Weißt du denn nicht, dass Carmela blind ist? Und laufen kann sie auch nicht so gut. Aber trotzdem ist sie meine beste Freundin."

Am liebsten wäre ich vor Scham in den Boden gesunken. Wo hatte ich nur meine Augen gehabt? „Das tut mir sehr Leid, Carmela", sagte ich, setzte mich neben sie, nahm ihre Hand und ließ sie mein Gesicht, mein Haar, meine Hände und Arme betasten. „Kannst du dir jetzt vorstellen, wie ich aussehe?"

Carmela nickte und strahlte über ihr mageres Gesichtchen. Prüfend sah ich auf ihre Beine, die für ihren Körper viel zu dünn waren, und sah, dass ein Fuß etwas verkrüppelt war und in einer Schiene gehalten wurde. Daher also der unsichere Gang des Kindes.

„Wie verständigt ihr euch denn mit Carmela?", fragte ich meine Kinder.

„Ach, das ist doch puppenleicht!" Für Chiara schienen Probleme überhaupt nicht zu existieren. „Wir sprechen ein bisschen so und ein bisschen so. Manchmal weiß ich zwar nicht so genau, was die andern meinen, aber es geht schon irgendwie."

„Ja, is' doch puppig!", echote Marco und verzog sein rosiges Mündchen so niedlich, dass ich ihn schnell auf meinen Schoß nahm und ihm einen herzhaften Kuss gab.

Wir blieben noch auf der Bank sitzen, unterhielten uns in einem Gemisch unserer beider Sprachen und lachten herzlich miteinander. Es war unglaublich! Da saß ich, Sabrina Rizzardi, vor kurzem noch todunglücklich und verzweifelt, auf einer Bank im Sonnenschein und unterhielt mich vergnügt mit drei kleinen Kindern. Es war fast zu schön, um wahr zu sein! Und doch – es war kein Wunschtraum, es war die pure Realität!

Nach einiger Zeit kam Raffaele mit Maria aus dem Haus. Maria hatte inzwischen ihr Kopftuch abgelegt und ich sah, dass sie die gleichen dunkelglänzenden, glatten Haare hatte wie Carmela. Ihr hageres Gesicht war von Sonne und Wind gebräunt. Der feindselige Blick, mit dem sie mich noch vorhin gemustert hatte, war verschwunden, dafür waren ihre Augen jetzt rot, als hätte sie geweint.

„Ich wusste ja nicht, dass Silvio . . .", begann sie und brach hilflos ab. Dann hielt sie mir die Hand hin und brachte ein kleines, aber trauriges Lächeln zustande. „Buon giorno, Sabrina, ich bin Maria", murmelte sie. Dann wandte sie sich den Kindern zu. „Geht doch ein bisschen spielen, ich möchte gerne mit eurer Mutter reden!"

„Ooch, nö", maulte meine kleine neugierige Chiara, die genau spürte, dass es irgendetwas Wichtiges zu besprechen gab. „Ich will bei meiner Mama bleiben!"

„Bitte, Chiara, tu, was Tante Maria sagt", bat ich und drückte sie noch einmal fest an mich. „Wir drei werden jetzt für immer zusammenbleiben und uns nie mehr trennen, das verspreche ich dir! Und später werde ich euch alles erklären." Bei dem Gedanken, den Kindern sagen zu müssen, dass ihr Vater tot war, wurde mir richtig mulmig zumute. Aber alles zu seiner Zeit.

„Na gut", meinte Chiara gnädig, nahm Carmela an die eine und Marco an die andere Hand und ging mit ihnen davon. Ich staunte über die Fürsorglichkeit meiner kleinen Tochter, die sonst nur allzu gern selbst im Mittelpunkt stand und selten Lust hatte, sich mit dem ‚Baby' – wie sie Marco oft zu seinem Ärger nannte – abzugeben.

Als die drei außer Hörweite waren, wandte Maria sich an mich. „Don Raffaele hat mir erzählt, was passiert ist", begann sie zögernd, wobei ihre Stimme verdächtig vibrierte. „Salvatore und ich hatten ja keine Ahnung, dass Silvio ... dass Sie und ... ich meine, wir wussten nicht, dass ..." Tränen liefen über ihr hageres Gesicht.

Raffaele schaltete sich ein: „Maria hat erst jetzt von Silvios Tod erfahren und ist noch völlig durcheinander. Aber so viel weiß ich inzwischen schon, dass Silvio die Kinder vor ein paar Wochen zu den Santoninis nach Pessata gebracht und sie darum gebeten hat, sie einige Zeit bei sich zu behalten. Er hat ihnen erzählt, dass er die Kinder von dir weggeholt habe, weil du damit drohtest, er würde die Kinder nach einer Scheidung nie wieder sehen."

Entrüstet wollte ich schon protestieren, doch dann fiel mir ein, dass ich wirklich mit ähnlichen Konsequenzen gedroht hatte. Ich hatte zwar nie die Scheidung gewollt, doch wenn ich über Silvios Homosexualität informiert gewesen wäre, hätte ich sicherlich genau so reagiert, wie er es vorausgesagt hatte. So gesehen hatte Silvio nicht direkt gelogen, sondern meine wahrscheinliche Reaktion vorausgesehen.

Nachdenklich blickte ich auf Maria, die sich jetzt wieder einigermaßen gefangen hatte. „Gut, so weit verstehe ich das. Aber wieso hat Silvio die Kinder zu Ihnen gebracht und ist dann nach Deutschland zurückgefahren, um sich dort umzubringen? Warum hat er das nicht gleich hier hinter sich gebracht?", fragte ich ratlos.

„Das weiß ich auch nicht." Maria wischte sich mit dem Handrücken die Tränen vom Gesicht. „Wie soll ich das alles verstehen? Silvio hatte doch so viele Pläne, er wollte hier arbeiten und gemeinsam mit seinen Kindern hier leben. Was ist denn nur passiert, dass er so etwas Schreckliches tun musste?"

„Könnte das vielleicht mit Andrea Lombardo zusammenhängen?", fragte ich. „Hat Silvio vielleicht nicht verkraftet, dass Andrea die Beziehung wegen der Kinder beendet hat?"

Maria schüttelte den Kopf. „Nein, diesen Namen kenne ich nicht. Außerdem machte Silvio nicht den Eindruck, als wäre er am Ende seiner Kraft gewesen. Im Gegenteil, er war voller Tatendrang, wenn auch ein bisschen hektisch und überdreht. Er war zwei Tage bei uns in Pessata und wäre bestimmt auch noch länger geblieben, wenn nicht dieses Telefongespräch aus Deutschland gekommen wäre. Aber danach war er so aufgeregt, dass er sofort zurück wollte!"

„Ein Anruf aus Deutschland?", rief ich erregt.

„Nein, einen Augenblick bitte, ich glaube, zuerst hat Silvio dort angerufen, vielleicht die Klinik oder so", überlegte Maria. „Und später hat dann jemand zurückgerufen, und Silvio war plötzlich ganz komisch und ist dann Hals über Kopf abgereist."

„Und wer war der Anrufer? Bitte, Maria, versuchen Sie sich zu erinnern!" Unbewusst umfasste ich mit beiden Händen Marias Arm und presste meine Fingernägel so fest in ihr Fleisch, dass sie vor Schmerz leise aufschrie.

„Entschuldigung", sagte ich und löste meine Hände. „Mit wem hat Silvio gesprochen und um was ging es bei diesem Gespräch? Bitte, denken Sie nach!"

Maria richtete sich kerzengerade auf und sagte entrüstet: „Ich belausche doch nicht meine Freunde! Silvio wusste genau, dass er sich auf mich verlassen kann. Hätte er sonst seine Kinder zu mir gebracht? Nein, Signora, ich bin nicht der Typ, der heimlich hinter der Tür lauscht und dann brühwarm irgendwelche Skandalgeschichten weitererzählt!"

Raffaele besänftigte die aufgeregte Frau. „Nein, Maria, das glauben wir auch nicht! Ich weiß, dass du und Silvio euch sehr mochtet, schon damals, während eurer Kinderzeit. Wenn so manches anders gelaufen wäre, wer weiß, ob nicht vielleicht aus euch beiden . . ."

Er schien den Nagel auf den Kopf getroffen zu haben, denn Maria senkte weinend ihr Gesicht.

„Ja, ich hatte Silvio gern, sehr gern sogar", murmelte sie. „Schon als Kind war er immer so zart fühlend und sensibel. Ich war sehr traurig, als er ins Internat musste, und habe immer sehnsüchtig auf einen Brief von ihm gewartet. Die Ferien waren für mich die einzigen Lichtblicke, weil Silvio dann nach Hause kam und ich ihn wieder sehen durfte."

Sie hielt inne, hob den Kopf und sah mich aus tieftraurigen Augen an. „Aber eines Tages war zwischen uns etwas anders geworden", erzählte sie weiter. „Silvio schrieb nicht mehr, er beantwortete auch meine Briefe nicht. Und als die Ferien kamen, meldete er sich nicht einmal bei mir. Ich habe geweint und gelitten und versucht ihn zu vergessen. Nur durch einen Zufall habe ich später erfahren, dass Silvio aufs Priesterseminar gegangen war und dass er deshalb keinen Kontakt mehr zu mir haben sollte. Ich verstand das alles nicht! Hätte er mir das nicht sagen und hätten wir nicht trotzdem Freunde bleiben können?"

Ich nickte, wagte es aber nicht, Maria zu unterbrechen.

„In der Zwischenzeit hatten unsere Familien schon eine Heirat zwischen Salvatore und mir vereinbart. Salvatore war der Sohn einer befreundeten Familie, die uns öfter besuchte. Ich mochte Salvatore immer gern, aber die große Liebe, nein, die war es sicher nicht, wenigstens am Anfang nicht. Aber später war ich froh, dass ich Salvatore hatte, und habe gelernt, ihn wirklich zu lieben. Deshalb war ich anfangs von der Abmachung unserer Familien gar nicht erbaut und zögerte die Hochzeit absichtlich heraus. Erst als ich hörte, dass Silvio . . . dass er . . . na ja, dass er anders war als andere Männer und für immer fortgegangen war, habe ich Salvatore geheiratet." Sie schwieg einen Moment und setzte dann fast trotzig hinzu: „Und ich habe es nie bereut! Salvatore ist wirklich ein guter Ehemann und Vater!"

„Und danach? Wann haben Sie Silvio wieder gesehen?", fragte ich.

„Ach, das war erst viele Jahre später", erwiderte Maria. „Silvios Vater war damals sehr krank und er war nach längerer Zeit mal wieder nach Hause gekommen. Und als ich während dieser Zeit einmal meine Eltern besuchte, begegneten wir uns ganz zufällig. Unsere Freundschaft lebte dann wieder auf und er lernte auch Salvatore kennen. Silvio erzählte uns damals, dass er Kinderarzt geworden sei, weil das Priesteramt doch nicht das Richtige für ihn war. Von dem Gerede, das damals über ihn im Umlauf war, sagte er nichts, und ich schnitt dieses Thema auch nicht an. Aber wir vertrauten Silvio unsere Sorgen wegen unserer Kinderlosigkeit an und er hat uns an einen guten Arzt vermittelt, der uns auch tatsächlich helfen konnte. Unsere Carmela ist jetzt zehn Jahre alt, sieht aber viel jünger aus, weil sie so klein und zierlich ist. Und dass sie blind ist und einen verkrüppelten Fuß hat, ist natürlich auch nicht leicht für uns. Aber wir sind glücklich, dass wir sie haben und würden sie für nichts in der Welt wieder hergeben!"

„Sehen Sie, Maria, und genauso geht es mir mit meinen Kindern", sagte ich schnell. „Ich habe Chiara und Marco genauso lieb wie Sie

Ihre Carmela. Auch ich würde sie um nichts in der Welt hergeben! Können Sie das verstehen?“

„Natürlich kann ich das! Und eigentlich war mir dieses ganze Versteckspiel auch zuwider“, antwortete sie. „Aber Silvio hatte so viel für uns und unsere Carmela getan, dass wir ihm zu Dank verpflichtet waren.“

Sie wischte sich wieder über die Augen und fuhr fort. „Es war so: Vor ungefähr einem halben Jahr war Silvio nach langer Zeit mal wieder bei uns aufgetaucht und hatte uns erzählt, dass seine Ehe gescheitert sei und er darüber nachdenke, nach Italien zurückzukommen. Natürlich boten wir ihm unsere Gastfreundschaft an, die er auch ein paar Mal in Anspruch nahm und sich dabei rührend um Carmela kümmerte. Und als er dann eines Tages mit Chiara und Marco herkam und uns bat, die Kinder solange aufzunehmen bis er eine geeignete Wohnung gefunden habe, konnten wir einfach nicht ablehnen. Wir wunderten uns zwar, dass er so lange nichts von sich hören ließ, machten uns aber weiter keine Sorgen, weil wir wussten, dass er in Deutschland noch einiges zu erledigen hatte. Und weil wir inzwischen hierher auf den Hof umgezogen waren und es hier oben kein Telefon gibt, wollten wir einfach abwarten, bis er kommt und die Kinder holt. Außerdem war es für Carmela so schön, dass sie einmal andere Kinder um sich herum hatte, dass wir richtig froh waren, sie bei uns zu haben. Unsere kleine Carmela hatte in Chiara nun endlich eine Freundin, ja die beiden waren fast wie Schwestern, und Marco war für sie ihr kleiner Bruder. Ach, wie soll meine arme Carmela das nur verkraften, wenn Sie Ihre Kinder wieder mitnehmen? Und der arme Silvio! Wenn dieser Anruf aus Deutschland nicht gekommen wäre, dann würde er vielleicht noch leben! Ach, hätte ich doch einfach aufgelegt, als ich die Stimme des Mannes hörte!“

Mein Herz begann wie rasend zu pochen. „Sie haben das Gespräch entgegengenommen, Sie haben mit dem Anrufer gesprochen?“

Maria nickte. „Ja, natürlich! Silvio konnte doch gar nicht wissen, dass es für ihn war, als das Telefon klingelte. Aber ich konnte mit dem Mann nicht reden, weil ich die deutsche Sprache doch nicht verstehe!“

Der Anrufer hatte also deutsch gesprochen! Demnach konnte es nicht Andrea gewesen sein, der in seinem Heimatland sicher auch seine Heimatsprache angewendet hätte. Aber wer war es denn? Wer war der geheimnisvolle Anrufer?

„Maria", bat ich „bitte, versuchen Sie sich zu erinnern! Wie klang sein Name? Hatte er Ähnlichkeit mit irgendetwas, das Sie kennen?"

„Ich weiß nicht, nein! Er klang irgendwie hart, . . . so . . . so als könne ich niemals lernen, ihn richtig auszusprechen", erwiderte Maria unsicher.

Plötzlich hatte ich das sichere Gefühl, dass ich dem Geheimnis auf der Spur war. Ich musste nur noch herausbekommen, mit wem Silvio am Tag vor seinem Tod gesprochen hatte und worum es bei diesem Gespräch ging.

„Der Name hörte sich an wie . . . ja, so wie ein Krachen. Er war mir fremd und doch irgendwie bekannt, fast wie Rrr. . . oder Chr. Ach nein, ich krieg es nicht mehr zusammen."

Rrrr . . . Chrrr . . . Frrr . . .! Ich ließ die Laute mehrmals durch meine Kehle laufen. Und plötzlich schoss es mir wie ein Geistesblitz durch den Kopf.

„Christian? Hieß er vielleicht Christian?" Ich sah den ehrgeizigen jungen Arzt vor mir, erinnerte mich an die Szene in seiner Wohnung, als ich dort so unerwartet hereingeschneit war. Schon bei dieser ersten Begegnung war mir Christians Feindschaft aufgefallen, aber ich hatte einfach nicht über die Gründe nachgedacht. Doch jetzt, mit meinem heutigen Wissensstand, sah die Sache ganz anders aus. War Christian für Silvio vielleicht mehr gewesen als ein guter und angenehmer Kollege?

Mit Entsetzen erinnerte ich mich an die Unterschrift auf einem der Liebesbriefe meiner vermeintlichen Rivalinnen, die ich in Silvios Wohnung gefunden hatte. „C" hatte dort gestanden. „C" für Christian? War Christian Frerichs womöglich der Geliebte meines Mannes gewesen? Lag hier etwa des Rätsels Lösung?

Plötzlich wurde ich ganz ruhig. „Hieß der Anrufer vielleicht Christian Frerichs?", fragte ich Maria. „Dr. Christian Frerichs?"

Über Marias Gesicht huschte ein Lächeln. Sie nickte eifrig und versuchte den Namen nachzusprechen. „Si, Sabrina", erwiderte sie eifrig. „Das war er, Chr . . . Christian Frerichs war sein Name."

34

Der Abschied von den Santoninis – vor allem von Carmela – fiel den Kindern sehr schwer. Chiara umarmte ihre kleine Freundin stürmisch und jammerte dabei, dass sie nun nicht mehr miteinander spielen könnten.

Um sie zu beruhigen, schlug ich vor: „Du kommst ja bald in die Schule und dann lernst du ganz schnell schreiben und schickst Carmela viele Briefe."

Chiara sah mich empört an. „Aber Mama, Carmela kann meine Briefe doch gar nicht lesen!"

Hilflos und beschämt sah ich zu Maria hinüber, die mir zum Glück zu Hilfe kam und Chiara anbot: „Dann werde ich eben Carmela deine Briefe vorlesen." Dabei sah sie sehr traurig aus.

„In Ordnung!" Chiara war einverstanden, stellte aber eine weitere Forderung. „Du musst mich aber auch mal besuchen, Carmela, einverstanden?" Und zu mir gewandt: „Ist es weit bis zu uns nach Hause, Mami?"

„Ja, es ist ein ganz schönes Stück. Aber wenn Carmela es möchte, kann sie gerne in den Ferien zu uns kommen."

„Und du kommst auch mit, klar?", erklärte Marco dem schwarzen Hund und umarmte ihn wie seinen besten Freund. „Dann darfst du auch in mein' Zimmer schlafen, aber ja nich' in mein' Bett!" Als er das sagte, setzte sich das mächtige Tier auf seine Hinterbeine und lauschte Marco mit so aufmerksamen Augen, als würde er jedes Wort verstehen.

Maria hatte inzwischen die Sachen der Kinder zusammengepackt und Raffaele übergeben. Sie erklärte Salvatore, der vor ein paar Minuten dazugekommen war, die neue Lage, und dieser lauschte mit einem ungläubigen Gesichtsausdruck, nickte einige Male zu ihren Ausführungen, gab jedoch keinen Kommentar ab. Überhaupt schien er ein sehr schweigsamer Zeitgenosse zu sein, denn außer „buon giorno" hörte ich von ihm kein weiteres Wort.

Die Familie Santonini – einschließlich Caramba – begleitete uns noch ein Stück unseres Weges und winkte uns, bis wir hinter einer Wegbiegung verschwunden waren.

Als ich zu den Kindern ins Auto stieg, lächelte Raffaele mich an und sagte leise: „Du siehst richtig glücklich aus, Sabrina!"

„Das bin ich auch", erwiderte ich ebenso leise. „Ich danke dir für deine Hilfe, Raffaele. Ohne dich hätte ich das niemals geschafft."

Raffaele legte einen Zeigefinger auf seine Lippen. „Danke nicht mir", antwortete er ernst. „Danke vielmehr unserem Gott, der uns den richtigen Weg gezeigt und deine Kinder so wunderbar beschützt hat!"

Ja, mir war klar, dass ich das alles nicht ohne Gottes Hilfe geschafft hätte. Aber mir war auch klar, dass ich in Zukunft nichts mehr ohne ihn tun wollte. Mit Gottes Hilfe konnte ich mich jetzt daran machen, die Vergangenheit aufzuarbeiten, damit Silvios Schatten nicht länger mein Leben verdunkelte. Der Mann im Spiegel sollte nicht mehr die Möglichkeit haben, meine Welt durch den finsteren Blick seiner unglücklichen Seele in eine bizarre Wüstenlandschaft zu verwandeln.

Chiara und Marco hatten ihren Abschiedsschmerz schnell überwunden und plapperten jetzt munter drauflos, sie erzählten von Carmela, von den Tieren auf dem Hof und was sie dort alles getan und wie schön sie miteinander gespielt hatten. Marco wünschte sich unbedingt einen Hund, der natürlich genauso aussehen musste wie sein schwarzer Freund Caramba.

Mit einem Mal wurde Chiara auffallend still. Ich dachte schon, sie wäre eingeschlafen, als sie plötzlich fragte: „Du, Mami, wohnt der Papi denn jetzt wieder bei uns?"

Mit schwerem Herzen zog ich meine kleine Tochter fest an mich. Was sollte ich ihr nur antworten? Sollte ich Ausflüchte gebrauchen oder musste ich ihr schon jetzt die Wahrheit sagen? Und wie sollte ein Kind ihres Alters diese furchtbare Wahrheit überhaupt verkraften?

„Warum fragst du das jetzt, mein Schatz?", fragte ich sie, um Zeit zu gewinnen.

Mein sensibles Töchterchen spürte sofort, dass etwas nicht stimmte und sah mich ernst an. „Weil . . . weil der Papi nämlich gesagt hat, er würde nie mehr von uns weggehen. Und dann hat er es doch getan und ist für ganz lange weggegangen und nicht wiedergekommen. Warum hat er uns denn angelogen?"

„Und hat nich mal Wiedersehen gesagt!", rief Marco empört

dazwischen. „Dabei weiß ich genau, dass man nich lügen darf, auch nich große Leute.“

Hilflos hielt ich meine Kinder in den Armen und schickte ein Stoßgebet gen Himmel, damit ich das Richtige sagen konnte. Marco hatte es ja deutlich gesagt, ich durfte meine Kinder nicht belügen, aber ich wollte sie auch nicht unnötig verletzen.

Chiara spürte meine Ratlosigkeit und schmiegte sich fest an mich. „Weißt du, Mami, manchmal war der Papi so komisch, er hat sogar mal richtig geweint. Und als ich ihn gefragt habe warum, da hat er noch mehr geweint und gesagt, weil er uns so lieb hat. Aber gelogen hat er trotzdem, denn er ist einfach weggegangen. Warum hat er das getan, Mami? Und wo ist der Papi jetzt? Warum ist er nicht mit dir gekommen?“

So viele Fragen auf einmal! Wie sollte ich sie nur alle beantworten, ohne mich in Ausflüchte und Lügen zu verstricken? Wie sollte ich einem Kind eine Situation erklären, die ich ja selbst kaum verstand?

Im Rückspiegel bemerkte ich Raffaeles Blick. Er nahm kurz seine Hände vom Lenkrad, faltete sie vor der Brust zusammen und hob sie ein wenig in die Höhe. Ich verstand: Raffaele betete dafür, dass ich die richtigen Antworten fand.

Schweren Herzens betrachtete ich die erwartungsvollen Gesichtchen neben mir und spürte, dass ich meinen Kindern die Wahrheit sagen musste, wenn auch nicht in ihrem ganzen Ausmaß. Mit klopfendem Herzen begann ich: „Chiara, Marco! Ich muss euch etwas sehr Trauriges erzählen! Euer Papi wollte euch nicht wirklich allein lassen. Im Gegenteil, er wollte euch für immer ganz nah bei sich haben, weil er euch sehr lieb hat. Aber leider ist ihm etwas Schlimmes geschehen.“

„Was denn?“, fragte Chiara und Marco spann den Faden sofort weiter. „Bestimmt nen Umfall!“, rief er eifrig. „Bestimmt is der Papa zu schnell gefahren und peng – Auto kaputt!“ Er lachte verschmitzt. „Oder hat er ein Bein gebrochen?“

Ich schluckte mühsam. „Nein, mein Schatz, euer Papi hat kein Bein gebrochen. Euer Papi war krank, sehr krank sogar, und niemand konnte ihm helfen, wieder gesund zu werden. Er ist . . . nun, er ist an dieser schlimmen Krankheit gestorben.“

Einen Augenblick lang war es mucksmäuschenstill, dann hörte ich

Chiaras Weinen. „Mein Papa ist tot? Wirklich richtig tot?", schluchzte sie. Und Marco weinte aus Sympathie gleich mit, obwohl ich den Eindruck hatte, dass er gar nicht begriff, was geschehen war.

Aber es dauerte nicht lange, da versiegten ihre Tränen schon wieder. Chiara schnüffelte noch ein paar Mal und fragte dann hoffnungsvoll: „Ist der Papi jetzt im Himmel wie Carmelas Großvater? Ist er vielleicht sogar ein Engel und sieht von oben auf uns herunter? Und kann er uns jetzt auch sehen?"

„Ja", bestätigte ich schnell. „Er ist jetzt bestimmt im Himmel und freut sich über euch."

„Au, prima!", rief Marco begeistert aus. „Wenn der Papi im Himmel ist, kann er uns immer schönes Wetter schicken, wenn wir im Kindergarten ein Fest feiern. Letzt' Mal hat es nämlich ganz doll geregnet und wir konnten gar nich rausgehen! Aber wenn Papi jetzt da oben ist, dann kann er das doch bestimmen, oder?"

Obwohl ich mich hundeelend fühlte, musste ich lächeln. Und an Raffaeles Haltung sah ich, dass es ihm ähnlich erging.

Auch Chiara hatte sich einigermaßen beruhigt, wenigstens vorerst. Wahrscheinlich würde sie noch manche Träne um ihren Vater weinen und viele Fragen stellen, bis sie die Nachricht von seinem Tod akzeptieren konnte. Doch das würden wir bestimmt alle zusammen so nach und nach bewältigen können.

„Hat er auch ein schönes Grab, wo wir Blumen hinbringen können?", fragte sie unvermittelt. „Kann ich ihn dort manchmal besuchen?"

Ich sah mein süßes kleines Töchterchen an, sah Tränen in ihren langen Wimpern glitzern, sah den kleinen roten Mund, der noch weinerlich verzogen war und das erwartungsvolle Gesichtchen, das sich mir zuwandte. „Ja, mein Liebling", erwiderte ich sanft. „Wir werden ihm viele Blumen bringen und einen schönen Stein auf sein Grab stellen, auf dem sein Name steht!"

War das die gleiche Sabrina, die noch vor kurzem voller Hass und Rachegedanken am Grab ihres Mannes gestanden und ihn für alle Zeiten verdammt hatte? Aber inzwischen hatte sich vieles verändert, vor allem ich hatte mich verändert. Wer immer ich früher gewesen war, in den letzten Tagen hatte ich eine derart starke Wandlung durchgemacht, dass ich mich kaum noch an die alte Sabrina erinnern konnte. Mein Leben lang hatte ich versucht, stark, frei und unabhängig zu sein, aber es war mir nicht gelungen. Doch jetzt, nach all dem Leid, das ich durchgemacht hatte, fühlte ich eine Kraft in mir, die ich vorher nicht gekannt hatte und die ganz sicher nicht aus mir selbst kam. Und diese Kraft hatte Hass und Rachsucht aus meinem Herzen vertrieben. War das nicht wie ein Wunder?

„Und zu Hause müssen wir ein Bild vom Papa aufhängen, so wie bei Carmela“, verlangte Chiara weiter. „Carmela hat nämlich einen toten Großvater bei sich in der guten Stube hängen, und manchmal stellen sie ihm Blumen und Kerzen hin und dann freut er sich ganz doll darüber.“

Damit war das Thema vorerst einmal erledigt. Die Kinder schienen sich mit der Tatsache des Todes schnell abzufinden und einfach das zu akzeptieren, was nicht zu ändern war. In diesem Punkt konnte ich noch eine ganze Menge von ihnen lernen.

Später schliefen die beiden in meinen Armen ein und ich saß ganz still und genoss ihre Gegenwart, obwohl jeder Muskel in meinem Körper schmerzte. Aber was machte das schon? Was war das gegen die Qualen der letzten Wochen? Ich war mit Gottes Hilfe an meinem Ziel angelangt und hatte meine Kinder wiederbekommen. Und mit seiner Hilfe wollte ich ein ganz neues Leben beginnen und die Vergangenheit ruhen lassen! Ich konnte lernen mit ihr zu leben, ohne dass sie mich länger belastete.

Aber schon rührte sich der Widerspruch in mir. Konnte ich wirklich einfach die Vergangenheit vergessen? Musste ich nicht auch noch den letzten Teil des Geheimnisses aufdecken und herausbekommen, was mit Silvio nun wirklich passiert war? Sollte ich nicht noch einmal zu Christian Frerichs fahren und nach dem Grund seines Anrufes fragen?

Schon bei der Vorstellung, diesem Menschen noch einmal gegenübertreten zu müssen, regte sich Abscheu in mir. Frerichs war mir von Anfang an nicht sehr sympathisch gewesen, aber seitdem ich wusste, was für eine Verbindung zwischen ihm und Silvio bestanden hatte, war meine Abneigung noch größer geworden. Doch war ich es mir und meinen Kindern nicht schuldig, die Wahrheit ans Licht zu bringen? Würden sie mich nicht eines Tages fragen, woran Silvio gestorben war und was ich getan hatte, um ihm zu helfen? Und wie sollte ich ihnen dann die Wahrheit sagen, wenn ich sie nicht kannte?

„Okay, ich werde zu ihm fahren und die Sache aufklären“, murmelte ich kampfeslustig. Und als ich Raffaeles fragenden Blick im Rückspiegel sah, erklärte ich: „Ich meine Christian Frerichs. Ich möchte wissen, warum er Silvio damals nach Deutschland zurückgeholt hat.“

Raffaele nickte. „Eine gute Idee, Sabrina“, stimmte er mir zu. „Wir sollten die Sache zu Ende führen und herausbekommen, warum Silvio sterben musste. Möglicherweise werden wir sonst immer in der Ungewissheit leben, ob wir ihm nicht doch hätten helfen können und uns vielleicht nur nicht genügend um ihn bemüht haben! Vielleicht werden wir erst wirklich frei sein, wenn wir die Hintergründe wissen. Ich bin gerne bereit, mit dir nach Deutschland zu fahren und dir beizustehen!“

Dankbar lächelte ich Raffaeles Spiegelbild an. „Danke für dein Angebot, aber das ist wirklich nicht nötig, denn mit diesem Frerichs werde ich sicher alleine fertig!“ Plötzlich fiel mir etwas ein. „Außerdem hat dieser Kerl noch ein Bild von mir, das ich gerne zurückhaben möchte!“

35

Erst spätabends kamen wir bei Venera an. Vorsichtig löste ich mich von meinen schlafenden Kindern und lockerte meine verkrampften Muskeln. Chiara wurde wach und fragte verwundert, wo wir denn seien, während Marco nur kurz seine Augen öffnete, ein wenig blinzelte und gleich darauf wieder fest einschlief.

Ich lud mir das kleine Kerlchen auf die Arme, um es nach oben zu tragen. Marcos Kopf ruhte auf meiner Schulter und seine Arme und Beine baumelten schlaff herunter.

Venera öffnete uns die Haustür und schrie vor Überraschung laut auf. Sofort hielt sie sich die Hand vor den Mund, um die Kinder nicht aufzuwecken, aber ihr Gesicht, ihre Augen, ihre ganze Haltung spiegelten ihre Freude wider. Sie streckte die Arme aus, um mir Marco abzunehmen, doch der spürte die Bewegung bis in seinen Schlaf hinein und umklammerte mich mit Armen und Beinen wie ein kleines Äffchen. „Meine Mami!“, seufzte er an meinem Ohr, ohne auch nur ein Auge zu öffnen.

„Ich bin ja bei dir, Liebling“, beruhigte ich ihn, stapfte keuchend die Treppe hinauf, legte ihn aufs Bett und zog ihn vorsichtig aus. Schlaftrunken ließ er alles mit sich geschehen, lächelte bei meinem Gutenachtkuss zufrieden vor sich hin und versank erneut in einen tiefen Schlaf. Dann wandte ich mich Chiara zu, half ihr beim Ausziehen und mummelte meine kleine Tochter fürsorglich in ihre Decke ein.

„Ach, Mama, ich bin so froh, dass du wieder da bist“, flüsterte sie und legte ihre kleinen Arme fest um meinen Hals. „Du darfst mich nie mehr allein lassen! Ich hab dich doch sooo lieb!“

„Ich hab dich auch lieb, mein Engel!“ So lange hatte ich diese Worte niemandem sagen können und wie wunderbar war es jetzt, sie wieder ganz neu zu entdecken. Ich blieb noch ein bisschen bei den schlafenden Kindern sitzen und betrachtete ihre friedlichen Gesichter. Ein Gefühl unbändiger Freude zog wieder durch mein Herz, so dass ich am liebsten laut gejubelt hätte.

„Danke, Gott! Danke, Kreuzesmann!“, sagte ich stattdessen und dachte noch einmal an die Wochen, die hinter mir lagen. Wie viel Schmerz, wie viel Verzweiflung waren in mir gewesen, als ich mich in meiner Not zum ersten Mal an Gott gewandt hatte. Ja, auch jetzt konnte ich noch den Schmerz nachempfinden, der mich zeitweise so bedrängt hatte, dass ich befürchtete, nie wieder aus meinem dunklen Loch herauszufinden. Aber dennoch hatte ich es geschafft! Vielmehr, nicht ich hatte es geschafft, sondern Gott hatte auf erstaunliche Weise in mein Leben eingegriffen und mir den Weg gewiesen. Er hatte mir Menschen geschickt, die mir halfen, wenn ich nicht mehr weiterwusste, und das war mir in meinem bisherigen Leben nur äußerst selten passiert.

„Ich danke dir für deine Liebe“, betete ich lautlos in die Dunkelheit des Zimmers hinein, in dem nur das gleichmäßige Atmen meiner schlafenden Kinder zu hören war. Und dabei sah ich das Bild des sterbenden Christus an seinem hölzernen Kreuz vor mir. „Ich glaube, dass du der Sohn Gottes bist und dass du für uns Menschen gestorben und auferstanden bist, damit wir zu Gott finden können. Und weil ich dir vertraue, möchte ich mich dir zur Verfügung stellen! Hier bin ich, Christus, ich gehöre dir! Oder halt, nein, du kriegst mich nicht allein, du kriegst uns gleich alle zusammen im Dreierpack!"

Eine tiefe Zuneigung für den Kreuzesmann, der mich so treu begleitet hatte, stieg nun in mir auf. Prüfend horchte ich in mich hinein. Hatte ich nicht vor kurzem noch behauptet, dass ich niemals jemanden lieben könne, den ich nicht sehen und mit dem ich nicht reden kann? Und jetzt sprach ich mit diesem Unsichtbaren wie mit meinem besten Freund und war mir sogar sicher, dass er mich hörte. Ja, ich spürte es ganz deutlich, das kleine Flämmchen der Liebe, das gehegt und gepflegt werden wollte, um zu einem brennenden Feuer heranwachsen zu können.

Ein bisschen verwirrt über meine Gefühle stand ich auf, lehnte die Tür aber nur leicht an, damit ich hören konnte, wenn eines der Kinder wach werden und nach mir rufen sollte. Dann ging ich nach unten. Venera und Francesco umarmten und küssten mich und wirbelten mich vor Freude im Kreis herum.

Raffaele hatte ihnen mittlerweile schon die wichtigsten Stationen unseres Abenteuers berichtet, aber jetzt begannen wir die ganze spannende Geschichte von neuem zu erzählen, mal abwechselnd, mal gleichzeitig.

Nach einiger Zeit wurde Raffaele sehr ernst und sagte nachdenklich: „Ich habe bei dieser schrecklichen Geschichte mit Silvio vieles gelernt und möchte in Zukunft für die da sein, die mit ihrem Leben nicht zurechtkommen. Christus ist in diese Welt gekommen, um allen Menschen die Freiheit zu schenken, von welcher Bindung auch immer. Aber wir vergessen das so häufig und schließen diejenigen aus, die anders sind als die Norm. Nein, wir dürfen die Homosexuellen nicht verurteilen oder sogar aus unseren Reihen ausstoßen, sondern sie tragen und ihnen Hilfe anbieten. Und das möchte ich in Zukunft in Form einer Beratungsstelle tun."

Der Gedanke an Silvio dämpfte ein bisschen unsere Freude. Venera nickte und meinte traurig: „Für Silvio können wir ja nun leider nichts mehr tun, außer Gott zu bitten, ihm gegenüber barmherzig zu sein. Aber ich möchte auch aus dieser Geschichte lernen und verständnisvoller gegenüber den Menschen sein, die anders sind als wir selbst und die wir deshalb nicht verstehen. Wie oft bauen wir mit unseren Vorurteilen eine Mauer zwischen uns und den anderen auf und sind dann nicht mehr in der Lage, diese wieder einzureißen."

Wir beteten miteinander, und ich spürte, dass mir dieses Mal die Worte tief aus dem Herzen kamen. Wahrscheinlich war mein Gebet immer noch unbeholfen, aber was war da schon dabei? Gott wusste schließlich, wie ich es meinte!

„Es wäre schön, wenn du noch ein bisschen bleiben könntest, wenigstens ein paar Tage", sagte Venera, als ich aufstand und allen eine gute Nacht wünschte. „Jetzt, wo der Druck von dir genommen ist, können wir uns bestimmt viel besser kennen lernen. Ja, vielleicht werden wir sogar Freundinnen! Und für unsere Kinder wäre das bestimmt auch eine prima Sache. Was meinst du, Sabrina?"

Ich umarmte Venera herzlich. „Danke für deine Einladung, aber eigentlich möchte ich so schnell wie möglich nach Hause. Die Kinder sind jetzt schon zu lange bei fremden Menschen gewesen, dass ich ihnen nicht noch mehr zumuten möchte. Aber lass uns diese Entscheidung erst morgen treffen, denn ich bin so müde, dass ich gar nicht mehr richtig denken kann. Morgen werde ich Kommissar Rollmann anrufen und natürlich auch Wolfgang und meine Mutter. Ach, die werden bestimmt staunen!" Vor lauter Müdigkeit konnte ich kaum noch einen zusammenhängenden Satz herausbringen.

Als ich in unser Zimmer kam, lagen die Kinder kreuz und quer in meinem Bett. Ich legte mich vorsichtig neben sie und schlief sofort ein. Aber immer wieder schreckte ich hoch, tastete nach ihren kleinen weichen Körpern und lauschte auf ihren Atem, um mich zu vergewissern, dass dies nicht nur ein schöner Traum war. Dann schloss ich wieder beruhigt die Augen, denn sie waren wirklich da, meine Kinder! Zwar trat mein kleiner Sohn im Schlaf mit seinen Speckbeinchen nach mir oder haute mir eines seiner kräftigen Ärmchen auf die Nase. Oder mein Töchterchen brabbelte im Traum vor sich hin, griff suchend nach mir und hielt mich fest, bis ihr Händchen wieder schlaff von mir abrutschte. Aber trotzdem hatte ich es noch nie in meinem ganzen Leben so genossen, mit zwei strampelnden, um sich tretenden, grunzenden und im Schlaf murmelnden Kindern auf engstem Raume in einem Bett zu liegen. Für nichts in der Welt hätte ich dieses Erlebnis eingetauscht!

Gleich am nächsten Morgen rief ich Kommissar Rollmann an und tat sehr geheimnisvoll: „Sie können Ihre Suchaktion getrost abbrechen, wenn Sie das nicht schon längst getan haben“, meinte ich und hatte richtig Mühe, meine Stimme nicht allzu triumphierend klingen zu lassen.

Der Kommissar begriff nicht sofort. „Was soll das heißen?“, fragte er missmutig. „Meinen Sie, wir sollen nicht länger . . . Aber wieso? Oder wollen Sie etwa sagen . . .“ So langsam schien ihm ein Licht aufzugehen.

Eigentlich wollte ich ihn ja noch ein bisschen auf die Folter spannen, aber ich hielt es nicht länger aus. „Ja, so ist es!“, jubelte ich laut und hätte vor Freude am liebsten den Telefonhörer abgeknutscht. „Sie leben! Meine Kinder leben und ich habe sie wieder! Stellen Sie sich vor, Herr Rollmann, ich habe sie gefunden, gesund und unversehrt!“

Ich hörte ein Geräusch, das einem Freudenschrei erstaunlich ähnlich war, obwohl ich mir eine solche Gefühlsäußerung bei Kommissar Rollmann kaum vorstellen konnte. Jedenfalls klang seine Stimme plötzlich ganz anders, ja richtig lebendig und freudig erregt, wenn das überhaupt möglich war.

Nach diesem Gespräch musste ich dauernd an zu Hause denken und spürte dabei einen Schmerz, der immer heftiger wurde. Ja, ich hatte Heimweh, zum ersten Mal in meinem Leben hatte ich Heimweh! Ich sehnte mich nach meinem kleinen Haus mit seinem wohl geordneten Chaos, nach dem Geruch von Farben und feuchten Pinseln in meiner Malerklause und nach einem Gespräch mit Wolfgang, dem ich von meiner Veränderung erzählen wollte. Zwar rechnete ich damit, dass Wolfgang mir in seiner prosaischen Art vorhalten würde, dass dies ein längst überfälliger Schritt gewesen sei und ich schon viel früher auf ihn hätte hören müssen. Aber egal, auch diese Vorstellung konnte mich nicht abschrecken: Ich wollte nur noch nach Hause!

Mit diesem sehnsuchtsvollen Gefühl rief ich Wolfgang an und erzählte ihm von meinem Glück. Eigentlich hatte ich vorgehabt, ihm auch noch zu berichten, dass ich nach vielen Irrwegen endlich zu Gott gefunden hatte. Aber seltsamerweise fiel es mir plötzlich ungemein schwer, ausgerechnet mit dem Menschen darüber zu reden, der sich sein Leben lang Mühe gegeben hatte, mich zu diesem Schritt zu bewegen. Wie sollte ich Wolfgang nur erklären, dass seine jahrelangen Bemühungen um mein Seelenheil mich völlig kalt gelassen hatten, während mich eine kurze Begegnung mit dem Kreuzesmann in Sekundenschnelle überzeugt hatte? Ich verstand es ja selbst nicht.

Also wartete ich auf Wolfgangs Kommentar, der nun unweigerlich kommen musste. Aber nichts dergleichen geschah. Dabei wäre es mir dieses Mal so entgegengekommen, wenn Wolfgang mich daran erinnert hätte, dass ich diesen Erfolg nicht meiner eigenen Geschicklichkeit, sondern allein Gott verdankte. Dann hätte ich einfach nur zustimmen und kein eigenes Bekenntnis ablegen müssen. Aber ausgerechnet heute sagte Wolfgang nichts dergleichen und ich war gezwungen, selbst die Initiative zu ergreifen und Farbe zu bekennen.

„Ich habe übrigens noch etwas gefunden, etwas Einmaliges, ungeheuer Wertvolles", begann ich zögernd. „Es ist so, dass ich . . . ich meine, dass Gott . . . Ach, ich glaube, das erzähle ich dir dann doch besser zu Hause! Ich werde in den nächsten Tagen zurückkommen."

„Schön", sagte Wolfgang ruhig, „ich freue mich so für dich. Aber lass dir ruhig Zeit!"

Ach, Wolfgang, du lieber, spröder, immer sachlicher Freund. Kannst du denn nicht einmal so richtig aus dir herausgehen und einfach mal deine Vernunft vergessen? Kannst du nicht mal vor Freude laut schreien, dummes Zeug quatschen und gleichzeitig lachen und weinen?

Natürlich sagte ich nichts dergleichen.

Trotz meines Heimwehs drängten die Kinder darauf, noch ein paar Tage bei Venera zu bleiben, denn sie verstanden sich auf Anhieb bestens mit den Zwillingen. Ich beobachtete meine beiden Kleinen, wie sie mit Adriana und Rinaldo im Garten spielten, sich gegenseitig mit Wasser bespritzten und dabei vor Vergnügen laut kreischten. Marcos kräftiges Körperchen war mittlerweile tiefbraun gebrannt und in seiner knappen Badehose sah mein kleiner Wonneproppen zum Anbeißen süß aus. Dagegen wirkte Chiara mit ihrer hellen, nur leicht getönten Haut und den von der Sonne in einem warmen Goldton gebleichten Haaren so zart und zerbrechlich, dass jeder in ihrer Umgebung unwillkürlich die Regung verspürte, das zierliche Persönchen zu beschützen. Auch Rinaldo war anfangs auf ihre scheinbare Hilflosigkeit hereingefallen, hatte aber schnell entdeckt, was für einen eisernen Willen meine kleine Tochter besaß. Und ich staunte immer wieder, wie sehr ich mich selbst in Chiara wieder fand.

Was für ein Geschenk, dass die furchtbaren Geschehnisse keine Narben und Risse in ihren empfindsamen Seelen hinterlassen hatten. Sie vergewisserten sich zwar immer mal wieder, ob ihre Mutter noch in ihrer Nähe war. Aber das war durchaus normal. Scheinbar hatten die beiden ihre unfreiwillig lange Reise bestens überstanden. Und das war schon Grund genug zur Dankbarkeit!

Aber ich machte mir auch Gedanken über unsere Zukunft, ja, manchmal überkam mich ein richtiges Angstgefühl. Wie würde sich unser zukünftiges Leben wohl gestalten? Konnte ich all den Anforderungen gerecht werden, die auf mich zukamen, und die Verantwortung und die Versorgung meiner Familie alleine bewältigen?

Venera, die meine Sorgen bemerkt hatte, bot mir ihre Hilfe an. Und zum ersten Mal in meinem Leben sprach ich offen über meine Ängste.

„Ich bin eine dumme Gans!“, schloss ich meine Schilderung. „Statt froh zu sein, mit meinen Kindern ein neues Leben beginnen zu können, fürchte ich mich mit einem Mal vor der Zukunft. Ich werde mir eine Arbeitsstelle suchen und eine gute Betreuung für die Kinder, denn ich muss schließlich die Miete und die laufenden Kosten für unser Haus bezahlen. Eine ganz schön große Verantwortung, die ich da habe, und ich fühle mich sehr allein dabei.“

Venera legte ihren Arm um mich. „Ach, Sabrina, du bist doch nicht allein! Glaubst du denn nicht, dass Gott dir auch weiterhin helfen wird? Außerdem hast du jetzt uns, deine neue Familie, und wenn du es willst, möchte ich dir Schwester und Freundin sein. Wann immer du Rat oder Hilfe brauchst, wir sind für dich da.“

Ach, diese Venera! Ich kannte sie erst ein paar Tage, aber wie viel Liebe und Freundschaft hatte sie mir in dieser kurzen Zeit schon geschenkt. War das nicht auch ein Grund zur Freude?

Ich lachte meine neue Freundin an und fühlte, dass alles gut werden würde. Nein, ich war nicht mehr allein und würde es auch nie wieder sein.

36

Was für eine Heimkehr wurde das!

Als ich in unsere Straße einbog, fühlte ich mich wie auf einem monumentalen Triumphzug. In meiner Phantasie drängten sich die Bewohner unserer Stadt – oder wenigstens unseres Blocks – vor ihren Häusern und winkten uns mit bunten Tüchern und Fahnen zu. Ich hörte ihre Hurrarufe, ihr Jubeln und Klatschen und sah mich selbst mit einem Kind an jeder Hand würdevoll den kurzen Weg vom Gehsteig bis zu unserer Haustür über einen blumenübersäten roten Teppich schreiten.

Natürlich war die Straße in Wirklichkeit menschenleer und mich erwartete ein leeres Haus. Aber was machte das schon? Die Kinder würden das stille Haus schon bald wieder mit Leben füllen.

Ich blieb noch ein paar Sekunden im Auto sitzen und betrachtete die Umgebung. Mir war, als sei ich eine halbe Ewigkeit weg gewesen, obwohl es doch nur gut zwei Wochen waren. Aber was für eine abenteuerliche Fahrt lag auch hinter mir, und wie viele fremde Menschen und Orte hatte ich kennen gelernt? Doch ich hatte auch gelernt, Dinge anders zu bewerten und mich selbst neu zu orientieren – ich war äußerlich und innerlich eine andere Frau geworden! Und trotz allem war ich noch immer Sabrina Rizzardi!

Die Haustür öffnete sich und meine Mutter trat aus dem Haus. Überrascht starrte ich sie an und wusste nicht, was ich davon halten sollte. Ich hatte sie zwar angerufen und ihr die wunderbare Neuigkeit erzählt, aber doch nie damit gerechnet, dass sie gleich hier auftauchen würde. Also, diese Frau war doch stets für eine Überraschung gut.

Für den Bruchteil einer Sekunde verspürte ich den Wunsch, Mutter schnellstens wieder loszuwerden. Doch dann sah ich die Chance, die ihre Anwesenheit uns bot, und war plötzlich sehr froh, sie zu sehen.

Ich sprang aus dem Auto und umarmte sie. „Mama“, sagte ich zärtlich, „Mama, wie schön, dass du da bist!“ Vergnügt betrachtete ich ihr verdutztes Gesicht und bemerkte, dass sie kaum glauben konnte, was sie da hörte.

Die Kinder waren inzwischen wach geworden und machten sich bemerkbar. Schon unterwegs hatte ich mir Gedanken darüber gemacht, wie sie wohl auf ihre alte Umgebung reagieren würden. Immerhin waren sie fast zwei Monate von zu Hause weg gewesen und hatten sich an fremden Orten und bei fremden Menschen aufgehalten. Bestimmt würde es für die Kleinen nicht leicht sein, sich wieder einzugewöhnen.

Behände wie ein kleines Wiesel sprang Chiara aus dem Wagen, umarmte stürmisch meine Mutter und rannte dann direkt ins Haus. Sie gebärdete sich, als wolle sie alles auf einmal in Besitz nehmen.

Marco dagegen blieb still im Auto sitzen, er betrachtete skeptisch seine Oma und das Haus und zögerte das Aussteigen ängstlich heraus.

„Komm, mein Schatz!“, munterte ich ihn auf und nahm ihn an die Hand. Ich fühlte, wie sein kleines Händchen feucht wurde und sich fest an mich klammerte. Seine Augen wirkten dunkel und riesengroß und sein rosiges Mündchen verzog sich weinerlich.

„Du musst keine Angst haben“, tröstete ich ihn und wuchtete sein rundes Körperchen auf meine Arme. „Halt dich einfach an mir fest! Wir beide werden jetzt zusammen ins Haus gehen und uns alles ansehen, einverstanden? Sieh mal, deine Schwester und deine Oma sind auch hier. Alles ist gut, hab keine Angst!“

Marco nickte und legte seine speckigen Ärmchen so fest um meinen Hals, dass ich kaum Luft bekam. Er bettete seinen dunklen Lockenkopf auf meine Schulter und ließ sich wie ein Baby ins Haus tragen. Er war jedoch inzwischen so schwer geworden, dass ich unter seinem Gewicht richtig keuchte und ihn im Flur auf den Boden stellen musste. Daraufhin bohrte er sein dickes Fäustchen ganz tief in meine Hand, als suche er dort Schutz, doch anschließend ließ er sich willig von mir durch das Haus führen. Mit großen Augen sah er sich um, berührte hier etwas mit den Fingerspitzen und strich dort vorsichtig über einen Gegenstand. Dabei ließ er mich die ganze Zeit über nicht ein einziges Mal los.

Als wir dann ins Kinderzimmer kamen, blieb er stehen und betrachtete skeptisch seine Spielsachen. Noch immer sagte er nichts, aber ich spürte, wie sich seine Hand mehr und mehr entspannte und sich schließlich ganz aus meiner löste. Und kurz darauf saß mein kleiner Marco mit zufriedenem Gesichtchen auf dem Fußboden und beschäftigte sich aufmerksam mit seinen lang entbehrten Spielsachen.

„Alles in Ordnung, mein Schatz?“, fragte ich.

„Hmm!“, machte Marco nur und sah nicht einmal auf.

„Kann ich dich jetzt allein lassen?“, fragte ich besorgt.

Marco sah mich entrüstet an. „Na klar, bin doch schon groß!“, meinte er vorwurfsvoll. Und als ich verdattert aus dem Zimmer schlich, rief er mir nach: „Und morgen geh ich wieder in den Kindergarten, muss unbedingt mein Schiff fertig bauen. Die wundern sich bestimmt alle schon, wo ich so lange bin!“

Unglaublich! Marco ging einfach zur Tagesordnung über und machte genau da weiter, wo er vor zwei Monaten aufgehört hatte. Die Zeit dazwischen schien für ihn keine Rolle zu spielen.

Beruhigt ging ich ins Wohnzimmer, wo Chiara um meine Mutter herumsprang und ihr brühwarm die aufregendsten Abenteuer schilderte. Anschaulich und mit einigen Übertreibungen gewürzt, beschrieb sie die tollsten Erlebnisse und sonnte sich dabei in Mutters Bewunderung.

Genau wie ich früher, stellte ich fest und berichtigte ihre blumigen Erzählungen, dass die wolligen Tiere auf den Bergweiden nicht Bären, sondern Schafe hießen und dass Elefanten und Tiger dort oben im Allgemeinen kaum vorkamen. Und als Chiara Francescos Haus als einen schneeweißen Königspalast mit tausend Zimmern und haufenweise Bediensteten beschrieb und den kleinen Swimmingpool in ein von wilden Stürmen gepeitschtes Meer verwandelte, mahnte ich dann doch leise die Wahrheit an. Aber Chiara ließ sich kaum beirren und setzte schon wieder zu einer ihrer phantastischen Schilderungen an, als ich mich schließlich einmischte: „Komm, Chiara, lass uns jetzt deine Sachen holen und nach oben bringen!“

„Später“, wich Chiara aus und plapperte so hastig drauflos, dass ich sofort begriff, wie sehr mein Töchterchen litt.

„Komm, Schatz, lass uns raufgehen und auspacken! Ich helfe dir auch dabei“, drängte ich sie, weil mir klar war, dass sie Angst hatte. Aber sie ignorierte mich einfach, redete und redete und wurde dabei immer hektischer. Erst nach langem Zureden war sie bereit, mit mir zu gehen.

In ihrem Zimmer blieb sie mitten im Raum stehen und rührte sich nicht von der Stelle. Ich packte ihre Sachen aus und beobachtete dabei, wie sie dastand und schweigend vor sich hinstarrte. Richtig verloren sah mein kleines Mädchen aus.

„Komm zu mir, Chiara!", ermunterte ich sie, bekam aber keine Antwort. Da nahm ich sie einfach in die Arme und sah, dass dicke Tränen über ihr Gesichtchen kullerten. Lautlos betete ich, dass Gott ihr half, ihren Schmerz herauszulassen und zu überwinden.

„Mein Papi!", schluchzte Chiara plötzlich wild auf und klammerte sich fest an mich. „Ach, mein Papi! Ist er wirklich tot und kommt nie wieder?"

Mir wurde schwer ums Herz, als ich sie so klagen hörte. Es erinnerte mich daran, was in mir vorgegangen war, als Vater uns wegen einer anderen Frau verlassen hatte. Damals hatte ich mich schuldig gefühlt, weil ich so ein „unmögliches Kind" gewesen war, und Mutter hatte auch noch Öl ins Feuer gegossen, indem sie meine Schuldgefühle schürte, um mich dadurch gegen Vater einzunehmen. Wie elend war mir zumute gewesen und wie sehr hatte diese Sache dazu beigetragen, mich innerlich noch weiter von Mutter zu entfernen. Nein, so etwas sollte meiner Tochter nicht passieren!

„Chiara", begann ich vorsichtig, „dein Papi kann leider nicht mehr zu uns kommen. Er ist gestorben und darüber sind wir alle sehr traurig. Aber weißt du, Schatz, dein Papi lebt jetzt bei Gott in einer anderen Welt, wo es wunderschön ist, noch viel schöner als hier. Wir können ihn zwar nicht sehen, aber er sieht dich und freut sich, wenn es dir gut geht, denn er hat dich ganz doll lieb! Auch wenn er es dir nicht mehr selber sagen kann!"

Sicher waren meine Worte nach kinderpsychologischen und theologischen Gesichtspunkten nicht sehr qualifiziert, aber meiner kleinen Tochter taten sie gut und das war die Hauptsache.

Ihr verzweifeltes Schluchzen ebbte allmählich ab, sie schniefte noch ein paar Mal auf und verlangte dann aber energisch: „Und morgen fahren wir zu Papis Grab und legen Blumen drauf!"

„Ja, Liebling, das machen wir! Und einen Grabstein mit seinem Namen werden wir auch gleich bestellen. Einverstanden?"

Chiara nickte zufrieden. „Und dann brauch ich auch noch einen Schultornister und ein Schreibetui! Ich komme doch bald in die Schule! Und wenn ich dann schreiben kann, werde ich Carmela ganz viele Briefe schreiben. Wie lange dauert das noch, bis ich schreiben kann, Mami?"

Beruhigt atmete ich auf. Die Kinder waren erst einmal versorgt, und ich durfte hoffen, dass sie so nach und nach über den Tod ihres Vaters hinwegkommen würden. Chiara würde sicherlich noch manche Träne vergießen und Marco noch häufiger nach seinem Papi fragen, bevor sie die Wahrheit verstanden und akzeptierten.

Die Wahrheit? Musste ich den Kinder eigentlich die Wahrheit über Silvios Tod erzählen? Und wie sah diese Wahrheit überhaupt aus? Silvios Tod war mir nach wie vor ein Rätsel und ob sich dieses Rätsel jemals lösen würde, war schon sehr fraglich.

Wie versprochen, besuchten wir Silvios Grab und legten drei bunte Blumensträuße darauf, für jeden von uns einen. Wieder stellten die Kinder viele Fragen über den Tod und wollten wissen, wie ein Mensch in der Erde liegen und gleichzeitig vom Himmel herabsehen kann. Ich beantwortete alles so gut ich konnte, spürte aber auch, wie wenig ich selbst über den Tod und ein Weiterleben danach wusste. Ja, es wurde höchste Zeit für mich, mich mit diesen elementaren Dingen auseinander zu setzen.

„Ob Papi uns jetzt wirklich sieht?", fragte Chiara kläglich und wischte sich ein paar Tränen vom Gesicht. „Wenn er im Himmel ist, kann er uns doch überall sehen, oder? Von da oben kann er das bestimmt viel besser."

Ich drückte meine kleine Tochter fest an mich und nickte. Marco suchte mit großen Augen den Himmel ab und fragte wissbegierig: „Und der Gott? Is' der immer da oben und guckt runter, auch wenn da Wolken vor sind? Und wenn mal ein Flugzeug vorbeikommt und ihn nicht sieht, gibt es dann einen Zusammenstoß?"

Trotz unserer Trauer musste ich über Marcos Vorstellungen lachen. Aber mir wurde auch bewusst, wie sehr ich ihre Seelen vernachlässigt hatte. Umso wichtiger war es jetzt, den beiden das nahe zu bringen, was ich selbst in so wunderbarer Weise geschenkt bekommen hatte, wenn auch erst recht spät. Gleich morgen wollte ich eine Kinderbibel besorgen und den Kindern jeden Tag daraus vorlesen.

Als wir den Friedhof verließen, spürte ich, dass Silvios Schatten verblasst war und nicht länger mein Leben verdunkelte. Von meiner einst so großen Liebe war nichts anderes übrig geblieben als Mitleid für einen innerlich zerrissenen Menschen. Silvios Betrug schmerzte zwar noch immer, belastete mich aber nicht mehr, denn ich hatte ihm vergeben – aus ganzem Herzen vergeben. Aber würde ich eines Tages auch vergessen können? Oder würde ich erst dann wirklich frei sein, wenn sich das Geheimnis um Silvios Tod gelüftet hatte? Sollte ich noch einmal zu Christian Frerichs fahren und ihn befragen?

Noch bevor ich dazu eine Entscheidung treffen konnte, rief Kommissar Rollmann an. Bereits eine Stunde später war er da und sprach mit Chiara und Marco einige belanglose Worte. In seinem Gesicht war tatsächlich so etwas wie Freude zu erkennen, ja, hin und wieder spielte sogar ein kleines Lächeln um seine Mundwinkel. Nur seine Augen blieben nach wie vor ernst.

„Ich bin sehr froh über diesen guten Ausgang", sagte er, nachdem ich ihm alles erzählt hatte und ihn zur Tür begleitete. „Leider ist das nicht die Regel."

Ich nickte ihm zu und reichte ihm die Hand. Doch dann fiel mir plötzlich etwas ein. „Bitte, sagen Sie mir noch eins. Was haben Sie gedacht, als meine Kinder verschwunden waren? Haben Sie wirklich geglaubt, dass sie tot seien und ich vielleicht an ihrer Ermordung beteiligt gewesen sein könnte?"

„Nun ja", gab der Kommissar zu, „ich hatte nicht viel Hoffnung, Ihre Kinder lebend wieder zu finden. Außerdem musste ich alle Möglichkeiten in Betracht ziehen, und eine dieser Möglichkeiten waren nun einmal Sie, die Mutter."

Ich sah ihn entsetzt an. „Sie haben mich also tatsächlich verdächtigt, eine Mörderin zu sein? Sie haben geglaubt, ich könnte meinen eigenen Kindern so etwas Schreckliches antun?", stammelte ich.

„Ach, Frau Rizzardi", seufzte der Kommissar, „was glauben Sie, wozu wir Menschen fähig sind, selbst scheinbar so normale Leute wie Sie und ich! In all den Jahren meiner Tätigkeit habe ich gelernt, mich über nichts mehr zu wundern. In uns Menschen steckt so viel Unbekanntes und Furchterregendes, dass niemand sich davon freisprechen kann, in gewissen Situationen abnorme Dinge zu tun."

„Aber es gibt doch auch Menschen, in denen viel Gutes steckt", behauptete ich eigensinnig und dachte an Raffaele, an Venera und Francesco, an Maria und ihren Mann. „Das habe ich gerade selbst erfahren."

Der Kommissar schüttelte zweifelnd den Kopf. „Gott erhalte Ihnen Ihre Ahnungslosigkeit“, sagte er ironisch. Aber als er mein betroffenes Gesicht sah, fuhr er beschwichtigend fort: „Möglich, dass es irgendwo auf dieser Welt noch Menschen gibt, die uneigennützig Gutes tun oder es zumindest versuchen. Aber in meinem Beruf werde ich fast immer nur mit den düsteren Seiten des Lebens konfrontiert, da ist mein Blick sicher ein wenig verdunkelt.“

„Armer Herr Rollmann“, sagte ich und sah ihm nach, wie er mit hängenden Schultern zu seinem Auto ging. „Viel Glück!“, rief ich ihm nach, und als er sich noch einmal umdrehte und mich fragend ansah, ergänzte ich rasch: „Ich wünsche Ihnen, dass Ihr Blick ganz hell wird und dass Ihr nächster Fall genauso gut ausgeht wie meiner!“

Er lächelte ein wenig, hob seine Hand und winkte mir zu.

37

Ich ließ die Kinder in Mutters Obhut und fuhr am nächsten Morgen los, um Christian Frerichs zu besuchen. Marco vergoss zwar ein paar Tränchen und auch Chiara jammerte ein bisschen herum. Aber als ich versprach, so schnell wie möglich zurückzukommen, ließen sie mich schweren Herzens ziehen.

Bei meinem letzten Besuch hatte ich mir geschworen, Silvios Wohnung nie wieder zu betreten. Aber da ich jetzt schnellstens eine Entscheidung treffen musste, was mit Silvios Sachen geschehen sollte, machte ich noch eine Ausnahme. Sicher war es das Beste, wenn ich alles verkaufte, um wirklich frei von den Erinnerungen zu sein, überlegte ich und nahm gleich Kontakt zu einer Firma auf, die sich um Wohnungsauflösungen kümmerte.

Nun hatte ich den Kopf frei und konnte mich um Christian Frerichs kümmern. Vergeblich versuchte ich, ihn telefonisch zu erreichen, und als ich deswegen in der Klinik nach ihm fragte, erhielt ich die überraschende Antwort, dass Dr. Frerichs dort nicht mehr beschäftigt sei. Also entschloss ich mich, es gegen Abend direkt in seiner Wohnung zu versuchen. Auf dem Weg dorthin schickte ich ein Stoßgebet nach dem anderen gen Himmel, denn mir war klar, dass ich in einer schlechten Ausgangsposition war und meinen Gegner kaum gegen seinen Willen dazu bringen konnte, mit der Wahrheit herauszurücken. Aber dennoch wollte ich es wenigstens versuchen. Mit klopfendem Herzen drückte ich auf den Klingelknopf und war fast erleichtert, als mir niemand öffnete. Aber gerade, als ich schon wieder gehen wollte, trat eine Frau aus dem Haus und hielt mir einladend die Tür auf.

„Danke sehr", sagte ich und rannte schnell die Treppe hinauf, bevor mich der Mut wieder verließ. Im Hausflur sah ich mich kurz um, presste dann mein Ohr an die Tür seiner Wohnung und hörte von drinnen Musik und Stimmen wie von einer Radio- oder Fernsehsendung. Dr. Frerichs war also zu Hause und wollte nur nicht öffnen!

Jetzt erst recht, so schnell wird man mich nicht los! Ich klingelte Sturm, und als sich drinnen immer noch nichts regte, legte ich meinen Daumen fest auf den Klingelknopf, während ich gleichzeitig mit der anderen Hand kräftig gegen die Tür schlug.

Na endlich! Ich merkte, dass jemand vorsichtig hinter der Tür herumschlich und mich beobachtete. Blitzschnell riss ich den Kopf hoch, drückte meine Augen von außen gegen den Türspion und bekam gerade noch mit, wie sich drinnen ein Schatten von der Tür zurückzog.

Und genau das war meine Chance! Mit beiden Händen schlug ich gegen die Tür und rief laut: „Herr Dr. Frerichs, machen Sie doch endlich auf! Ich weiß, dass Sie da sind! Soll denn jeder hier im Haus mitkriegen, was mit Ihnen los ist und was Sie mit meinem Mann gemacht haben?"

Ich musste wohl den Nagel auf den Kopf getroffen haben, obwohl ich nicht die geringste Ahnung hatte, was ich mit meinen Andeutungen eigentlich sagen wollte. Jedenfalls hörte ich, wie sich der Schlüssel im Schloss drehte und die Tür langsam geöffnet wurde.

Christian Frerichs stand im Türrahmen, er ließ mich schweigend eintreten und schloss die Tür sofort wieder, als habe er Angst vor heimlichen Zuhörern.

Ich betrachtete den jungen Mann, der nach Alkohol und menschlichen Ausdünstungen roch und so gar nicht mehr dem geschniegelten und gestriegelten Schönling glich, den ich vor ein paar Wochen kennen gelernt hatte. Sein Gesicht war blass und seine Augen lagen tief in ihren Höhlen.

„Was wollen Sie?", fragte er und ging mir ins Wohnzimmer voran. Ich folgte ihm einfach, blieb an der Tür stehen und betrachtete das Chaos. Schmutziges Geschirr mit eingetrockneten Essensresten stand auf dem Tisch, daneben benutzte Gläser, in denen teilweise Zigarettenkippen schwammen. Auf der weißen Ledergarnitur lagen zusammengeknüllte Kleidungsstücke und zerfledderte Zeitungen und der helle Teppichboden war mit hässlichen Flecken übersät.

Frerichs bemerkte meinen Blick und sagte schnippisch: „Ja, das war schon 'ne recht wilde Party. Aber Sie sind bestimmt nicht hierher gekommen, um mir eine Moralpredigt zu halten oder meine Ordnungsliebe zu kontrollieren, oder? Also bitte schön, Verehrteste, Ihr Bild steht im Flur bereit! Nehmen Sie es und verschwinden Sie!"

Erst jetzt bemerkte ich, dass mein „Mann im Spiegel" nicht mehr an der Wand hing. Aber ich antwortete nicht, sondern fixierte meinen Gegner so ruhig wie möglich. Mir war klar, dass ich äußerst klug vorgehen musste, wenn ich ihn überrumpeln wollte. Aber was war schon klug?

„Ich weiß alles", sagte ich ohne Vorwarnung einfach so ins Blaue hinein und blickte Christian fest an. „Sie und Silvio waren ein Liebespaar, bis Andrea Lombardo dazwischenfunkte und Ihre Beziehung zerstörte."

Christian erschrak keineswegs, sondern lächelte nur anzüglich. „Richtig, Verehrteste", spottete er. „Und um das herauszufinden haben Sie solange gebraucht? Herzlichen Glückwunsch, Sie Meisterdetektivin."

„Ihnen wird das Lachen noch vergehen, Herr Doktor, denn jetzt wird die Sache ja erst richtig interessant", stach ich weiter ins Wespennest. „Sie haben gewusst, dass Silvio sich mit meinen Kindern nach Italien absetzen wollte und haben die Arbeit der Polizei behindert, weil Sie Ihr Wissen nicht weitergegeben haben! Das ist schon mal der erste Straftatbestand. Der Zweite ist, dass Sie Silvio aus Italien zurückgelockt haben, um ihn . . ."

Ich machte eine kunstvolle Pause, um Zeit zu gewinnen. Was sollte ich bloß sagen? Ich hatte doch keine Ahnung, wie es wirklich gewesen war, und mir fiel auch nichts ein, was Silvios Rückkehr auch nur im Entferntesten erklärt hätte. Aus lauter Verzweiflung griff ich nach dem uralten Trick, mit dem Mutter Vater und mich früher immer hereingelegt hatte: Mit all der mir zur Verfügung stehenden Schauspielkunst mimte ich die am Rande eines Nervenzusammenbruchs stehende junge Witwe, presste verzweifelt die Hände gegen mein Herz und rief theatralisch: „Warum, Christian? Warum haben Sie so etwas Furchtbares getan? Warum haben Sie den armen Silvio in den Tod getrieben?“ Richtig bühnenreif schlug ich meine Hände vors Gesicht, schwankte mit dem Oberkörper hin und her und tat, als würde mich der Schmerz jeden Moment in Ohnmacht sinken lassen.

Mein Verhalten verfehlte seine Wirkung nicht. Erschrocken fragte Christian: „Aber woher wissen Sie denn . . .“ Mit einer kurzen Handbewegung fegte er ein paar Kleidungsstücke vom Sessel und bat mich Platz zu nehmen. Sekundenlang stand er hilflos neben mir, rannte dann in die Küche und kam mit einem Glas Wasser zurück.

Auf dem Höhepunkt meiner Schauspielkunst angelangt, nippte ich mit zitternden Lippen an dem Glas – natürlich nicht, ohne mich vorher zu vergewissern, dass es auch sauber war – und sank dann kraftlos in den Sessel zurück. Wie im tiefsten Schmerz presste ich meine Fingerspitzen gegen die Schläfen, schloss die Augen bis auf einen kleinen Spalt und wimmerte kraftlos: „Warum haben Sie das getan? Warum musste der arme Silvio sterben, wo Sie ihn doch einmal geliebt haben? Warum haben Sie meinen armen Kindern den Vater genommen? Wie konnten Sie nur so grausam sein? Sie als Arzt sollten doch eigentlich der Hüter des Lebens sein.“

Au weia, jetzt begann ich zu übertreiben.

Aber scheinbar waren meine Worte genau richtig, um Christian Frerichs aus der Fassung zu bringen. Denn als er sich eine Zigarette anzündete und eins der schmutzigen Gläser nahm, um etwas von einer trüben Flüssigkeit in sich hineinzuschütten, zitterten seine Hände sehr stark. Entweder war der Mann ein noch besserer Schauspieler als ich, oder ich hatte mitten ins Schwarze getroffen.

„Aber das habe ich doch nicht gewollt, wirklich nicht“, stöhnte er plötzlich auf. „Ich wollte Silvio doch nur einen Schrecken einjagen.“

Sein Gesicht war jetzt so blass, dass ich Angst hatte, dass nun er statt meiner einen Schwächeanfall erlitt. Jedenfalls war er so erschüttert, dass er keinen Verdacht zu schöpfen schien, als es mir von einer Sekunde auf die andere besser ging.

„Als Silvio mich aus Italien anrief und mir erklärte, dass er . . . dass er . . .", Christian konnte nicht weiterreden, er trank wieder aus dem schmutzigen Glas und zog heftig an seiner Zigarette.

„Dass er für immer dort bleiben will", ergänzte ich gnadenlos und blickte meinen Gegner fest an. „Da haben Sie ihn mit einem Trick zurückgelockt und in den Tod getrieben, Herr Dr. Frerichs! Sie, Sie sind schuld!"

„Aber ich wollte doch nur . . .", wandte Christian ein.

„Was wollten Sie?", nutzte ich meine Chance. „Ich möchte eine Erklärung für Ihr Verhalten, sonst . . . sonst werde ich die Polizei informieren!"

Aber mit dieser Drohung hatte ich wohl einen Fehler gemacht, denn Christian richtete sich nun kerzengerade auf. „Na und", konterte er, „glauben Sie, dass Sie mir damit noch Angst machen können? Sehen Sie mich doch an, ich bin am Ende, so oder so!" Seine Augen flackerten und brannten wie im Fieber.

Ich verstand diesen Frerichs nicht. Nun gut, er hatte seinen Freund und Geliebten verloren, und das durch seine eigene Schuld. Aber das war immerhin schon ein paar Wochen her. Quälte ihn sein schlechtes Gewissen so sehr, dass er keine Ruhe fand?

Mir blieb nichts anderes übrig, als weiter blind in der Wunde herumzustochern. „Man wird Sie zur Rechenschaft ziehen, und alle werden mit Fingern auf Sie zeigen!", prophezeite ich dumpf.

„Ach, lassen Sie doch diese Drohungen!", meinte Frerichs mit einem resignierten Achselzucken. „Was wollen Sie denn noch von mir? Sie sehen doch, wie es um mich steht!"

Ich spürte, dass ich nur noch Millimeter von meinem Ziel entfernt war. Jetzt kam es drauf an. Jetzt durfte ich keinen Fehler machen.

„Ja", erwiderte ich brutal. „Ja, ich sehe, wie es Ihnen geht, und es geschieht Ihnen ganz recht. Denn Sie machen jetzt genau das durch, was Sie Silvio zugedacht haben. Jetzt fällt Ihr Plan auf Sie selbst zurück!"

Überrascht hob Christian den Kopf. „Woher wissen Sie?"

„Silvio hat vor seinem Tod eine Bekannte ins Vertrauen gezogen!", log ich frech, weil ich mir nicht anders zu helfen wusste.

Christian hob hilflos die Schultern. „Nun gut, was habe ich schon zu verlieren?", meinte er tonlos. „Ja, ich habe Silvio wirklich geliebt, und was habe ich nicht alles für ihn getan! Durch mich hat er die Stelle im Krankenhaus bekommen, ich habe ihm die Wohnung besorgt, sie mit ihm zusammen eingerichtet und und und. Aber dann tauchte dieser Andrea Lombardo auf und Silvio war plötzlich wie ausgewechselt! Mit einem Mal war ich abgemeldet und spielte in seinem Leben keine Rolle mehr! Ich litt furchtbar, denn ich liebte Silvio noch immer und wollte ihn nicht verlieren. Aber Silvio nahm keine Rücksicht auf meine Gefühle, sondern erklärte mir einfach so nebenbei, dass er mit Andrea nach Italien gehen wolle. Ich war am Ende, wirklich am Ende und wollte nur, dass er zu mir zurückkommt. Allein deshalb habe ich ihn angerufen und von der Krankheit erzählt!"

„Von welcher Krankheit?", entfuhr es mir erregt.

Mein Gegner musterte mich misstrauisch und fragte patzig: „Ich denke, Sie wissen schon alles!"

Meine Reaktion kam blitzschnell. „Ja, richtig, Silvios Bekannte sprach von einer seltsamen Krankheit, konnte aber nicht sagen . . ." Ich wusste nicht weiter, ich hatte irgendwie den roten Faden verloren. Um die Lücke zu füllen, wich ich auf Vorwürfe aus: „Wie konnten Sie nur so mit einem Menschen umgehen, den Sie doch immerhin einmal geliebt haben? Warum wollten Sie Silvio zerstören?", fragte ich einfach in den blauen Dunst hinein. Und wunderbarerweise ging meine Rechnung auf.

„Das war ja gar nicht meine Absicht", erwiderte Christian mit müder Stimme. „Als ich Silvio in Italien anrief, habe ich es nur aus Liebe getan! Silvio sollte begreifen, wie wichtig er mir war und wie sehr ich ihn brauchte. Natürlich hätte ich ihm später die Wahrheit gesagt. Aber er reagierte so ganz anders, als ich gedacht hatte. Denn als ich ihm von der Krankheit erzählte, kam er nicht etwa hilflos zu mir gekrochen, sondern rastete völlig aus und schlug mich sogar. Und da wurde ich eben wütend und zeigte ihm den Befund über seine HIV-Infektion!"

Nun hielt mich nichts mehr auf meinem Sessel. „Was? Silvio hatte Aids?", schrie ich unbeherrscht. „Aber wieso hat das denn niemand herausgefunden, die Polizei oder das Krankenhaus? Warum haben die mir nichts gesagt?" Jetzt brach ich doch tatsächlich in echte Tränen aus.

Christian sah mich verdutzt an. „Ach, Sie wussten gar nicht, dass er . . .", stammelte er und begriff, dass ich ihn hereingelegt hatte.

Eine Weile herrschte Schweigen zwischen uns. Man hörte nur Christians keuchenden Atem und mein unterdrücktes Schluchzen. Verzweifelt versuchte ich einen klaren Gedanken zu fassen. Silvio war also HIV-positiv gewesen und hatte sich in einer Art Schockzustand der Konsequenz seiner Krankheit entzogen! Aber wieso hatte man das bei der gerichtsmedizinischen Untersuchung nicht festgestellt? Und warum hatte sich der Arzt, der die Krankheit diagnostiziert hatte, nicht nach Silvios Selbstmord gemeldet und zur Aufklärung beigetragen? Wie viel Ungewissheit wäre mir damit erspart geblieben.

Mit einem verzerrten Lächeln klärte Frerichs mich auf: „Das konnte auch niemand feststellen, weil es nämlich gar nicht stimmte! Das Papier war nämlich gefälscht!"

Jetzt begriff ich erst richtig: Es war Rache, niederträchtige Vergeltungssucht! Christian hatte Silvio in den Tod geschickt, weil dieser ihn verlassen hatte.

Wutentbrannt sprang ich auf und hob meine Hand, um Frerichs ins Gesicht zu schlagen. Doch mitten in der Bewegung hielt ich inne und betrachtete die jämmerliche Gestalt vor mir. In den Augen des jungen Arztes stand die pure Angst. Wovor fürchtete sich dieser Mann wohl, der mit ein paar Federstrichen das Leben eines Menschen ausgelöscht hatte? Ich hatte doch keinerlei Beweise gegen ihn!

„Aber wieso hat Silvio sich dann umgebracht, wenn es gar nicht stimmte? Warum haben Sie ihm später nicht die Wahrheit gesagt?"

„Das wollte ich ja", fuhr Christian fort. „Ich konnte doch nicht ahnen, dass Silvio so ausrasten würde und gleich . . . Er sollte nur ein wenig leiden, so wie ich auch gelitten hatte! Nur kurze Zeit später hätte ich ihm alles gesagt und mich mit ihm versöhnt. Aber er rannte einfach davon und sprang von dieser Brücke, noch bevor ich . . . Es brach mir fast das Herz, als ich davon hörte. Aber es war zu spät!"

„Oh ja, es war zu spät, zu spät für Silvio, aber nicht für Sie!", rief ich aufgebracht. „Sie sind ein Schuft, Frerichs, ein ganz mieser und gemeiner Schuft! Ich werde Sie anzeigen, damit Sie bestraft werden!"

Erstaunlicherweise zeigten meine Worte keine Wirkung. „Ach, Gnädigste, ich soll bestraft werden?", lächelte Frerichs ironisch. „Aber ich kann Sie beruhigen, das ist längst geschehen! Was glauben Sie denn, für wen das Attest in Wirklichkeit bestimmt gewesen war?"

Langsam begriff ich. Ein Schauer lief mir über den Rücken.

Frerichs baute sich vor mir auf und sagte voller Bitterkeit: „Sehen Sie mich doch mal genau an, Verehrteste, dann wissen Sie es! Verstehen Sie jetzt, das Attest trug ursprünglich meinen Namen. Ich bin es, der diese Krankheit hat, ich werde elendig krepieren! Ich, ich! Freut Sie das nicht?"

Wie vom Donner gerührt stand ich da und brachte kein Wort hervor.

„Ich kann nicht mehr arbeiten und nicht mehr schlafen, ich denke Tag und Nacht nur daran, wie ich einmal enden werde! Und dabei bin ich allein, vollkommen allein!", rief Christian hysterisch. „Und da kommen Sie daher und sprechen von Bestrafung? Dass ich nicht lache!"

„Aber so schnell kann die Krankheit doch gar nicht ausbrechen", stammelte ich töricht. „Es kann doch noch Jahre dauern, bis das geschieht. Außerdem gibt es heute schon Behandlungsmethoden und Sie könnten . . ."

Christian lachte bitter auf. „Ja, sicher, ich kann auf ein Wunder hoffen und dabei mein jämmerliches Ende immer vor Augen haben. Ich könnte natürlich auch in meiner alten Umgebung bleiben und mit Leuten umgehen, die sich vor mir ekeln und denen schon der Schweiß ausbricht, wenn sie mich nur zu Gesicht bekommen. Nein, meine Liebe, ich habe keine Chance! Als Arzt weiß ich genau, was mir bevorsteht, und das ist es, was mich fertig macht, noch bevor die Krankheit das tun kann. Manchmal denke ich, dass es für mich besser wäre, den schnellen Tod zu wählen, wie Silvio es getan hat, als auf ein grauenhaftes Ende zu warten."

Ich sprang auf und lief zur Tür. Nein, hier konnte ich keine Minute länger bleiben. In der Diele griff ich nach meinem Bild, das an der Wand stand, und rannte davon, ohne mich noch einmal umzusehen.

38

Nur weg von hier, weg aus diesem Haus, weg aus dieser Stadt! Nicht eine Minute länger als nötig wollte ich in der Nähe dieses Menschen verbringen.

Ich überlegte nicht lange, steckte den Wohnungsschlüssel in einen Briefumschlag, schrieb eine Notiz und eine Vollmacht für die Wohnungsauflösung und warf alles in den Briefkasten des Hausmeisters.

„Nach Hause, nach Hause!“, hämmerte es in meinem Kopf, während ich ohne Pause über die nächtliche Autobahn jagte. Zu Hause warteten Chiara und Marco auf mich und würden bestimmt jubeln, dass ich so schnell zurückkam. Wie sehr freute ich mich auf meine Kinder, ja sogar auf Mutter, auch wenn sie mir wahrscheinlich schon in ein paar Stunden wieder auf die Nerven gehen würden! Ja, und mit Wolfgang wollte ich sprechen, wollte ihm endlich erzählen, was mit mir geschehen war. Ich verstand selbst nicht so recht, warum es mir so schwer fiel, ihm zu sagen, dass auch ich in Zukunft den Weg gehen wollte, den er von Kindesbeinen an als „den guten Weg“ erkannt hatte.

Erst jetzt wurde mir richtig klar, was für eine verdrehte Person ich früher gewesen war! In meinem Streben nach dem „besonderen Leben“, nach Zuneigung und Anerkennung, hatte ich mit sicherem Instinkt immer die falsche Richtung eingeschlagen. Und um das zu vertuschen, hatte ich irgendwelche Rollen gespielt, die mich selbst davon überzeugen sollten, dass alles gut und richtig sei. Mit allen Mitteln hatte ich versucht, meinen Willen durchzusetzen, und dabei meist daneben gegriffen. Ich hatte von meinen Mitmenschen Zuwendung erwartet, ohne selbst etwas zu geben. Und um nicht preisgeben zu müssen, wer ich wirklich war, hatte ich anderen die kalte Schulter gezeigt, obwohl ich mich nach ihrer Liebe sehnte. Ich hatte die Gleichgültige gespielt, wenn ich ihre Anerkennung gebraucht hätte, und hatte Wärme und Geborgenheit abgelehnt, weil ich befürchtete, meine Unabhängigkeit zu verlieren. Ja, ich war immer eine verzweifelt Suchende gewesen, hatte mir aber stets selbst vorgemacht, schon längst am Ziel zu sein! Was für ein Dilemma! Warum hatte ich nie den Mut besessen, zu mir selbst, zu meinem armseligen kleinen Ich zu stehen und mich einfach so zu geben, wie ich nun einmal war, so ängstlich und unsicher und voller ungestillter Sehnsüchte?

Es war schon seltsam, dass ich ausgerechnet auf der nächtlichen Autobahn die Anwort auf meine Fragen erhielt. Ja, ich erkannte, dass ich die Wahrheit aus meinem Leben verdrängt hatte, weil ich mich vor ihr fürchtete, weil ich Angst hatte, die anderen könnten entdecken, wer ich wirklich bin, und mich dann verachten. Von Kindheit an hatte ich mich minderwertig gefühlt und geglaubt, dies durch mein besonders forsches Auftreten verbergen zu müssen. Aber jetzt konnte ich mich endlich aus dieser Rolle befreien und zu meinem Ursprung zurückfinden, weil ich das liebevolle Gesicht Gottes entdeckt hatte. Staunend begriff ich, dass sich Wahrheit und Liebe keineswegs ausschließen – wie ich es bisher geglaubt hatte –, sondern dass sich beides in der Person Jesu Christi vereint und ergänzt. Und diese Erkenntnis war das Beste, das mir widerfahren konnte, denn durch Gott fand ich zur Quelle des Lebens, zu meinem Ursprung zurück. Und diese Quelle würde sprudeln und sprudeln, ohne je zu versiegen!

Es war bereits nach Mitternacht, als ich in unsere Straße einbog. Ich hielt an, blickte auf das friedlich daliegende Haus, dessen Fenster sich im Mondlicht spiegelten, und auf die Bäume dahinter, die sich im diffusen Licht schattenhaft abhoben. Und plötzlich wirkte das alles wie ein kleines Paradies auf mich. Ich war so glücklich, wieder hier zu sein, dass ich am liebsten mit beiden Händen auf die Hupe geschlagen hätte, um aller Welt meine Freude mitzuteilen. Das hier war mein Heim, mein Zuhause. Hier durfte ich mit mir und anderen ehrlich umgehen, hier durfte ich Offenheit zeigen und ganz ich selbst sein! Das Leben da draußen war hart und grausam, verlogen und voller Heuchelei. Aber hier, in meinem Heim, sollte es in Zukunft anders zugehen, hier sollte ein neuer Geist wehen, sollten Offenheit und Liebe herrschen!

Ich ging ins Haus, stieg die Treppe hinauf und sah in die Zimmer der Kinder. Marco lag in seinem Bettchen und hielt im Schlaf sein Stofftier fest in den Armen. Als ich ihn zart streichelte, bewegte er sich im Schlaf, warf eines seiner dicken Beinchen auf die Bettdecke und spitzte sein rosiges Mündchen so niedlich, dass ich nicht anders konnte, als ihm schnell einen Kuss auf sein vom Schlaf erhitztes Gesichtchen zu drücken.

Dann ging ich zu Chiara hinüber und betrachtete meine hübsche kleine Tochter. Mit ihren über das Kissen gebreiteten Haaren sah sie aus wie ein kleiner Engel. „So muss ich sie unbedingt einmal malen", dachte ich und prägte mir das entzückende Bild tief ein. Als ich auch ihr einen Kuss auf den Mund drückte, machte sie kurz die Augen auf, legte ihre Arme um meinen Hals und seufzte: „Ach, Mami, ich hab dich sooo lieb!" Dann drehte sie sich herum und schlief weiter.

Ein Gefühl tiefer Dankbarkeit durchströmte mich. War es wirklich erst wenige Wochen her, seit ich mich voller Verzweiflung und Bitterkeit auf den Weg gemacht hatte, um meine Kinder zu suchen? Und was war in dieser kurzen Zeit alles passiert! Ich war Gott begegnet, hatte gelernt ihm zu vertrauen und war mit seiner Hilfe an mein Ziel gelangt. Aber damit war ich noch lange nicht am Ende meines Weges angekommen, denn jetzt sah ich neue Möglichkeiten vor mir: Ich wollte ein anderer Mensch werden, mich weiterentwickeln, ich wollte lernen zu vergeben und fürsorglich und liebevoll mit mir und anderen umzugehen. Was für ein wunderbares Geschenk!

Vor meinen Augen tauchte das Gesicht des alten Pfarrers auf, der mir von Jesus erzählt und mir so viel Mut gemacht hatte. Gleich morgen oder übermorgen oder spätestens überübermorgen wollte ich mich zu ihm auf den Weg machen und ihm danken. Und die Kinder würde ich natürlich mitnehmen!

Ich lächelte belustigt. Morgen oder übermorgen oder überübermorgen? Das klang so gar nicht nach Sabrina, der Ungeduldigen, die sonst niemals abwarten und etwas auf morgen verschieben konnte! Noch vor kurzem hätte ich zumindest den Wunsch gehabt, die Kinder gleich jetzt aus den Betten zu zerren und mit ihnen zu dieser mitternächtlichen Stunde den alten Pfarrer aufzusuchen.

Als ich aus Chiaras Zimmer kam, stand Mutter im Nachthemd und mit zerzausten Haaren vor mir. „Ach, Sabrina, du bist schon zurück?", fragte sie erstaunt.

Ich nickte, ging zu ihr und legte beide Arme um sie. Erst jetzt bemerkte ich, wie klein und mager Mutter geworden war. Deutlich spürte ich die Knochen unter ihrem dünnen Nachthemd, als ich sie an mich drückte. „Mama“, sagte ich zärtlich, „ich bin so froh, dass du da bist!“

Mutter sah überrascht zu mir auf und lächelte verlegen. Doch plötzlich begann es in ihrem Gesicht zu zucken, und Tränen stürzten aus ihren Augen. Besorgt umfasste ich sie, brachte sie zu ihrem Bett zurück und setzte mich dicht neben sie.

„Weißt du, Sabrina, dass du noch nie so lieb mit mir gesprochen hast?“, schluchzte Mutter. „Ach, Kind, wie sehr hab ich mich nach deiner Zuneigung gesehnt!“

„Aber wieso denn?“, stammelte ich bestürzt. „Ich dachte immer, dass du mich gar nicht willst, jedenfalls hast du früher immer gesagt, dass ich dir nur dein Leben ruiniere. Nie konnte ich es dir recht machen, alles war dir wichtiger als ich! Ach, Mutter, wie einsam habe mich oft gefühlt, besonders als Vater von uns weggegangen ist und du mir die Schuld dafür gegeben hast. Und später, als du Kurt geheiratet hast, war ich nur noch Luft für dich!“

„Ja, Kind“, flüsterte Mutter. „Ich habe viele Fehler gemacht! Das weiß ich schon lange, aber ich konnte es mir bisher nicht eingestehen. Bitte, verzeih mir. Aber damals, als dein Vater mich verlassen hat, war ich so verbittert und ungerecht, dass ich meine Enttäuschung einfach an dir ausgelassen habe. Aber das Leben mit Kurt ist auch nicht einfach, und oft denke ich darüber nach, wie es wäre, wenn du und ich . . .“

„Das tut mir sehr Leid, Mutter“, sagte ich weich und streichelte ihre Hände. „Ich wünsche dir wirklich von Herzen, dass es dir gut geht, und ich will in Zukunft alles tun, damit wir uns besser verstehen. Denn ich habe in den letzten Wochen gelernt, dass es ein anderes, viel besseres Leben für uns gibt und dass da jemand ist, der uns hilft, es zu finden. Ich bin Gott begegnet, Mutter, und er hat mir gezeigt, was Liebe wirklich bedeutet. Und wenn es möglich ist, möchte ich seine Liebe an dich weitergeben und vielleicht auch ein bisschen an . . . an Kurt.“

Mutter starrte mich ungläubig an, aber ich ließ mich nicht beirren und fuhr fort: „Erinnerst du dich, wie ich als kleines Mädchen einmal eine Flasche Lammblut kaufen wollte, weil ich gehört hatte, dass dieses Blut aus bösen Menschen gute macht? Damals hatte ich zum ersten Mal von Jesus gehört, aber nicht verstanden, dass er sein Blut geopfert hat, damit wir im Frieden mit Gott und miteinander leben dürfen. Weißt du noch, wie ihr mich ausgelacht und mir weisgemacht habt, dass ich durch ihn für immer meine Freiheit verlieren würde? Damals habe ich mir vorgenommen, mich nie wieder so lächerlich zu machen und niemals meine Unabhängigkeit aufzugeben, für welche Religion oder Ideologie auch immer. Aber jetzt weiß ich es besser, denn ich habe in den letzten Tagen einiges begriffen. Heute weiß ich, dass Jesus Christus das Lamm ist, das Gott uns geschickt hat, damit er mit seinem Blut den Schmutz der Welt abwäscht. Wir müssen es nur wollen und zulassen, Mutter, dann wird das Böse aus unserem Leben verschwinden. Ich habe dieses Angebot für mich in Anspruch genommen und weiß jetzt, dass mir meine Schuld vergeben ist und ich ganz neu anfangen kann. Und dabei habe ich keineswegs meine Freiheit eingebüßt, denn jetzt fühle ich mich erst wirklich frei! Und diese Freiheit schenkt wiederum uns beiden die Möglichkeit, eine neue Beziehung zwischen uns aufzubauen. Wir müssen nicht länger auf die Fehler starren, die wir gemacht haben, und auch nicht an die bösen Worte denken, die zwischen uns gefallen sind. Bitte, Mutter, verzeih mir, was ich falsch gemacht habe und lass uns neu beginnen und lernen, einander wirklich zu verstehen!“

Oh je, das war ja eine richtige Predigt geworden. Hoffentlich hatte Mutter mich überhaupt verstanden, denn bestimmt hatte ich mal wieder viel zu viele Worte gebraucht. Aber ich hatte einfach mein Herz geöffnet und Mutter einen Blick hineintun lassen.

Mutter sah mich nur hilflos an, sodass ich wieder zärtlich meinen Arm um sie legte. „Ich weiß, das ist jetzt alles zu viel für dich. Aber wenn du noch ein wenig hier bleibst, dann können wir noch viele Gespräche miteinander führen. Ich glaube, wir haben uns noch eine ganze Menge zu sagen.“

„Ja, dafür müssen wir uns in Zukunft viel mehr Zeit nehmen“, stimmte Mutter zu und lächelte mich unter Tränen an.

„Ich freue mich“, sagte ich ehrlich. „Und morgen erzähle ich dir alles, was ich erfahren habe. Lass uns jetzt schlafen gehen, es ist spät!“ Ich drückte ihr einen Kuss auf die Wange und Mutter ließ es verwundert geschehen.

In meinem Schlafzimmer sank ich erschöpft auf das Bett. Ich war todmüde, konnte aber trotzdem nicht einschlafen. Wenn ich die Augen zumachte, sah ich Silvio vor mir, sah einen verwirrten und zu

Tode erschrockenen Menschen in kopfloser Furcht vor einer tödlichen Krankheit fliehen. Wie einsam und verzweifelt musste er sich in seinen letzten Lebensminuten gefühlt haben. Und niemand war da gewesen, dem er sich hatte anvertrauen können. War unser Unverständnis Schuld daran, dass Andersdenkende vom normalen Leben ausgeschlossen und dem Tod preisgegeben wurden? Wo war hier unsere Barmherzigkeit? Trug nicht auch ich Mitschuld an dieser Entwicklung, weil ich Silvio nach meinen Wünschen hatte formen wollen und ihn nicht so akzeptieren konnte, wie er war? Wie sehr hatte Silvio wohl darunter gelitten, eine ungeliebte Rolle spielen zu müssen, bis sie ihm so sehr zur Last wurde, dass er mit ihr zusammen gleich sein ganzes Leben wegwarf?

Allmählich verblasste Silvios Bild vor meinen Augen und wurde von einem anderen Gesicht verdrängt: Raffaele, der seinem Bruder so unglaublich ähnlich sah und wiederum ein ganz anderer Mensch war. Plötzlich sehnte ich mich danach, mit Raffaele zu sprechen und ihm meine Gedanken mitzuteilen.

Leise ging ich hinunter und wählte Raffaeles Nummer. Das Freizeichen ertönte, aber niemand meldete sich, was um diese Uhrzeit ja eigentlich auch zu erwarten war. Doch gerade als ich aufgeben wollte, hörte ich eine vertraute Stimme.

„Raffaele?“, sagte ich leise.

„Hallo, Sabrina!“ Die Antwort kam ohne Zögern. Raffaele wusste gleich, wer nach ihm verlangte, und es schien ihm auch nichts auszumachen, dass dies mitten in der Nacht geschah.

Ich erzählte, was ich von Christian Frerichs erfahren hatte und fragte ratlos, was ich jetzt unternehmen sollte.

„Besprich das zuerst mit Gott, bevor du etwas unternimmst“, meinte Raffaele sanft. „Zugegeben, mit seiner Rachsucht hat Christian Frerichs großes Leid heraufbeschworen, aber mit seiner furchtbaren Krankheit ist er bestimmt genug bestraft. Wie soll er jemals mit seinem Gewissen zurechtkommen! Lass uns dafür beten, dass Gott diesem Mann die Augen öffnet. Und vielleicht kannst du ihm eines Tages vergeben, so wie du Silvio vergeben hast. Ich wünsche dir, Sabrina, dass du in der Verantwortung vor Gott den richtigen Weg gehst, und diesen Weg wirst du erkennen, wenn du auf Gottes Stimme achtest. Manchmal ist sie sehr leise, und man muss gut aufpassen, um sie zu hören. Aber wenn du mit dem Herzen hinhörst, wird es dir bestimmt gelingen. Dann wirst du wissen, was du tun musste, und wirst ein erfülltes Leben führen, das nicht mehr von dunklen Schatten bedroht ist!“

Frerichs vergeben? Ging das nicht zu weit? Musste er nicht für seine Lügen bestraft werden? Andererseits . . .

„Ich werde darüber nachdenken, Raffaele“, erwiderte ich zögernd. „Jedenfalls weiß ich nicht, ob ich diesem Schuft jemals vergeben kann. Was muss in Silvio vorgegangen sein, als er von dieser angeblichen Krankheit hörte! Armer Silvio, armer, armer Silvio! Wenn ein Mensch keinen anderen Ausweg sieht als diesen furchtbaren, so endgültigen Schritt, dann . . . Ach, Raffaele, wo mag Silvio jetzt sein? Glaubst du, dass Gott ihn . . .?“ Hilflos brach ich ab.

„Ich glaube an einen liebevollen und barmherzigen Gott, der sich ganz besonders um die Verzweifelten kümmert“, sagte Raffaele. „Er allein weiß, was in Silvio vorgegangen ist und durch welche Umstände sein Leben so schwierig wurde. Und deshalb dürfen wir ihm unsere Gedanken um Silvio voller Vertrauen in die Hände legen und auf seine Güte hoffen.“

Raffaele wusste doch immer die richtigen Worte! Wie wunderbar, dass ich diesen einfühlsamen Mann kennen lernen durfte. „Ich bin so froh, dass du mein Freund bist, Raffaele“, flüsterte ich.

„Ich auch“, erwiderte Raffaele. „Und ich möchte noch mehr für dich und deine Kinder da sein und die Verantwortung übernehmen, für die mein Bruder nun nicht mehr einstehen kann. Ihr drei seid ein Teil Silvios und daher ein Teil meiner Familie, und wann immer ihr mich braucht, ich bin für euch da!“

„Danke, Raffaele!“, erwiderte ich gerührt.

„Auch Venera denkt so und bittet euch, die nächsten Ferien bei ihr zu verbringen“, berichtete Raffaele weiter. „Sabrina, du hast zwar deinen Ehemann verloren, aber du hast eine Familie gewonnen.“

„Und eine Mutter dazu“, ergänzte ich fröhlich und erzählte ihm von der Versöhnung zwischen Mutter und mir.

Und schon wenige Minuten später war ich tief und fest eingeschlafen.

39

Bevor ich mich mit den Kindern auf den Weg zur Kirche machte, erzählte ich ihnen ein bisschen von den wundersamen Dingen, die ich in meiner Bibel gelesen hatte. Und obwohl ich in den letzten Tagen eine eifrige Bibelleserin geworden war, merkte ich doch immer wieder, wie wenig ich von Gott wusste.

„Sind wir eigentlich kafolisch oder vangelisch?", fragte Marco wissbegierig. „Im Kindergarten gibt es nämlich solche und solche."

„Weder noch", meinte ich belustigt. „Aber ich glaube, so etwas müssen wir auch gar nicht sein. Wir wollen einfach an Gott glauben und ihn lieb haben!"

„Okay, dann sind wir eben göttlich!", war Marcos folgerichtige Antwort.

Als wir die Kirche betraten, bemerkte ich in der ersten Bank vor dem Altar den weißhaarigen Pfarrer. Er schien tief im Gebet versunken zu sein, doch als wir näher kamen, wandte er sich um, streckte uns beide Hände entgegen und sagte herzlich: „Schön, dass Sie kommen, Frau Rizzardi. Wir haben Sie schon erwartet."

„Wir?", fragte ich erstaunt und sah mich in der leeren Kirche um.

Der alte Mann lächelte. „Mein Gott und ich", erwiderte er, als sei es das Selbstverständlichste von der Welt. Dann beugte er sich zu Marco und Chiara hinunter und begrüßte sie, als wären sie seine besten Freunde.

Die beiden waren kein bisschen schüchtern und fragten den alten Pfarrer allerhand Dinge, die er gewissenhaft und mit feinem Gespür für Kinder beantwortete. Marco lauschte mit großen Augen den Bibelgeschichten, die der alte Mann so spannend erzählte, dass wir alle drei wie gebannt zuhörten. Mein kleiner Sohn blickte bewundernd auf die Bilder und nickte ernsthaft dazu, als könne das alles gar nicht anders gewesen sein. Chiara dagegen stellte so unmögliche Fragen, die das praktische Leben im Himmel betrafen, dass der alte Mann sich mehr als einmal das Lachen verkneifen musste.

Schließlich zündeten wir vor dem Seitenaltar drei Kerzen an und die Kinder knieten nieder, wie sie es bei dem Pfarrer beobachtet hatten.

„Danke!" Ich reichte dem Geistlichen zum Abschied die Hand. „Danke, dass Sie mir so viel Mut gemacht haben!"

„Der Dank gehört unserem Vater im Himmel", erwiderte er und legte jedem Kind eine Hand auf den Kopf. „Er hat Christus als das Licht in die Welt gesandt, um unsere Dunkelheit zu erhellen. Sie waren eine Suchende und sind ans Ziel gekommen, weil Sie sich auf Christus verlassen haben! Aber jetzt beginnt Ihr Leben mit ihm erst richtig, und ich verspreche Ihnen –, es wird wunderbar und äußerst spannend, wenn Sie die Augen Ihres Herzens weit öffnen."

Er machte das Zeichen des Kreuzes über Chiaras und Marcos Kopf und auf meiner Stirn. „Gott segne Sie und Ihre Kinder und Ihren Ehemann!", murmelte er dabei.

„Aber mein Mann lebt nicht mehr! Ich habe Ihnen doch von seinem Tod erzählt!", stellte ich schnell richtig.

„Gott hat sicher schon einen wunderbaren Plan für Sie bereit!", meinte der Alte geheimnisvoll. „Aber dieses Mal sollten Sie ihm die Entscheidung überlassen. Er wird Ihnen zeigen, was gut und richtig für Ihr Leben ist. Folgen Sie seiner Weisung, dann wird Gott Sie segnen und Ihnen ein lebenswertes Leben schenken!"

Die wirren Worte des alten Mannes ärgerten mich ein bisschen. Ich dachte gar nicht daran, mich in nächster Zeit nach einem Ehemann umzusehen, ich kam auch allein ganz gut klar. Außerdem war nirgendwo ein männliches Wesen in Sicht, das auch nur im Entferntesten zu mir gepasst hätte.

„Wir waren beim Gott!", erzählte Marco zu Hause meiner Mutter: „Er hat ein ganz großes Haus mit nur einem Raum und vielen Stühlen und Bildern. Und das Licht macht man nicht am Schalter an, sondern mit Kerzen!"

„Aber das war doch gar nicht Gott, das war nur der Hausmeister!", widersprach Chiara.

Mutter sah mich fragend an und ich klärte sie leise darüber auf, dass der alte Pfarrer sich als „Diener Gottes" bezeichnet hatte und meine praktische kleine Tochter darin so etwas wie einen Hausmeister sah, was ja nicht unbedingt verkehrt war.

Aber Marco ließ sich von seiner Schwester nicht beirren, sondern erzählte Mutter weiter: „Er ist schon ganz alt, der Gott, bestimmt noch älter als du, aber er weiß alles und kann Gewitter und Sturm machen und so viel Wind, dass ein großes Meer einfach weggepustet wird. Und Kinder hat er besonders lieb und erzählt ihnen immer spannende Geschichten! Ein Kind hat sogar mal in einem Stall gewohnt und ein Esel war auch dabei und Hirten und Engel haben gesungen und . . ."

Oh je, wie viel mussten wir drei noch lernen!

Nachdem wir Mutter zum Bahnhof gebracht und verabschiedet hatten – nicht ohne uns zu versprechen, in Zukunft regelmäßigen Kontakt zueinander zu haben –, rief ich Wolfgang an und lud ihn für den nächsten Abend ein.

Wolfgang war pünktlich – wie immer! Etwas befangen standen wir uns gegenüber, dann überreichte er mir einen Strauß gelber Rosen und den Kindern Malbücher und bunte Stifte. „Damit ihr eines Tages genauso schön malen könnt wie eure Mutter", meinte er und brach damit das Eis.

„Ach ja!" Sofort war ich beim Thema. „Wie lange habe ich schon nicht mehr gemalt. Dabei habe ich so viele Bilder im Kopf, die alle heraus wollen. Aber sobald ich wieder etwas Zeit habe, werde ich damit beginnen!"

„Ja, tu das!", ermunterte Wolfgang mich. „Es wäre jammerschade, wenn du dein Talent verschwenden würdest!"

Die Kinder belegten Wolfgang sofort mit Beschlag und er kümmerte sich um sie, als täte er das jeden Tag. Ich betrachtete das so harmonisch wirkende Bild und registrierte mit einem Mal erstaunt, dass Wolfgang ja gar nicht so unattraktiv war, wie ich es mir immer eingeredet hatte. Zum ersten Mal in meinem Leben sah ich genauer hin und stellte fest, dass Wolfgang zwar groß und schlank war, aber längst nicht mehr so schlaksig wirkte wie früher. Sein kurz geschnittenes Haar war eigentlich auch nicht „straßenköterblond", wie ich es immer abfällig genannt hatte, und seine blaugrauen Augen, die beim Spiel mit den Kindern manchmal richtig fröhlich aufblitzten, waren gar nicht so langweilig, sondern funkelten zeitweise richtig schelmisch. Wo hatte ich bisher nur meine Augen gehabt?

Wenn ich es mir recht überlegte, war Wolfgang eigentlich der ideale Ehemann und Vater, zumindest für die Art Frau, die Wert auf

Ehrlichkeit und Offenheit, auf Zuverlässigkeit und lebenslange Zuneigung legte. Und wer konnte schon darauf verzichten? Ich jedenfalls nicht! Nicht mehr! Und wenn ich es noch einmal könnte, würde ich bestimmt einen Ehemann wählen, der wenigstens einige von Wolfgangs Tugenden besaß.

Ein erregendes Gefühl stieg plötzlich in mir auf. *Mein Gott*, dachte ich erschrocken, *ich mag diesen Mann ja viel mehr, als ich bisher gewusst habe! Und dabei habe ich alles getan, um ihn von mir wegzustoßen*!

Wolfgang schaute zu mir herüber, hob Marco von seinem Rücken, der sich als Reiter darauf niedergelassen hatte, und schob Chiara sanft zur Seite. „Traurig?", fragte er leise. „Denkst du an Silvio?"

Ich schüttelte den Kopf. „Nein, es ist nur . . ." Wie sollte ich ihm erklären, was ich gerade empfand?

„Lass uns die Kinder ins Bett bringen und dann miteinander reden!", schlug Wolfgang vor.

Bei Chiara und Marco war ich für heute abgemeldet. Es hieß nur noch „Wolfgang hier und Wolfgang da!" Wolfgang musste sie ins Bett bringen, sie zudecken und ihnen eine Gute-Nacht-Geschichte erzählen. Ich hörte sie oben lachen und miteinander reden und fühlte mich irgendwie ausgeschlossen.

Endlich kehrte oben Ruhe ein und Wolfgang kam vergnügt die Treppe herunter. „Ganz schön anstrengend, die beiden", sagte er. „Aber es hat mir großen Spaß gemacht."

Eine Weile saßen wir uns schweigend gegenüber. Dann ergriff Wolfgang das Wort: „Nun erzähl mal, was du alles erlebt hast."

Ich erzählte von San Gimona und wie ich dort Raffaele kennen gelernt und mit seiner Hilfe meine Kinder wieder gefunden hatte, berichtete von Lucio, von Venera und Francesco und von meinem Gespräch mit Christian Frerichs. Nur über mein Erleben mit Gott schwieg ich. Eine unerklärliche Scheu hielt mich davon ab, Wolfgang von diesem wichtigen Schritt zu erzählen.

„Du hast es wirklich geschafft, Sabrina", meinte Wolfgang staunend. „Ich freu mich so sehr für dich und deine Kinder."

Ich wartete gespannt auf seine früher oft übliche Mahnung, Gott für die Hilfe zu danken. Aber auch dieses Mal kam nichts dergleichen, dabei hätte es mir gerade jetzt so wunderbar in den Kram gepasst!

Also nahm ich meinen ganzen Mut zusammen. „Ich habe noch etwas erlebt, Wolfgang, und zwar etwas ungeheuer Wichtiges! Also, ich bin . . . ich habe . . ." Warum fiel es mir nur so schwer, über meine neue Beziehung zu Gott zu sprechen?

„Ja?" Wolfgang sah mich erwartungsvoll an.

„Du hattest all die Jahre Recht!", versuchte ich es erneut. „Ich meine von wegen Gott und so. Er hat mir den Weg gezeigt und ist . . ." Irritiert brach ich ab, weil Wolfgang mich unverwandt ansah und ich so keinen vernünftigen Satz zustande brachte! Warum half er mir denn nicht endlich?

Verzweifelt nahm ich einen neuen Anlauf. „Also mir ist genau das passiert, was du immer Bekehrung genannt hast", sagte ich schnell.

„Ich weiß", erwiderte Wolfgang ruhig.

„Und warum lässt du mich dann so herumstottern?", fragte ich erbost.

„Ich wollte es von dir selbst hören", erklärte Wolfgang.

Irritiert sah ich ihn an. Aber dann bemerkte ich in seinen Augen ein Strahlen, das sich über sein ganzes Gesicht auszubreiten schien. Es war, als müsse es jeden Moment herausplatzen und alles in seiner Umgebung mit einem hellen Licht überziehen. Und plötzlich fühlte ich eine starke, fast überschäumende Freude in mir.

„Ja, ich habe tolle Dinge erlebt!", rief ich aus. „Ich habe Christus kennen gelernt und ich weiß jetzt, dass er . . ." Die Worte strömten unaufhaltsam aus meinem Mund. Alles, was sich in den letzten Tagen in meinem Herzen angesammelt hatte, wollte heraus: die Dankbarkeit, die neu entdeckte Liebe zu Gott, die Freude, ihm zu gehören und nicht mehr im luftleeren Raum zu schweben.

„Wunderbar, Sabrina!", meinte Wolfgang sanft. „Mir war schon lange klar, dass du deinen Weg allein finden musstest, und dabei wollte ich dir nicht im Weg stehen. Weißt du, wenn man einen Menschen liebt, muss man ihn loslassen können, denn nur so kann die Liebe sich entfalten. Aber ich habe jeden Tag dafür gebetet, dass Gott dir Klarheit schenken möge!"

Ich war ein bisschen verwirrt über Wolfgangs Worte. Aber ich spürte, dass es für mich jetzt nicht die Zeit war, über Liebe zu reden.

Ernst erwiderte ich: „Ich habe begriffen, dass meine Bekehrung nicht meine eigene Leistung ist, auch nicht das Ergebnis langen

Suchens oder leidvoller Erfahrungen. Nein, es war Gottes Liebe, die mich verändert hat und mich zu ihm umkehren ließ! Weißt du noch, wie wichtig mir früher immer meine Unabhängigkeit gewesen ist? Schon als Kind konnte ich den Gedanken nicht ertragen, jemand anderem mit Haut und Haaren zu gehören und mich nicht frei entfalten zu können. Aber jetzt weiß ich, dass ich mit beiden Beinen im Leben stehen darf und doch ganz nah bei Gott sein kann. Ja, durch Christus habe ich erst erfahren, was Freiheit und Liebe bedeutet. Er meint es gut mit mir, und deshalb will ich mir in Zukunft von ihm zeigen lassen, was ich tun und wohin ich gehen soll!"

„Das ist gut", meinte Wolfgang zufrieden. „Das ist sogar sehr gut! Und vielleicht führt Gott uns beide sogar in die gleiche Richtung."

„Vielleicht", sagte ich und lächelte meinen Freund herzlich an.

Als ich später in mein Schlafzimmer kam, sah ich Silvios Bild in einer Ecke stehen. Vorsichtig zog ich das Tuch zur Seite und betrachtete den „Mann im Spiegel".

Wie weit weg mein Leben mit Silvio jetzt schon war! Es tat zwar noch immer ein bisschen weh, wenn ich an seinen Verrat dachte, aber schon überwog in mir das Mitleid mit seiner kranken, zerrissenen Seele. Ja, ich war frei, frei von Silvios Schatten und frei von Angst. Und – noch wichtiger – ich war frei von Hass!

Erst jetzt erkannte ich richtig, was ich beim Malen des Bildes intuitiv erfasst hatte: Silvio hatte nicht mich – ein Gegenüber aus Fleisch und Blut – gewollt, sondern einen Spiegel, in den er hineinsehen und Bewunderung und Zuneigung entdecken konnte, ohne sie widerspiegeln zu müssen. Und dabei war der Mann im Spiegel sein eigenes Opfer geworden und hatte mit seinem verdunkelten Blick alles Schöne und Heitere seiner Umgebung in finstere Tragik verwandelt. Armer Silvio! Armer Mann im Spiegel!

Während ich das Bild wieder sorgfältig zudeckte, überlegte ich, ob ich nicht demnächst mal Wolfgang malen sollte. Auf welche Weise konnte ich diesen ruhigen, zuverlässigen Mann darstellen, dessen Reize ich gerade erst zu entdecken begann? Sollte ich ihn allein . . . oder besser . . . Vielleicht könnte ich auch . . .

Ich lachte belustigt auf. „Wenn du es willst, Gott!", flüsterte ich. „Ich will mir Zeit nehmen, auf dich zu hören."

Ja, ich durfte mir Zeit lassen, denn ich hatte noch mein ganzes

Leben vor mir. Und wenn ich Gott die Führung überließ, würde es bestimmt ein lebenswertes Leben werden! Und sollte da irgendwo ein Plätzchen für Wolfgang vorgesehen sein, nun gut, ich würde mich nicht sträuben. Im Gegenteil, wenn es Gottes Plan war, wollte ich aus vollem Herzen ja zu ihm sagen.